建築と経営のあいだ

設計事務所の経営戦略をデザインする

高橋寿太郎

学芸出版社

プロローグ

建築士に必要な二つの経営戦略論

経営やお金の感性を取り戻す

「建築」の世界から「経営」の世界へ、ようこそ。これからツアーが始まります。いま、その出発ロビーにいます。

これまでとは異なる体系を見聞し、それらを比較し、その矛盾と共通点に気づいた時、建築と経営と、その「あいだ」には、何が見つかるでしょうか。それが本書で明らかになると思います。

この本を手に取られた方は、おそらく建築や住宅の仕事で活躍し、さらに試行錯誤される方、特に建築家や空間デザイナー、またはまちづくりに関わる専門家か、それらを目指す方、そして彼らを教育指導する方々だと思います。なかには設計事務所の経営者やマネージャーとして、一定の成功をおさめられている方、またこれから経営改善を考えている方、そしてこれから独立起業しようとしている方もいらっしゃるでしょう。

「クライアント企業の経営戦略」と「自社の経営戦略」を絡める効果

そんなみなさんに本書をご覧いただけることに、心より感謝を申し上げます。

本書は「建築士のための経営戦略論」です。これはみなさんに設計を依頼するクライアント企業のためと、そしてみなさんの設計事務所経営をアップデートするため、両方に必要となる視点です。「クライアント企業の経営戦略」を分析することと、「自分たちの事務所の経営」を思考することを関連付けることは、相乗効果が高いのです。

さらに経営という分野と、建築的思考は親和性が高く、じつに役に立ちます。それが、私が建築士のみなさんに経営戦略論を思考することを勧める理由です。

企業の大小にかかわらず、企業活動全般において、経営やマネジメントの技術が外せない時代が到来しました。経営環境の加速度的な変化に先回りして、古いシステムをどんどん更新していくために必要なものが、経営技術に他ならないからです。

2000年以前の人口増加時代にさかのぼると、建築士だけでなく、税理士、弁護士、司法書士といった「士業」は、資格試験に合格し、実務でその専門技能を習得して独立開業すれば、比較的安定して事務所を運営していくことができた、そんな時代もありました。

しかしその成功体験が、現在の士業改革の遅れを生んだことは否めません。そのころの経営戦略とはせいぜい、効率よく集客し、売上を増加させ、社員を効率的に使い、事務所を切り盛りしていくための補助的なテクニックと理解されていたでしょう。

しかし、これからはそうではありません。資格で稼ぐ時代は終わり、「自分たちが実現したいこと」のためにどういう枠組みを使いこなすのか、それが問われる時代に入っています。だから私たち建築関係者にとって経営戦略を考えることは、私たちが、存在意義を賭けて未来にコミットするための、根本的な姿勢なのです。

変化の時代でも、サスティナブルな経営をめざす

平成時代、すでに建築業界には多数の構造的な課題が浮き彫りになっていました。

日本では、空き家が歴史上、類を見ない速度で急増していくこと。都心でも従来のやりかたでは、不動産収益事業の収支があわず、建築の企画が成立しないこと。また地方は衰退し、すでにある施設の維持すらも困難であること。そしてつくり手である建築士が多すぎる、と言われていること。

建築士にとっては、どれもモチベーションを下げる内容ですが、果たしてそれらは正しい情報なのでしょうか。またグローバル資本主義経済の影響を受け、日本でも所得の格差が広がることが説かれている中、いったい私たちはだれに貢献すべきなのでしょうか。

そうした時代の空気を敏感に感じる建築士や、教育機関や業界団体の若手は多く、この状況を乗

り越えるために、すでに行動を開始しています。本書でも多数紹介しますが、例えば建築士でありながら、事業モデルを積極的に刷新し、設計報酬以外の収入モデルを考案し、活動するイノベーターがいます。

私から見ると、彼らはこれまでの建築士像にくらべて、商売気質というよりも、令和時代の創作活動において、持続可能性を模索している、と理解するほうが自然だと思います。私が経営する創造系不動産という会社の活動を紹介した『建築と不動産のあいだ』（学芸出版社・２０１５年）を出版した時、そうしたイノベーターからの反響が大きかったことは、驚きでした。

私たち自身も、「建築と不動産のあいだを追究する」というコンセプトを深掘りしていく先に発見したのは、その建築や不動産の中での営みを整理すること、すなわち「経営戦略を体系化する」ことでした。

そのため、私は会社経営の傍ら、２０１４年に経営大学院に再入学しました。すると不思議なことに、大企業や中小企業の経営戦略コンサルティングの業務が増え始めたのです。そして業務の半分が、経営や不動産に関わるコンサルティング業務になった時、建築の新しい可能性に気づき始めました。

私にとって、本書はその試行錯誤の記録とも言えます。おのずと仕事の内容には、実験的な部分も増えました。ただし、経営に関わるすべてをこの１冊で網羅することは、とてもできません。そのため、できるだけ基礎的な「経営理論の体系」を感じられる構成にしつつ、個別の議論では、経営的な正解や結論をさぐるよりも、みなさんの将来に開かれたガイドライン程度に留め、あとはみなさんのクリエイティビティに、バトンをつなぐようなものを目指しました。

また、できるだけページ下段に注釈を増やし、参考になる具体的な活動事例や、経営の参考図書を紹介しました。この『建築と経営のあいだ』をきっかけに、多くの方が、経営論的な切り口で、様々な事象に触れてくだされば幸いです。

建築界の経営者に必要な学習の場

こうした時代に強く求められるのは、教育や学習の質の変化です。私は、建築系の大学・大学院で建築工学とデザインを修め、建築設計事務所に7年勤務し、建築実務と格闘しながら最初に取得した資格は、一級建築士でした。そして地場の不動産会社に転職し、宅地建物取引士やファイナンシャルプランナーといった、資格や技能を身に付ける教育を受けました。

またそうした伝統的な建築系の大学教育や、国家資格を取得するための学校とは別に、新しいビジネスの枠組みや価値観を伝える多数の小規模なスクールが、建築界に興るのを見てきました。それを運営するか、参加する人々も、この状況を乗り越えようとするイノベーターたちです。

さらにこれからは、経営大学院でＭＢＡを取得する人材が台頭するでしょう。文科省は、企業経営の高度な専門性を有する人材育成や人材投資に、産学連携の教育プログラム開発を求めています。政府は経営力を有するグローバル人材や、地方の危機を救う経営思考の人材を増やしたいのです。しかし建築系の学校では、経営の高度人材を育成するプログラムは、不足しています。

多くの建築や住宅に関わる専門家であれば当然、経営上手になりたいと思うでしょう。

建築士であれば、人生を賭けて主宰している事務所を経営的にも成功させ、独自の地位を築くために。そして事務所の売上を増加させ、スタッフを増やし、より自由な設計活動を行うために。そのような建築界の経営者のためにも、こうした経営についての学習の場が、もっと増えて欲しいと思います。

創作と経営のシナジー効果

しかし、なかにはそうした考えとはかけ離れ、いまだに建築思考や創作活動と、経営戦略思考は次元が異なり、相容れないものであると捉えている人もいます。また建築士が経営（企業価値やお金、営業）のことを考えるのは非本質的だという考え方もあるでしょう。

「良い建築をつくる」ことが、建築士にとっては間違いなくもっとも重要なテーマです。しかし「良いものをつくっていれば評判や顧客はついてくる」というスタンスは、現代では理にかなっていません。むしろ望まれるのは、その「創作活動と経営戦略が、表裏一体に組み上げられた仕組み」です。

それは顧客や自分のためだけではなく、これからの建築界を担う若いスタッフや学生のためにでもあります。建築界特有の課題として、人材不足や、著作権問題、オープンデスク問題なども、すべて経営学的思考を加えると、解決可能なものばかりです。

本書はそうした、経営思考をする中小規模の建築士事務所が独自の戦略を構築していくための、参考資料になることを目指しました。

一方で残念ながら本書は、みなさんの主力である建築設計技術や、新しい建築表現に関わる情報、建築思想についてはいっさい触れません。これからの設計技術はデジタル分野の開拓が加速し、リノベーション領域が拡大しますが、そうした次の時代の建築の主戦場についても、言及しません。そうした意味では、本書はあくまでみなさんの本業にとって、副次的なものに過ぎません。

またインターネットによる業界構造の変化や、インターネットビジネスの今後については分析していますが、自社のＷＥＢページ制作やそのＰＲをどうすべきかについては書かれていません。それらは、本文中でも紹介される優れた書籍が多々ありますから、そちらを参考にしてください。

そもそも企業を経営することは、根本的で、多面的で、泥臭いものです。それは、多くの読者にとって、初めて目に映る世界観ではないでしょうか。

本書の1章「経営コンサルタント×建築士の誕生」は、建築士事務所の経営を考える前に、まずは顧客、つまり建築設計を依頼するクライアント企業の経営戦略に触れる方法を知ることで、その世界の広がりを感覚的に掴むステップです。また建築設計の「与条件」に対して「未条件」という独特な概念が紹介されていて、みなさんの思考を押し広げる助けになると思います。

2章「建築と不動産の経営環境のパラダイムシフト」では、先ほど述べた建築業界における経営環境の変化を、一つずつ再確認していきましょう。空き家の急増や、建築士の需要と供給、インターネットを介した建築の流通といった、設計事務所の運営に影響を与える外部環境が、どう変化しているのかを概括します。

3章の「設計事務所に必要な六つの経営力」は、いよいよ中小規模の会社経営のための具体的なピースを紹介します。設計技術以外に、販路開拓や営業、経営理念、会計知識、人や組織の分野、そして仕組み化といった、多面的な経営戦略を扱います。

このように、クライアント企業や不動産オーナーの経営分析と、自身の設計事務所の経営思考を重ね合わせることで、見えるものがあるのです。

もう一つの視点《移動》

そして4章ではさらに、「新規ビジネス開発とローカルの可能性」と題して、建築と不動産のあいだを追究した先に発見した、《移動》という概念を紹介します。

なぜいま、地方が大人気です。田舎の自然、人の距離感、自給自足のくらし、都会では得られない幸福感。そうした営みのリアリティを感じたいという欲求を満たすため、地方出身者にはUターン、また都心の若者には移住、または二拠点居住という選択肢が生まれています。地方側でも、そうした価値観の受け入れが少しずつ始まっているのです。

その背景には、働き手の不満足があります。都心部における就業スタイルや住宅環境、あるいは情報化社会の影響で、ライフスタイルがますます個人化し、社会や職場への帰属意識（いわゆるコミュニティ）の希薄化が進んでいるのです。そして多くの人々が、その状況から離れようとしています。

しかしほとんどの地方は残念ながら、その危機感や、若者からのまなざしに対して、整備が間に合っておらず、いくつかの障壁すらある状況です。この局面を打開するためには地域住民の理解、先駆者の協力、不動産的な準備が必要です。さらに「雇用」を生み、ビジネスとして成功させるプラットフォームが必要ですが、それはどのようにすれば可能でしょうか。

この地方の引力と斥力をベースにして、4章では、いままでの経営思考を活かした、新規ビジネス開発、またはスタートアップの実践の場として、地方を題材とします。まさに現在進行形の開かれた課題として、みなさんと一緒に考えてみましょう。これもいまを生きる建築士にとっては、経営のリアリティとして重要なフィールドです。

私の仕事は、不動産コンサルタントです。不動産コンサルタントというのは、建築と不動産だけでなく、税金や相続や法律などの様々な専門家たちの、つなぎ役のような仕事です。

そうしたたくさんのスペシャリストのあいだの壁は、いまだに課題も可能性も大きいのですが、それをなんとかしようと試行錯誤しているうちに、建築と不動産のあいだの先に、《経営》や《移動》というフィールドが、私の好奇心を捉えました。

そうした過程のため、おそらく本書を読まれると、様々な思考が絡まり合っているように感じると思います。それについては、みなさん自身が実際のビジネスを通じて再編してくださることを、期待しています。

最後に補足ですが、熟慮した結果、本書には建築士と私たち創造系不動産によって生まれた「建築事例」を掲載しませんでした。理解を促す多数の事例紹介よりも、実際にその現場に立った時に、どう考えるべきかの思考を促す、「ビジネスケース」を優先しました。そのケースの答えは、本書に記載すらされていませんが、そうした意図があることを、ご理解ください。

創造系不動産　代表　高橋寿太郎

1章

経営コンサルタント×建築士の誕生

与条件から始めない──未条件を掘り起こす

例えば、初めて訪れる国へ旅立とうとする時、その異なる言語や文化に対して、好奇心が膨れ上がり、期待と緊張を同時に感じたことはありますか。そして新しく触れる風景や人の営みに惹き込まれ、その原因を探ろうと、自問自答をしたことはないでしょうか。

いよいよ「建築」の体系を離れ、「経営」の世界へと、私たちの知のツアーを始めます。できれば、建築士という立場を一度、忘れてみてください。そうした新しい旅の体験と同じような興奮が起こることを、願っています。

ケース クライアント企業からオフィスを依頼される

ある建築士が、クライアント企業からオフィスの設計を依頼された、三つのケースです。残念ながらいずれのケースでも、建築プロジェクトはストップするか、別の設計事務所に委託されるか、不本意な結果になってしまいました。

（ケースA）…知り合いのつてで、ある中小企業から、社員50名程度の自社オフィスの相談を、企画の段階から受けた。しかしまだ話がふわっとしていて、設計要綱どころか、希望する建築の条件がまとまった資料すらも、用意されていなかった。そのため試行錯誤で、関係者へのヒアリングやワークショップを開催し、ニーズを引き出しながら、建築の提案書をまとめている。

オープンイノベーション※1やフリーアドレス制※2、またコミュニケーションを活性化する「余白のデザイン」など、先進的な事例を提案したところ、関心を持って受け入れられている、と思う。

しかしいよいよ設計契約に移ろうとするタイミングで、どうも数名の役員の意見がちぐはぐで、希望が打算的に追加されていく印象がある。なにやら別の建築士の意見も取り入れ始めたようだ。どうもイニシアチブを握れている気がしない。

（ケースB）…友人が数名で、ベンチャー企業を立ち上げるという。インターネットビジネスで新しい便益を創る、と語っている。

資金は知り合いなどの投資家から調達するらしく、このスタートアップのタイミングで、20名程度のシェアオフィスをつくりたいという相談を受けた。物件は古い

※1　オープンイノベーション
自社だけでなく、他社や教育機関または社会起業家など、異業種、異分野が持つ、技術、アイデア、サービス、ノウハウ、データなどを組み合わせ、革新的なビジネスモデル、研究成果、製品やサービスの開発、組織改革、地域活性、ソーシャル化につなげるイノベーションの方法論。

※2　フリーアドレス
社員が個々の自席を持たず自由に働く席を選択できるオフィススタイル。コミュニケーションパフォーマンスが高くなり、省スペース化が図れるが、従来の組織概念への所属意識が薄れ、新しいマネジメント思考を要する場合もある。

ビルの一室で、規模も小さいため、打ち合わせはスピーディに進み、意思決定がとにかく早い。ただ予算が限られているため、ＤＩＹを混ぜ合わせた施工になりそうである。

どうせやるなら、もう少し予算をかけたほうが良いと思うのだが、友人の懐事情がいま一つわからない。そうこうしているうちに、プロジェクトがなぜか停滞気味になり、数か月経ってしまったころ、友人から、設計者である私も、この事業に事業者として参画しないかと申し出があり、少し混乱している。

（ケースＣ）…社員数百名程度の企業の代表が代替わりし、40代の息子が社長に就任した。その最初の事業として、新業態のショールームが計画されている。

新社長の知人である広告代理店出身のプロデューサーとの縁で、指名コンペに参加でき、複数の設計事務所による提案の中から、新社長の肝いりで最優秀案として選定された。しかし喜びもつかの間、設計が始まると、案がまとまらず、要望が変わり続けている。

こちらも柔軟に、当初案にこだわることなく、より良い建築となるように最善を尽くしている。しかし次第に、いくつかの部署からの意見を無視できなくなり、つぎはぎのように折衷する形になってきている。
これはトップダウンで進めたほうが良かったのか、それとも他に方法はあったのか。

この、A〜Cに似たケースに直面したことがある人は、何れのケースでもできる範囲で、トップである経営者と、その他の決定権者を探り、ミーティングを円滑に進めるための、ファシリテーションに努めたと思います。

そして敷地や物件の条件や、必要諸室の面積、使用人員といった、設計のための「与条件」を明確にし、場合によっては「設計要綱」を自ら作成し、繰り返し打合せで確認しながら進めていたはずです。

さらに、そもそも建築をする目的や、求められる機能の理由といった、背景の理解に努め、そして経営者の理念や想いもしっかり聞きとり、それを空間で表現したからこそ、提案が気に入られていたはずです。

それなのに、どうしてこういうことになったのでしょうか。

建築の「与条件」を疑う

まずは誰もが、こうしたケースの場合は、発注者であるクライアント企業側に、建築発注の経験者が居らず、事業を開始する十分な体制が整っていなかったからではないか、と推測すると思います。

確かにそうです。建築計画のための「与条件」がきちんとまとまっていれば…。建築事業を発注することに対して、社長の意見がもっと強ければ…。こうした事態は、もしかしたら回避できたかもしれません。しかし本書では、もっと重要なことをお知らせしたいと思います。

これらの思考にはすべて、ある共通した落とし穴があります。

そもそも「与条件から建築設計を始める」という伝統的、または実務的なプロセスが、当てはまらないケースが増えているのです。

なぜでしょうか。それは社会やテクノロジーの変化がどんどん早まり、様々な業界ごとの「経営の定石」が、確たるものではなくなっているからです。すると成功のための与条件をクライアント企業側から提示すること自体が、現実的に難しくなっているのです。

企業にそうした与条件を作成する経験が無ければ、それを生業とする建設コンサルタントや、プロジェクトマネージャー、またはプロデューサー[※3]に依頼し、設計要綱を作成してもらうことから依頼する方法もあるでしょう。そうすると、建築士は

※3　プロデューサー
建築業界においては、定義があいまいな肩書であり、その役割や職能もはっきりしない。しかし、プロジェクトの一定の成功のためには欠かせない場合も多く、発注者のニーズも高い。プロデュースを担当するのは、プロジェクトマネジメント会社、設計者を選定するコンサルタント会社や、コンサルタント人や企業、また人脈を有する著名人などが挙げられる。

それらを熟読し、早速スタディを開始することができます。

しかし、そうして得られる「与条件」を信じて進めて、良いのでしょうか？

いや、そんなはずはないと、多くの建築士が知っていると思います。経験的に、施主の要望通りに設計を進めて行けば、良い結果につながらない。または、最初に提示された設計要綱は、的を射ていないこともある。それどころか、与条件通りに進めて行くと、クライアント企業にとって失敗が待っているかもしれない。そう感じたことはあるはずです。

実は設計要綱では、企業活動にとっての「成功」に至る、本質的な設計条件に触れることが難しい理由があります。その理由とは、与条件には、以下のことを記述するのが困難だからです。

・その企業にとって、本当の「脅威（恐れていること）」は何か？
・経営環境の変化に対して、最新の（経営者間で噂されているような）施策は何か？
・企業の「重要な販路（本当の顧客）」に、どういう影響を与えたいか？
・自社の会計戦略[※4]上の「優位性」、または克服すべき課題
・組織の人材や、社風に関すること

※4　会計戦略
企業ごとの損益や貸借、また各種指標を通じて、企業活動をマネジメントする戦略。本書では、各章で繰り返し登場する。1章82頁、3章186頁参照。

これらは、建築設計の重要な要素、時には本質的な要素になる可能性が高いにもかかわらず、設計者に必ず伝えられることではありません。なぜなら、そもそもそうした情報が重要であると、発注者側が気づいていないか、またはそれらについて、経営陣で意見の対立があるか、もしくはそれらを熟知しているのだけど、明記できない何かしらの政治的事情がある、あるいはそれらについて、発注担当者に興味がなく知らないか、何れかであることが多いです。

そうした「本質的な要素」に至る、未整理の情報群、または可能性の塊を、ここでは「未条件」と呼ぶことにします。

建築の「未条件」とは

クライアント企業から提示される「与条件」は、たくさんあったほうが良いでしょう。しかしその有無にかかわらず、いまだしっかり記述されていない「未条件」が、企業経営者やその担当者と設計事務所によって、共有されていることが重要なのです。

だから私たちは、本章で紹介する様々な方法で、「未条件」の収集のためのアクションを開始しなければなりません。企業の[※5]デザインマネジメントや[※6]イノベーショ

※5　デザインマネジメント
デザイン思考を経営戦略策定の中心部に置き、マーケティングから製造、広告宣伝、販売、組織形成までを一貫させる経営手法の一つ。

※6　イノベーション
経済活動の中で生産手段や資源、労働力などをそれまでとは異なる仕方で新結合すること（『経済発展の理論』Joseph A. Schumpeter 著・1912年）。画期的な商品や研究結果をイメージしやすいが、マネジメントやビジネスモデルに関するイノベーションを起こす方が難易度が高い。

ンに関わる部分では尚更です。

「未条件」とは、クライアント企業の脅威、販路、会計戦略、人材、社風などに関わる、いくつかの理由から記述しづらい、経営的な要素のことを言いますが、大企業であってもそれが把握できなかったり、経営陣や経営企画部[※7]のような部署が、日々調査研究している最中だったりします。中小企業でも経営企画部が設けられていることが多いですが、リソースが足りていないため、こうした企業戦略を、建築や空間的な条件に翻訳するのはかなり難しいと思います。

そもそうした経営戦略を、多面的にしっかり把握し、言語化し尽くしている企業は、私に言わせると存在しようがありません。

経営とは、もっと混沌としたものです。不確実な環境の中で、業界の中で自社を説明するという、そんなすごいことができているとすると、その企業はほんの一握りの極めて優秀な企業です。しかし成功しているすべての優れた企業は、その過程で様々な試行錯誤を行い、たくさんの失敗を積み重ねてきたことも、間違いありません。

そして努力と幸運の末に、何とか辿り着いた目標達成の栄光に油断をしていると、たった数年で、地殻変動が起きるように、経営環境が変わってしまいます。だから

※7　経営企画部
現代では経営企画を扱う部署は、大企業だけではなく、中小企業にもあるが、その役割は様々である。経営環境の調査研究、会社の経営戦略の策定や、経営判断の実行、株主や金融機関など社外への報告、社内各部門の調整などを行う。

与条件と未条件

与条件

建築の目的　敷地環境　必要諸室　諸室面積

利用人数　動線　スケジュール　工事費

企業文化　求める人材像　派閥　競合との戦い

本当の脅威　部署のKPI　販路施策　人事諸制度

未条件

「与条件」とは、建築設計を開始するときに、クライアント企業から与えられる、諸々の設計条件を言います。設計提案とは、一般的にはこの与条件に対する解答として提示されます。私たちは昔から、日々この思考トレーニングを積んできました。それに対して、本書で提起されている「未条件」とは、与条件と同様に、その建築設計のための本質的な要素になる可能性が高いにもかかわらず、設計者に必ず伝えられるものではない、また記述しづらい、未整理の情報群を言います。それらは企業の内面にあり、顕在化していない場合もあります。これらを経営論的に救い上げる方法論が、１章のテーマとなります。

はっきりとした「与条件」は、もう存在しないのです。経営の世界から眺めた時、「与条件から設計を始める」という伝統的な設計法を前提にしているとしたら、それこそが落とし穴なのです。

そしてA〜Cのケースでは、与条件から始めないスタンスが求められています。そのヒントが、経営の世界には膨大に散らばっています。その一つが、「人と組織」についての分野です。

クライアントの経営を知る——人や組織を思考する方法から

経営の世界には、古くから「人と組織」についての専門分野があります。組織やチーム構成を考え、その部署間を横断するコミュニケーションを促す議論、社内イベントの企画や支援、会議や朝礼のルールづくり、経営理念[※8]を浸透させるための工夫、目標管理制度[※9]や報酬、新しい制度や取り組みを導入する手続き、勉強会や教育プログラムの開発や運用、社内コンテストの企画と実行、昇進や降格や異動について、また産休・育休や子育て支援から、ストレス改善まで、言いだすときりがありませんが、それらが「人と組織」に関わる分野です。

※8　経営理念
企業の経営活動に関する「基本的な考え方や姿勢」「価値観や規範」を表現したもの。経営者やマネージャーから、顧客や、働くすべての人へのメッセージでもある。会社がなぜ存在するのか、その意義を明確にし、顧客や社会への行動規範の基になる。3章179頁参照。

※9　目標管理制度（MBO：Management by Objectives）
部署やチームごとに目標を設定し、その達成度合いで評価を決定する組織人材マネジメントの方法。一方的なノルマではなく、個人、上司、組織が対話しながら目標や課題を定める（『現代の経営』Peter F. Drucker 著、1954年）。日本企業でも広く取り入れられた管理ツールであり、生産性や能力の向上、評価、報酬、人事考課と多面的な効果が得られる反面、単なる成果主義に陥りやすく、安易な運用は避けたい。

これらの施策がうまく行けば、企業はその業界で目立つ存在となり、失敗すれば衰える、それくらい重要な分野です。近年では、人材採用や、働き方改革、一般的な労務や人事評価も、この分野の項目です。

「企業は人である」ということは、経営者やマネージャーであれば、だれもが知っているはずです。ではどうすれば、人は生産性とモチベーションを両立させ、仕事に満足[※10]することができるのでしょうか。それを問う時、この分野は単に企業において、単なる補助的な事務作業ではなく、むしろ最重要な分野になるのです。

例えば前述した、オフィスの設計を依頼されたA～Cのケースであれば、これから説明する考え方から始めると、課題が少し違って見えてくるはずです。

そのために、まずはいったん、あなたが建築士であることを忘れる必要があります。これから紹介する、この「人と組織」の専門家になった気分で、この分野の価値観や思考方法に、いったん身をゆだねてみてください。

経営者が求める人材像を知る

私たちの依頼主であるクライアント企業のすべては、その目的を達成するために、人や組織の継続的な成長を、強く望んでいます。

※10　従業員満足度（ES：Employee Satisfaction）
顧客満足（CS：Customer Satisfaction）に対して、企業の従業員の満足度に関して用いられる基礎的用語。企業内部の満足度を高めることで、雇用を促進し、組織パワーを生み、企業価値を高めて行く指標となる。単なる福利厚生ではなく、経営者はいま従業員が何を求めており、自社で勤務することで何が提供できるのか、という視点で、経営理念と整合した人事施策を練らなければならない。

では、実際のところ、経営者は、自社の社員をどう捉え、どういうプロセスで育成しようと考えているのでしょうか。彼らが自社ビルや店舗や生産施設の建設事業を、建築士に依頼する時、その動機を「与条件」として表現するのは、少し難しいかもしれません。

だからストレートに、建築士からクライアント企業の経営者か担当者に、インタビューをしてみましょう。例えばこんな感じです。

・理想の組織図はどんなものか。
・それと実際の組織図に、齟齬はあるか？
・各部署の社員は、コミュニケーション力が高いチームか、または職人的なエンジニアリングシップを持ったチームか、または知的好奇心が旺盛な研究肌の人材が多いのか？
・それぞれの部署の課題は何か？
・これからの採用活動で、どんな人材を求めているのか。情報処理能力の高い人材か、グローバル感覚か、それとも業務改革を推進していくスピリットの持ち主か？
・それは例えば理系・文系・デザイン系で分けたとすると、どれか？

・新卒を中心に採用を行っているのか、それとも中途採用が多いのか？

現在の人的課題と、これからどんな人材を求めているのかを、こうした質問で共有していきます。できればまず、経営者や、人事担当や、複数の社員に意見を聞ける状況をつくってください。

オフィス空間は、経営者からのメッセージ

そのクライアント企業のオフィスを設計しようとする時、まず押さえたいポイントは、そうした企業の求める人材像と、いま企業が実際に講じている施策の、「整合性」です。

一般的に日本の企業は、規模の大小にかかわらず、様々な人材マネジメント施策を行っています。しかし現実問題、これもまずはインタビューからしか聞き取れないことが多いでしょう。なぜならそれらは、明文化された規則に書かれるようなものではなく、経営者やマネージャーの経験や想いが、長年積み重なり、絶えず変化するものであることが多いからです。

そうしてできあがった企業の諸制度は、働く人のためのルールブックであると同時に、そのすべてが、経営者やマネージャーから、働くすべての人へのメッセージ

に他なりません。

そのメッセージは、経営理念に留まらず、社名やロゴマーク、ユニフォームやホームページといった視覚要素にも表現されています。そしてオフィスや店舗といった建築空間は、経営者のこれまでの諸制度を伝え直す、雄弁な媒体なのです。働く人や顧客は、経営者の考えを、その空間を通して理解します。

だから建築士が、クライアント企業の「人と組織」と向き合うプロセスが必要なのです。そしてそれは、機能性や効率性を高めるための、ゾーニングや動線計画という伝統的な建築計画とはまったく別の、経営理論から湧き起こる情報を介して、検討されるものなのです。

企業の「インセンティブ（報酬）」を押える意味

もう一つ、「人と組織」に関する思考で、重要なポイントに触れます。それは社員の多面的な「インセンティブ（報酬）」です。

企業が社員に支払う給料の算定方法を確認するだけでも、建築士にとっては大きな気づきがあると思います。その企業が、社員の評価をどう考えているかということは、その企業の本質に触れるかもしれないからです。しかしインセンティブには、役職や特別な褒賞、さらに成長の実感や働き甲斐までも含まれます。今後さらに多様化していくでしょう。

例えば自立のためのスキル習得や、キャリアパス[※11]、ワークライフバランス[※12]についての対話なども、インセンティブになり得ます。社員側のモチベーションの源泉も変化しているのです。

こうした情報をコツコツと収集する理由は、建築士が建築のスタディを始める前に、建築空間の利用者、つまり社員の働く動機やモチベーションを、想像（空想）するためです。そして動的な「組織構造の変化」に取り組むための、準備なのです。

その組織はどう変わりたいと思っているのか？

組織構造というのは、図のような、企業をある分類によって分割した関係性を指します。

一般的には、機能別組織[※13]や、事業別組織[※14]がイメージしやすいと思います。クライアント企業に尋ねると、組織図は簡単に手に入ります。クライアント企業が小さい会社のため、適当なものが無いことも多いですが、聞けば経営者はその場で書いてくれるでしょう。

※11　キャリアパス
従業員が経験すべき、業務や役職のステップについての計画のこと。中長期的な道筋を立てることで、経営者は従業員のモチベーション向上を期待し、従業員は将来の自立や安定を希望する。

※12　ワークライフバランス
「仕事と生活の調和」と訳され、仕事にやりがいや充実感を持ちながらも、家庭においても多様な生き方を自由に選択できる概念を示す。特に男女の機会均等などをより推進し、さらに育児や介護についての働き手の負荷を低減するために、00年代から厚生労働省や内閣府で推進され、民間企業の人事施策の一つとして定着しているが、浸透は今後の課題。単純に、仕事と生活を区別することや、業務時間を減らすことと誤解されることも多い。

組織構造の基本形

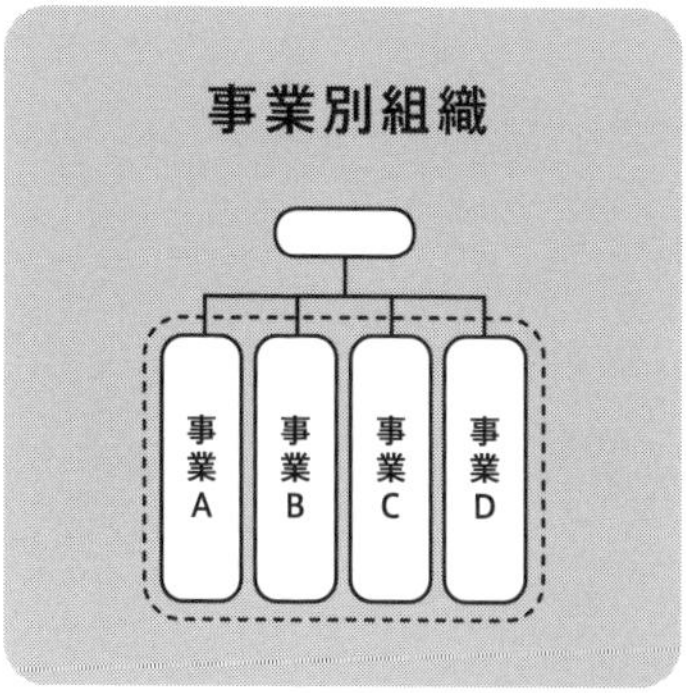

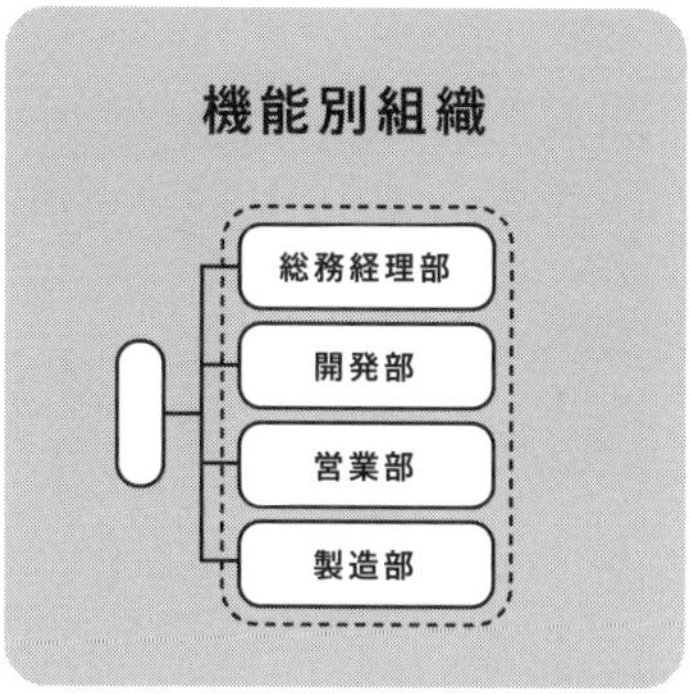

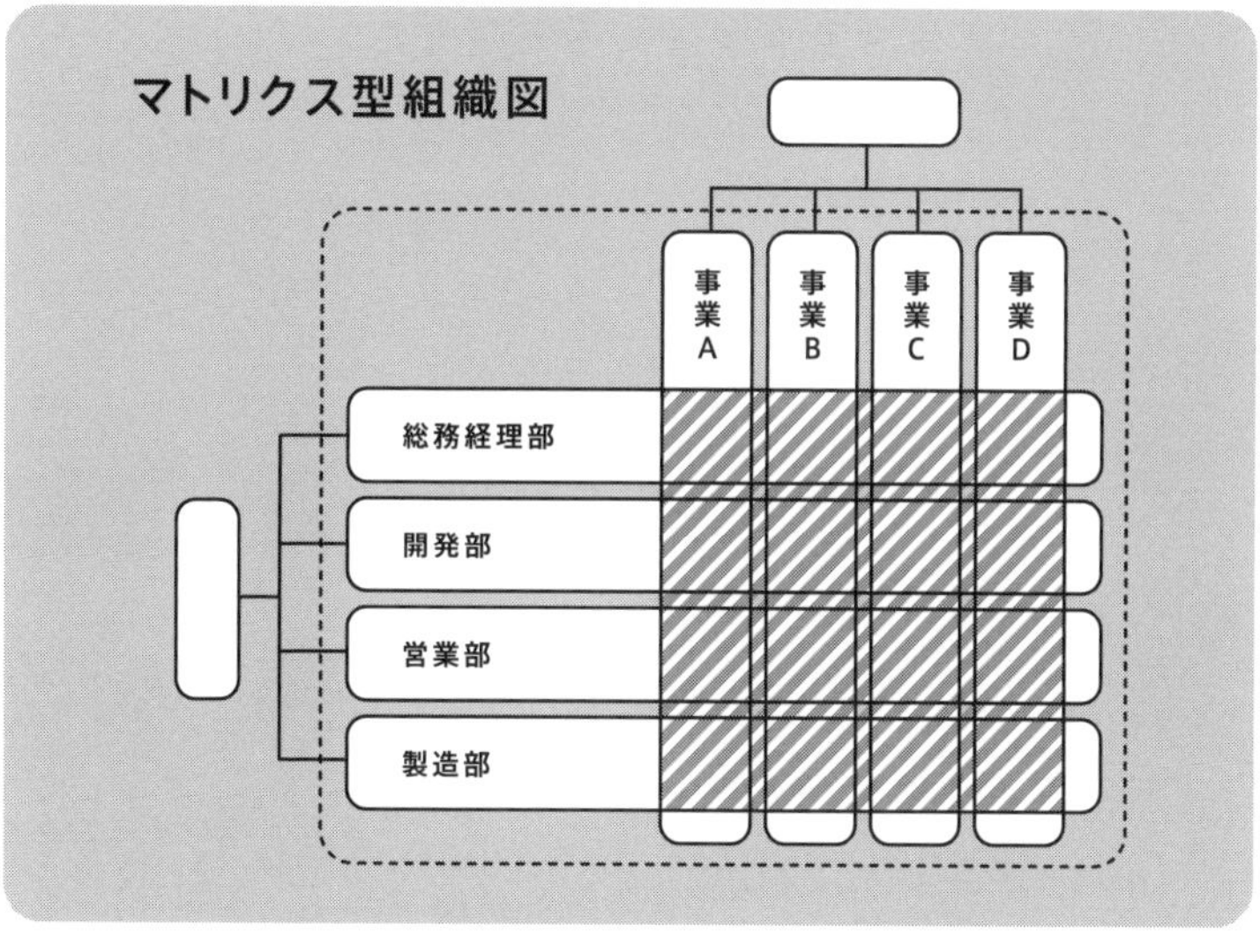

組織形態とは「組織図」に表される組織構造であり、事業特性や成長段階、意思決定プロセスに影響します。一般的には図のように「機能別組織」と「事業別組織」があり、情報共有や伝達速度の面で、長所と短所があります。経営者は常に自社の将来成長を、組織形態を通して見ているので、例えばオフィス設計の際の情報収集や意見交換の場では、常にこれらを意識したいところです。

しかし実際には、組織というものは図式に納まらない雑多な人間関係が含まれており、パターンから逸脱し、記載されていないことがあります。しかもそれが「未条件」に直結する可能性が高いのです。まずはよく観察してみましょう。

さらに重要なことは、その組織の「変化」です。1年前はどういう組織構造であったか、今後はどういう組織構造になっていくか。あらゆる企業は常に新陳代謝を繰り返しており、人や組織も生き物のように変化しています。

当然ですが、「組織構造が完成する瞬間」は永遠に訪れません。常により良い状態を求めて、変化し続けるのが理想とも言えます。そして自社ビルの設計の相談を受けるタイミングとは、与条件に記載がなくとも、また経営者から告げられずとも、「組織改革が求められている瞬間」に違いありません。ところが多くの社員は、時には経営者ですらも、変化を嫌います。そこをあなたが正しい方向に変化させなければならないのです。

経営者であれば、社員が会社に何を求めているか、その心理を把握している場合が多いと思います。しかし経営環境や会社規模が変化し始めた時には、自社に求められる人物像の変化や、新しい世代の社員が求めるインセンティブに対して、鈍感になりがちです。

※13 機能別組織
経営組織構造の一つ。開発、営業、生産、人事、経理など、業務内容別に編成した組織を指し、事業部制組織と並ぶ、企業における組織構造の基本形。

※14 事業別組織
独立して活動する事業部ごとに分類した組織形態。業務プロセスの最初から最後までを一つの事業部が一貫して担当する。意思決定権限と執行権限とを事業部ごとに委譲しやすく、短期的な意思決定から中長期の計画立案までを事業部内で行えるようになる。一方で事業部門ごとの垣根が高くなり、協働がしにくい、経営資源の配分がしにくいなどのデメリットもある。

組織構造の変化と未条件

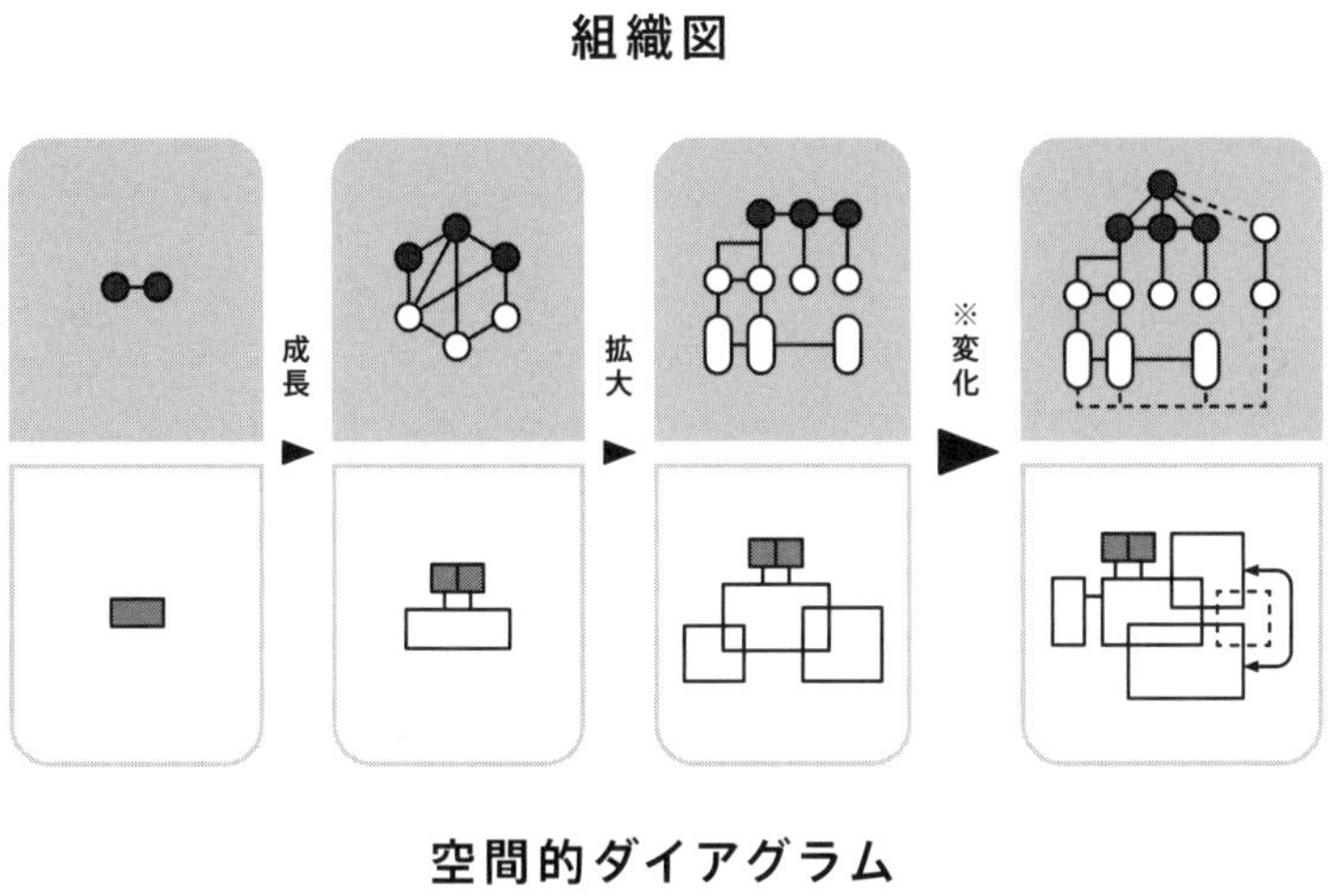

上段は組織構造の変化を示し、下段はそれに対応して平面的に説明する<ダイアグラム>です。組織構造の動的な変化のプロセスは、その業界特性や企業が有する競争優位性により千差万別ですが、一般的には個人やチームの役割が分化し、明確になり、より形式的になります。フラットな組織構造は、コミュニケーションの質と速度にメリットがありますが、責任が不明確になりがちです。階層的な組織構造は情報共有の面ではデメリットが生じることもありますが、リソース分配や指揮系統が明確になります。図中の※部が、クライアント企業から社屋建築の依頼があるタイミングだとすると、求められているのは経営陣内でのヒエラルキーと、おそらく人事部か品質管理部のようなCEO直下の部隊ということになります。

その前提に立つと、経営者にとって、建築士との設計前のインタビューや、建築企画のフェーズというのは、「組織構造の変革の気づき」のタイミングと言えるでしょう。打ち合わせ中に経営者は「これからのわが社にあるべきは、秩序か、余白か、連続性か、距離感か…」と経営課題を連想します。しかもそれを「空間的」に考え始めます。普段はない驚きの経験でしょう。なぜなら建築士以外のすべての人は、空間的に物事を考えるのが、思ったより苦手だからです。

この体験は、事前の設計要綱に記載できるはずがありません。建設コンサルタントや建築プロデューサーが、準備できるものでもありません。経営者と建築士のディスカッションにより生まれる図像の中にしか、現れません。その時、組織の変革案が、創発的に起こるのです。

建築空間がコミュニケーションを創る

経営者による人事施策のほとんどは、「コミュニケーション」に関わることだと言えます。会議や朝礼、目標管理制度などの施策もそうです。ビジネスの現場では、コミュニケーションの重要性がますます増し、建築空間はそのためにも寄与するのです。

経営者は、社員間の情報共有の質と量を求めますが、それは単純に文字数に還元できるものではありません。少なくともオフィスプランニングにおける、会議室の数ではありません。

メールやグループウェアでのオンラインコミュニケーションが一般化し、5G時代に向けてウェブ会議が台頭すると、むしろ非言語的なコミュニケーション（空気感・身振り手振り）が重宝されます。

例えばそれは、活発な議論／自由闊達な雰囲気／評価を上司から部下に伝える場／上司の間違いを正せる空気／話を聞いてくれる安心感、そしてこうしたことを醸成することができる、雰囲気です。

また、人と組織の関係は、決して協力的なものだけではありません。常にどこかで火花を散らす対立[※15]（コンフリクト）が起きています。または関係性を断って、イノベーションの醸成を促すこともあります。そのため、組織間の非連続的な配置が必要な場合もあるのです。

※15　コンフリクト・マネジメント
組織ではコンフリクト（軋轢や緊張）が必ず起こる。業務プロセスの不合理から生じるものもあれば、従業員の感情の衝突から起こる場合もある。それを取り除くことで、生産性を高めることが求められる。また企業価値を高めるための必要なプロセスとして、それを積極的に組織構造に取り入れることもある。衝突からしか生まれない創造も、あり得るからである。

建築空間は企業文化に迫る

こうして醸成された、チームの雰囲気や空気感をつくる価値観や行動様式を、

「企業文化」と言います。前述した他にも、風通しの良い／ボトムアップができる／精密で厳密な／透明性が高い、などと形容できるものがそうです。経営者は、そうしたポジティブな文化を、切望しているのです。

しかしそうした企業文化は、究極的には言葉だけでは言い当てられない、定性的なものです。その規模にかかわらず、企業は時間をかけて、独自の文化を形成します。それらは企業のこれまでの成功の逸話や、マネージャー一人ひとりの言動が蓄積された結果であるため、経営者が直接触れることが難しい、と言われています。

その企業文化についての情報を得ようとすれば、社員への直接的なインタビューを行うか、日常業務を観察することです。そうして得られる情報もまた、設計を始めるに際して有益です。これもまた、繰り返し触れてきた「未条件」のひとつです。

人と組織の世界の用語は、建築士からは、少し聞き慣れない用語が含まれていたかもしれません。いわゆる建築計画学でも、人と組織の分野へのアプローチは、まだまだこれからです。しかし設計の立場からすると、これはチャンスです。なぜなら経営戦略論における、人と組織の分野では、また建築設計や空間デザインによる方法論は未だ語られていないからです。

この二つの分野のギャップがあるいま、建築設計のための「未条件」は、この分野に大量に存在するということに他なりません。

領域を超えるオフィスの設計

建築士という立場からいったん離れての、短いツアーはひとまず休憩です。お疲れさまでした。

もし「人と組織」に関する分野に、未知の広がりを感じることができれば、ツアーは成功です。紹介された多数の項目や施策を、もっと本格的に深掘りしたくなっていれば、なお良しです。

では本章の冒頭で紹介したA〜Cのケースを、再度振り返ってみましょう。少し感じ方が変わるのではないでしょうか。

Aの、社員50名程度の自社オフィスの企画の相談のケース。最初にワークショップを行うなど、企業の本質を知るための入り方は良かったと思うのですが、具体的な建築的な提案に移る前に、今回の事業を通じた企業の変化のビジョンや、求める人材像についての、経営者との話し合いがあると良かったのかもしれません。

または近い部署のトップや人事部の協力を得て、インタビューの中から「未条件」を収集できる可能性はありました。アウトプットの前に、インプットがまだまだ必要だったと思います。

Bの、ベンチャーを立ち上げた友人のケース。そのビジネスがうまくいくかどうか、それはおそらく誰にもわからないので、そこは重要ではありません。

おそらくこの数年で、どういう人材が集まってほしいかを、友人と一緒に考えて、言語化していく時間が必要なんだろうと思います。そして「集まって欲しい人材像」のペルソナ[※16]は、どういう希望や可能性を持っていて、どんなくらしをしていて、収入はどれくらいなのか。そして彼らにとって、その事務所はどういう空間であれば良いのかを打ち合わせ、あなたが助言すべきだと思います。

Cは、まさに「人と組織」の社内改革が必要とされている瞬間だと推測されます。新社長と自社の組織構造をしっかり話し合い、中長期的にどういう仕組みに変えていくかを話し合うのが、最初の仕事です。また組織の各部署のキーマンを押さえ、インタビューの順番を新社長と話し合う可能性がありました。

こうしてA〜Cのケースで、企画から設計フェーズに移る辺りでも、まだまだ「未条件」を探り続けるプロセスの途中に過ぎません。建築設計と同じように、「人と組織」の経営分野にも、確固たる正解がないからです。

ところで、こうした経営戦略的な業務は、設計事務所の仕事ではないのではない

※16　ペルソナ
00年代から、マーケティングの世界で使われ始めた概念。商品やサービスのターゲットとなる顧客像、消費者像を指す。単なる「ターゲット」とは異なり、そのユーザー像を綿密に具体化するプロセスを取る。例えばある有名人を想定するか、または年齢、性別、職業、年収、ライフスタイル、思想、趣味、価値観、家族構成など、詳細にそのキャラクターを設定し、そのピンポイントの人物に向けて、商品やサービス開発をする方法。漠然としたターゲット像を、鮮明にする利点がある反面、却って顧客像が一般化する場合もあり、万能ではない。

か、そう思われる人も多いのではないでしょうか。その通りだと思います。間違いなく、経営の分野の仕事です。通常は経営者や、人事や、外部の経営コンサルタントの領域です。

しかし、それを実行するのにかなり有利な立場に、建築士がいるのも確かなのです。本章で繰り返し詳しく述べていきますが、建築設計に詳しくない経営コンサルタントやプロデューサーが、こうした前裁きを川上で実行しようとしても、本来は不可能です。設計打ち合わせの流れの中でしか行えないことが、多いからです。

つまり設計案が練り上げられていくプロセスの中で、人や組織についての「未条件」が空間的な想像力を伴って、現われてくることで、イノベーションが起こるのです。経営者にしても、経営コンサルタントにしても、誰かが事前に用意できるものではないのです。そして、例えば企画設計や基本設計中に、そうしたコンサルティングを行うことで有利なポジションにいるのが、建築士だということです。

経営戦略にアプローチするための四つの大陸

ここで見た「人と組織」の分野は、企業の経営戦略の全体像を形づくっていくための、大きな要素のひとつです。

そして経営戦略とは、「企業が長いスパンで、その使命や目標に向かい、顧客へ価値提供をし続け、継続的な豊かさを得るための優位性を練り上げていく方法論」のことです。経営者またはチームをマネジメントしている立場にある人は、これと無関係ではいられません。そして各企業による戦略策定とその実行への投資は、年々拡大しています。その重要性の理解が進んでいるのでしょう。そしてこれから、建築設計業界にもその潮流がやってきます。

そしてその経営戦略の世界を、本書では大きく三つの分野に整理しています。それは「基本戦略とマーケティング」「会計とファイナンス」そしていま見てきた「人と組織」です。そこに私たちがいる「建築と不動産」の分野を加えて四つ。これは例えると、経営戦略という世界を、大きく四つの大陸に分類しているということです。

これが本書で提供される情報マップであり、ツアーの全体像でもあります。建築の専門家であるみなさんは、建築や不動産の戦略的な内容の多くを知っているでしょうし、また建築基準法改正や、2章での経営環境の変化などの新しい知識やトレンドの多くも、自分ごととして吸収が早いと思います。

しかしその他の三つの大陸での知識や技術は、もしかしたら普段は触れない新奇

1章を構成する4つの世界

A：会計戦略・お金の仕組み

F：ファイナンス・キャッシュフロー

D：設計・建築計画

R：不動産コンサルティング

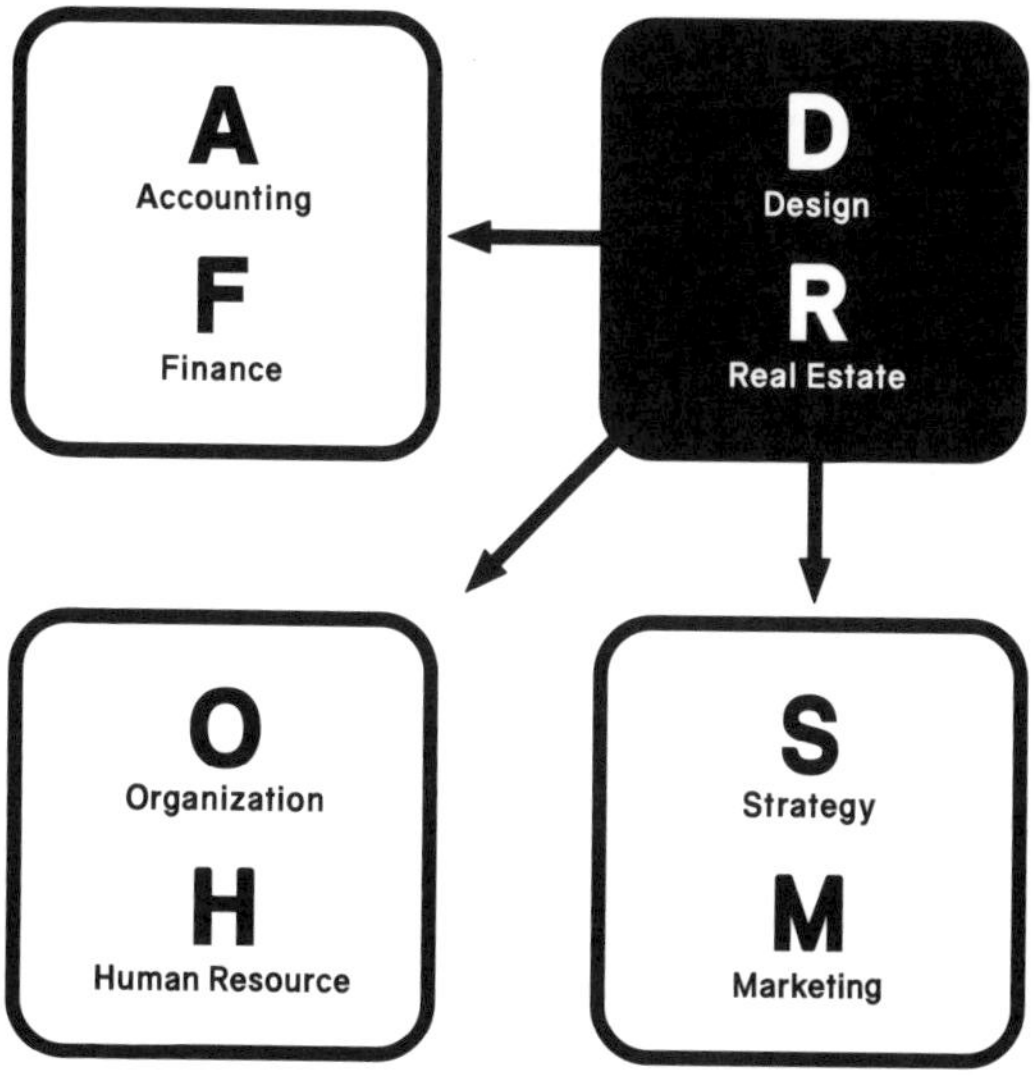

O：組織構造・企業文化

H：人材マネジメント・インセンティブ

S：経営戦略・市場分析

M：マーケティング・販路計画

クライアント企業をコンサルティングする際のマクロフレームワークであり、この『建築と経営のあいだ』の全体マップです。クライアント企業の事業特性を4分野に分類して、観察、分析、考察します。この4つはいずれも相関関係にあります。企業はお金の戦略が優れているだけでは長期的に生き残れず、理念や経営戦略だけが秀でていても意味がなく、また人材育成や組織構造設計に長けているだけでは力を発揮しません。それらに一環した軸を見出し、整合した建築不動産事業を計画することが目指すべき理想像です。

な体験かもしれません。

そしてここでひとつ大事なことをお伝えしたいことは、建築士がこうした経営戦略的アプローチをすることは、実はそれほど大変ではない、それに尽きます。ちょっとしたコツとセンスを掴めば、誰でもできます。一級建築士を取得するような、壮大に難解なことではありません。企業経営戦略論に精通しよう、と言っているのではありません。その基本的なエッセンスを知り、クライアント企業にアプローチすることくらいは、簡単なのです。

ではこれから、もういちど建築士の立場を忘れて、残る「基本戦略とマーケティング」と「会計戦略とファイナンス」の大陸へのツアーに出かけますが、その前にここで、なぜ建築士がそうした経営戦略的な業務に向いており、それほど大変なことではないのか、そしてその能力が得られるとどういうメリットがあるのか、これを押さえておきましょう。

経営コンサルタントの役割

私はこれまで、単なるお金儲けのためだけに存在している企業というものを、見

※17 業界を良くする
日本でも「三方良し」という考え方が江戸時代からある。これは、商いを成功させるには、売手と買い手が満足するのは当然のことで、社会貢献し世間にとって良い、となって初めて良いとされる。業界全体がよくなっていけば、回りまわって自社の経営が向上するという考え方。

たことがありません。私が会ってきた多くの経営者たちはみな、自社の課題だけではなく、真摯に社会の課題にも向き合い、顧客に貢献し続け、業界[※17]を良くするために、全力を尽くしています。

だから多くの企業は、考え得る限りベストな状態を目指して、日々、切磋琢磨しています。経営と一言で言っても、「人や組織」で見てきた、社員教育やコミュニケーション、組織改編に関すること以外にも、自社の技術や商品やサービスの向上に関すること、日々の売上や経費の管理に関すること、新しいトレンドや競合といった脅威に対する備えや、新規ビジネス開発[※18]への投資、不慣れなＩＴシステムの導入、企業価値と連動したＰＲ[※19]など、多様なテーマがあります。

大手中小かかわらず、優れた経営者に「いまあなたの会社は何点ですか？」と聞いても、百点ですという答えは返ってこないと思います。優れた経営者は、自社の改善の余地を発見するのが上手だからです。

常に経営環境が変化する現代で、完璧な会社というものは存在しないのですが、その改善の余地を探す仲間やコーチが必要です。または経営戦略の立案と実行を補佐する専門家である、経営コンサルタント[※20]に依頼し、経営課題を見付け、改善するといった取り組みを日々行っているのです。

※18　新規ビジネス開発
企業がその関連する分野や、まったく新しいフィールドで、ビジネスをつくり、成長させるプロセスのこと。本書4章250頁で、詳しくその方法論について述べている。

※19　ＰＲ（Public Relations）
単純な広報や宣伝活動とは異なり、より広い概念を指す。その企業を取り巻くあらゆるステークホルダー（クライアント・株主・業界・メディア・パートナー・金融機関・教育機関・行政）との関係性を意識し、彼らとの関係性を戦略的に構築していくための方法論。

※20　経営コンサルタント
企業経営についての補助や教育を主な事業内容として行う会社や個人。業務領域により、戦略系、IT系、組織・人事系などに分類される。

もともと日本の経営コンサルタントは、高度成長期に外資系企業が進出する形で誕生しました。そして次第にその有用性が認められつつ、２０００年以降はかなりの広範囲な領域に拡大しています。

経営コンサルタントは、比較的大手の企業（コンサルティングファームと言う）に属している人もいれば、設計事務所と同じで、能力があれば独立して、小さな規模で大きな会社を扱っているケースも少なくありません。

また経営と言っても範囲が広いので、さらに専門領域を持っている場合がありま す。

例えば公認会計士や税理士といった資格者が、その専門性を生かして活躍する場合もあれば、広告代理店でもマーケティング寄りの知識と技術を生かして、経営コンサルティング業務と融合する場合もあります。またＩＴ企業がデジタル技術の知識を生かし、単なるシステム会社ではなく、ニッチ業界を見付け、そこでの経営改善を補助する付加価値を提供する例もあります。

つまりすでに、この分野にはかなり多種多様な人材がいるということです。そうなった原因は、やはりインターネットやＩＴ技術の一般化と、その変化の速度の速さではないでしょうか。さらに経営戦略論や技術が、知の体系として整備されてきたことも関係していると思います。

建築士が経営コンサルタントに向いている理由

そんな過程の中で、経営コンサルタント的な動きを見せる建築士も、稀ですが、います。

例えば古い例では、建築家のレム＝コールハースが率いる建築設計事務所ＯＭＡがつくったＡＭＯ[※21]は、その一種です。もともと建築は、機能的でありながらも、自然との対立としての幾何学的、様式的または芸術学的、社会学的、都市計画学的な着想を得て、形づくられるものでした。しかしＡＭＯは建築計画に、現代的なリサーチエンジニアリングを導入することで、建築形態の成立根拠を、よりマーケティング的なデータ解析に求めました。彼が「建築計画でイニシアチブを取り戻したかった」とシンプルな動機を話したことを、よく覚えています。

そうすることで、いわゆるビジネスにおける川上に進出したかった、とも推測できるかもしれません。しかも、建築のＯＭＡと、リサーチのＡＭＯのネーミングが、逆さになっていることも、「建築と経営のあいだ」を扱う本書にとっては、示唆的です。[※22]

※21　AMO　ＡＭＯは、ＯＭＡの研究やリサーチを行う部門。建築設計を行う前の段階に、リサーチというプロセスを導入し、ＯＭＡと協働する。それまでのコンサルタント会社や、都市開発会社の業務プロセスとは異なる、建築的アイディアを生むための施行組織。『行動主義　レム・コールハース　ドキュメント』（瀧口範子著・ＴＯＴＯ出版・２００４年）を読む限りにおいて、それは本書が紹介しているような、現代的な経営戦略コンサルティングファームの動きとも異なり、時おり哲学的な活動に見える。

※22　建築事務所であるツバメアーキテクツは、建築やインテリアを設計する空間設計部門「Ｄｅｓｉｇｎ」と建物や都市に関わるリサーチおよび研究開発を行うシンクタンク部門「Ｌａｂ」の2部門から構成される。実績としてＮＨＫとの次世代スタジオに関する調査・研究や小田急電鉄株式会社と手がける一連の下北沢再開発プロジェクトなどが挙げられる。

おそらく伝統的な建築教育[※23]を受けている人が、経営コンサルティングの実務を行っても、それほど違和感はないと思います。なぜなら、ある課題を解くために、定量的または定性的な情報を収集し、思考のストーリーを創作し、仮説を立て、解決案を構想し、それを図や文字でプレゼンテーションする。どちらも、それを繰り返してきているからです。これらは似ています。

また、建築設計と経営コンサルティングの業務範囲も、意外に近いようです。「人と組織」の事例で見たように、経営コンサルティングは、企業改革のために着手する建築事業においては、改革に必要な条件を整理する業務だからです。それは、建築士が設計を開始する少し前段階に行う、ヒアリング業務と重なります。

とっつきづらく遠い業界、と思いきや、意外に少し手を伸ばせば届く範囲にあるのです。例えば伝統的に結びつきが強い、意匠設計と構造設計の実務内容的な距離感よりも、もしかしたら近いのではないでしょうか。

しかも先ほど述べたように、「未条件」の取得は、事前に収集できるものもありますが、実際には経営者と建築士の設計の打ち合わせの最中に、イノベーティブな化学反応として、経営陣の心の中に生じるものです。もし企画や設計に違いを創っていこうと思うのであれば、設計の打ち合わせのその場にいるあなたが、経営コン

※23 伝統的な建築教育
ここでは、大学などの建築系学科で、建築設計の実習課題を中心にしたカリキュラムを指す。テーマについての建築を立案する過程で、独自のコンセプトやダイアグラム、設計図面や建築模型を制作し、表現する。

サルティングの基本技能を身に付けたほうが、自然です。繰り返しますが、体系的に学べば簡単なものです。

そしてもうひとつだけ、建築士が経営コンサルタントに向いている理由を加えるとすると、建築士の基本的な思考タイプが、デザイン思考であることです。「デザイン×経営」というキーワードは意外に2000年前後から語られ始め、何度かの波が訪れたのち、2018年に経済産業省・特許庁の研究会からひとつのレポート[※24]としてまとめられ、公開されています。

※24 『「デザイン経営」宣言』(経済産業省・特許庁 産業競争力とデザインを考える研究会・2018年5月23日)。研究会での議論と民間の有識者を委員に加え、デザインを活用したデザイン経営の手法や効果、そしてデザイン経営を推進するための政策提言をまとめている。経済産業省HP参照。https://www.meti.go.jp/press/2018/05/20180523002/20180523002-1.pdf

デザイン×経営の潮流

そこには、「デザイン思考はイノベーションに不可欠で、大小問わず世界の優良企業が経営戦略の中心に据えている」、とあります。これはデザイン業界ではなく、企業経営に携わる範囲に届けようと試みられているもので、官民が一体となり政策化していこう、という意気込みが見られます。

デザイン経営とは具体的には、経営チームにデザインの責任者を置き、デザイナーが事業の最上流から参加することや、企業や大学で、事業課題を創造的に解決できる人材の育成を推進していくことなどが、提言されています。

つまり「デザインに投資せよ」という機運が、経営の世界に広がりつつあるということです。欧米の研究では、[※25]企業のデザインへの投資効果は、数倍以上という研究データがあります。

建築思考を広くデザイン思考として捉えて、この構図を見なおすと、いま私たちはこちらから向こうへハードルを越えようとしているのですが、向こうからもこちらへ越えようとしてきている、と言えます。これはチャンスとしか言えません。

いまのところ「デザイン×経営」はまだ、商品開発やサービス改善の、デザインプロセスに差異化を生むために用いられるところに留まることが多いようです。しかし本質的には、デザイン思考と経営思考は、より高次の企業戦略立案フェーズや、その実行のフェーズでも交差するものであると考えています。

運よく私は、経営大学院時代にこの価値を実感しています。経営大学院の講義のスタイルは、世界中どこでも、講師から生徒へ一方通行のレクチャーではなく、チームごとにわかれて、テーマについて延々ディスカッションし、チームごとに異なる解答にたどり着く、いわばアクティブラーニングです。経営者もいれば企業人もいますが、みんな目的があって集まっているので、必死でホワイトボードを囲んでディスカッションします。

※25　企業のデザインへの投資効果
※24の『「デザイン経営」宣言』に掲載。欧米では、デザインへ投資する企業のパフォーマンスは、成長率や利益率の点で上昇していると報告されている。

そして思考をダイアグラムにし、スケッチで表現し、立体的に思考すると、いつも重宝がられます。ビジネスにおける課題の発見、その解決能力、新しい視点の導入には、デザイン思考が大いに役立ちます。経営学のフィールドでは、デザイン思考は特殊能力なのです。

そうした感触は、企業経営をコンサルティングする現場でも、いつも実感します。そんな体験から、「デザイン×経営」はひとつのムーブメントとして、このタイミングで拡大していくべきだと思います。その軸線上に、建築士が経営コンサルタントのスキルを付加し、クライアント企業の経営会議に参画していくべき未来があります。

デザインと経営のあいだ——越えなければならないハードル

しかしなぜ、そうした考え方がいままでなかったのでしょうか。その答えははっきりわかりません。「建築と不動産のあいだの壁」[※26]を偶然に発見した時と、同じような感覚があります。

建築と不動産は、一般の方から見ると、その違いもわからないほど隣接した領域であるにもかかわらず、法律、資格、ビジネスモデル、商慣習、人材、教育と、そ

※26 建築と不動産のあいだの壁
『建築と不動産のあいだ』（高橋寿太郎著・学芸出版社・2015年）に詳しい。

の原因を探りましたが、双方のあいだの壁が形成される決定的な理由はなく、双方の発展過程で、それらの要素が絡まり合って、結果としてそうなっているだけのようでした。

その結果、隣接した領域に、「異なる知の体系」が生まれます。建築設計者を志す人なら、誰しもが、計画学や製図法、さらに建築史や建築メディアなどの影響を受けていると思います。そういう知の体系があります。

そして経営論の世界にも、そうした膨大な知の体系があります。おそらく建築学のそれよりも、もう少し大きな体系だと思います。こちらも、伝統的なフレームワークや、コンサルティング技術、巨匠の言説や流行りの経営論などから形成される、体系があります。

しかしなぜかそれが交わる論説[※27]は、ほとんど見たことがありません。私は、経営学の基礎的なものについては、建築学の体系に一部取り込んでしまえば良いと思っています。建築学科や、建築業団体のカリキュラムに少しずつ追加していくことは、それほど難しいことではないどころか、現実的な対応[※28]だと思います。経営理論の基礎体系は、わかりやすく簡単なものだからです。

しかし、よりエネルギーを要するハードルもあります。ひとつは各個人の心理的

※27　『負ける建築』（隈研吾著・岩波書店・2004年）は、近代建築と経済政策の関係性が描かれた、見事な論説。こうした横断的な知は稀有なものである。

※28　東京建築士会では「不動産キャッシュフロー」の読み方やつくり方を定期的に開講することで、建築士が不動産や経営を考えることによる新しい技術の研鑽を勧めている。また『建築学科のための不動産学基礎』（高橋寿太郎他著）も現在構想中で、日本の多くの建築学科で不動産学の基礎レクチャーが始まろうとしている。

なハードルです。いままでは別々の体系だったのですから、そのイメージがあります。みなさんが本書を読み終えた時には、経営理論とはクリエイティブなものである、ということを知るでしょうから、そのイメージの刷新に少しでも貢献できればと思っています。

それでも経営戦略の価値観や目標と、建築やデザインの従来の価値観は、異なるものです。簡単には混ざり合いませんし、完全に融合すべきものでもないと思います。だとすると「異なるものをひとところに同居させるような準備」が、必要になります。それは簡単なことではありません。

またあなたが設計事務所の経営者ではなく、マネージャーや中堅社員だったとすると、企業体として、その新しい方法論を導入するには、当然ハードルがあるでしょう。

組織設計事務所なら、例えば上層部の理解が必要です。まだ多くの設計事務所は、経営コンサルティングの有用性に着目していません。一部導入されているとしても、特定のビルディングタイプの企画や、営業受託のための実験段階だと思います。

また組織設計やアトリエ事務所にかかわらず、伝統的な業務内容に、さらに業務負担を強いると理解してしまうと、導入に抵抗が生じるかもしれません。多くの建築士が、法改正やスピード化、所員不足や働き方改革によって、設計業務の負担を感じているからです。

だからこそ、本書では「顧客の経営と、自社の経営」の視点を繰り返すことによって、正のスパイラルを生もうと試みています。つまり顧客の経営にコミットしていくために、自社の経営をアップデートし、異なるビジネスモデルを保有するのです。実際、よく観察していると、すでにそれに近いことを実践している設計事務所は、たくさんあります。

では、経営コンサルティングと建築士の融合の仮説は、いったんここで中断し、いよいよ「人と組織」につづき、二つめの大陸「経営戦略とマーケティングの体系」へのツアーに進んでみましょう。

クライアントの経営戦略とマーケティングの体系を知る

これからご紹介する考え方の枠組みは、主に「経営戦略」や「マーケティング」と言われる分野での、伝統的で基礎的なものです。やはり聞き慣れない言葉があるかもしれません。異なる文化体系に触れる時、新鮮さと同時に、これまで見知っている言葉との軋轢や矛盾が生じることもあります。思った以上に、「言葉」がその世界を形づくっているからです。

ケース ある成長企業に新工場の計画を依頼される

では今回も、できるだけまったく別世界の出来事にしないために、建築設計のケースを頭の片隅に残しながらツアーに出発しましょう。今回は具体的な事例として、「堀口珈琲の横浜ロースタリー」[※29]を取り上げます。

（ケースD）…コーヒー焙煎工場の建築計画が始まった。クライアント企業は知名度の高まりから、これまでの比較的小さな工場から、数倍以上の規模になる新工場の計画を始めた。

そこで知人の紹介で、私[※30]が設計事務所として指名された。今回は欲しい諸室やその面積、動線についてはある程度明確になっており、さらに担当者が、みずから平面図的なものを作成しているため、企画から基本設計に入るあたりのスタート段階の苦労は少なそうである。

しかし3人の経営陣との設計ミーティングの中で、工場見学を行うための「工場

※29　堀口珈琲横浜ロースタリー
「堀口珈琲」は日本のスペシャルティコーヒーのパイオニア企業。自ら調達した生豆（原料）から焙煎豆を製造し販売することを主業とする。これまでの生産工場を一気に数倍以上に拡張する、新しい施設の計画のための土地探しを、創造系不動産が2015年から着手した。
建築家・高塚章夫氏による建築設計。ブランディングデザイン・エイトブランディングデザイン。施工・三和建設。2019年竣工。グッドデザイン賞2019受賞。

※30　高塚章夫氏が建築企画から参加した。空間表現力や分析力に加え、コーヒー豆の焙煎に対する理解が評価され、堀口珈琲より抜擢された。

見学ルート」をどのように設けるべきか、焙煎後のコーヒー豆を販売したり、コーヒーを飲んでもらえる「ショップスペース」を設けるべきかどうかが定まらない。

あくまで生産工場であるから、華美な仕様は避け、無駄は極力省くべきである。しかし今時の生産施設は、消費者に対する透明性は、ブランド向上のために効果的であると思うし、むしろそこにコストをかけたほうが良いようにも思う。そのためにも、工場見学ルートと、ショップスペースの資料収集や他事例の現地見学を、積極的に行っている。

比較的早く、設置するか否かが決まると思ったのだが、まだ決まらない。実際にどう見えるか、イメージがつかないからかもしれないため、簡単なＣＧで打ち合わせたが、そこがポイントではないらしい。

前回の打ち合わせでは動線上のデメリットと、やはり面積が増えることでのコストの課題が上がる。確かに見学ルートを含めることで、生産工場としての動線が、複雑になる。しかしプラスの効果も大きいと思う。

次回の打ち合わせに向け、どういう資料があれば、経営者は意思決定できるだろうか。

これはいわゆる「企画」または「プログラム」に関するテーマです。ハードに対する「ソフト」とも言えますし、最近では「コンテンツ」というような呼称もあるでしょう。

いずれにしても、そこだけは与条件が定まっておらず、設計が開始されています。しかしそういう状況は、建築士のみなさんなら毎度のことではないでしょうか。

しかも与条件は、あくまで与条件。建築士であれば常に、クライアント企業からの条件を超える案を模索していると思います。そしてここで求められるのは、まず「経営戦略やマーケティングの体系」から「未条件」を探し集め、その上で、設計という特殊技能を使って経営的思考にどんどん入っていく、ということが求められています。

さあ、あなたならこの場面で、どういう考え方と行動を取るでしょうか。そんなことを頭の片隅に残しながら、また少しのあいだ、建築士であることを忘れて、いよいよ二つめのツアーの始まりです。

その業界の成功要因は何か

企業の成功とは、みずから仮説として定めた「成功要因」[※31]に、勇敢に挑んだ結果

※31　業界の成功要因（KSF：Key Success Factors）
外部環境分析より導き出される、その業界における成功要因。KSFは業界ごとに導かれ、例えば、「高い技術力」「開発の規模と速度」「営業力や個別スキル」「販売機会ロスの最小化」「在庫リスクの克服」「知財マネジメント力」などがある。KSFは設計者に共有されないことが多い。

だと言えます。これは企業の規模には関係ありません。

長年成果を上げている企業を調べてみると、必ず、その成功要因の定義とその課題、そして克服の歴史を見ることができます。経営理論が多様化する中で、経営コンサルタントであれば、まずこの成功要因を押さえるのが伝統的な方法です。その過程で「未条件」が多く収集されるでしょう。

成功要因とは、その企業がいかに成功したかではなく、「その業界」で「これを外すと成功しない」という要因です。

例えばアパレル製造販売業であれば、成功要因はそのデザイン性ではなく「在庫調整」です。服は、サイズや色、デザインのバリエーションを掛け合わせると、膨大な種類になります。それらが売れずに在庫となれば、大変な赤字になってしまうからです。

もちろん、デザイン性や接客力を始め、他にも重要と思われる要素はたくさん思いつきます。ここではその中でも最重要なものとして、押さえておかなければ失敗する、という類のものと理解してください。

ファストフード店であれば、調理と販売の「オペレーション」です。販売機会の最適化をどう実現するか、簡単に言うと、行列ができてしまって、「ファスト（はやく手に入るもの）」でなくなると、顧客が離れてしまうのです。すなわち、オペレーションは、味や、広告宣伝などよりも重要である、ということになります。

他の業界でいうと、例えば計測機器メーカーであれば「正確性」、製薬会社であれば「開発力」、食品業界であれば「カテゴリでのシェア」と言われます。

またこの成功要因は、時代の変化とともに、少しずつ移り変わります。例えば家具業界であれば、２０００年以前であれば、従来型の卸を使わず直接販売する「販路改革」だったかもしれませんが、時代の移り変わり[※32]とともに、現在は「手軽な価格提供」に変化したと言えます。

こうした業界の成功要因は、クライアント企業の経営者や担当者へのインタビュー、またはインターネットでの調査程度でも調べられますが、できれば経営環境とその変化から分析的に導くことをお勧めします（「住宅建築業界」については、２章で詳しく経営環境の変化を分析しています）。

「環境分析」にはわかりやすいパターンがありますから、それらを意識しつつ、経営者に質問すれば良いので簡単です。

※32　時代の移り変わり
例えば「たんす」は嫁入り道具の一つとして、その機能を超えて、戸建て住宅には必須とされる道具だった。しかし都市部を中心に、マンションが急速に建設される中で、備え付けのクローゼットが増加し、そうした伝統的な家具需要は減少した。

顧客は誰なのか?

当然ですが、経営者は日常的に自社を取り巻く経営環境に気を配り、社会の変化や技術の進歩について、情報収集しています。そして戦略の微調整を、絶え間なく繰り返しているのです。

3C、PEST、5F、4Pなどが、代表的な経営分析のための基礎的フレームワークです。70年代に発案されたこうした方法は、インターネットが生まれる以前の古いものでありながら、現代でも十分に有効であり、経営コンサルティングの専門家が用いているものです。

まず3Cです。3Cとは「顧客(市場)」「競合」「自社」をまず把握する、基礎中の基礎です。さっそくその企業の「顧客」は誰なのかを確認するところから始めます。しかし意外にもこれが、簡単そうで注意が必要です。

例えば、日用品などの消費材メーカーであれば、雑誌広告やテレビCMなどで消費者の需要を喚起し、購入して頂くことで利益が高まるため、消費者が顧客であることに違いはありません。

しかし商品の流れ[※33]を整理すると、メーカーの販路(チャネル、と言います)は、

※33　商品の流れ
一般的には、マーケティング技術の「バリューチェーン分析」で把握する。これは、一般的な製造業から小売業までの事業の流れを分析、整理し、顧客やステークホルダーに対する「価値」の発生を分析する、基礎的なフレームワーク。各工程の効率性の定量分析に用いられることもあれば、フェーズごとの競争優位性や模倣困難性を分析、構築するために用いられることもある。
1章73頁参照。

企業の環境分析のための
フレームワークとヒアリングテスト

1	どういう業種か?	
2	社内外の状況は? 「市場・顧客」「競合」「自社」	3C分析 P.64参照
3	その業種の外部環境分析 P: 政治的要因（法律・政策・規制・税制） E: 経済的要因（景気・金融・為替・価格） S: 社会的要因（人口・価値観・ライフスタイル） T: 技術的要因（技術革新・インターネット・特許）	PEST分析
4	その業種の収益性は? 「競合」「売手」「買手」「新規参入」「代替品」	5F分析 P.65参照
5	「仕入先」「販路」	バリューチェーン分析 P.73参照
6	顧客の意思決定者はだれか?	DMU※

※DMU Decision Making Unit＝顧客の意思決定者

これらのフレームワークは、経営学の世界では、PCやネットが生まれる前から存在する、伝統的で基礎的なものばかりです。しかし変化の速度を増す現代ビジネス環境においても、一定の有効性があるものを集めました。経営者への初期段階でのヒアリングに際して、経営環境を知るひとつの定石として使えるようになるのは、難しいことではありません。ただし、機械的にならず、その経営者の想いやビジョン、そして明文化された経営理念をベースにしてヒアリングすると、よりそれぞれの項目が関連付けられるようになります。

経営環境の3C分析

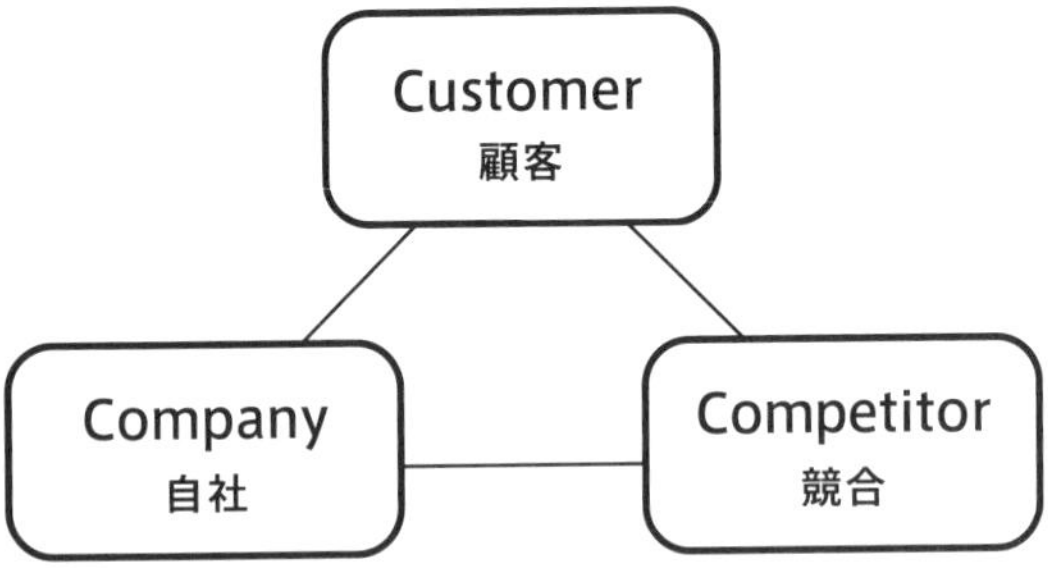

Customer（市場・顧客）、Competitor（競合）、Company（自社）の頭文字。
市場を把握するための基礎的なフレームワークです。

マーケティング・ミックス（4P）

マーケティング理論で、商品やサービスを分析する際の基礎的フレームワークです。その中で「Place」は場所というより、販路（チャネル）や流通を指しますが、これが実は企業特性をとらえる上で重要になります。なぜならPlaceは「見えづらく」「最も変更が難しく」「企業体質を表す」からです。

企業に働く5つの力の分析
(5Force)

住宅産業を例に、企業をとりまく5つの力を分析し、その業界の「収益性」を知る。

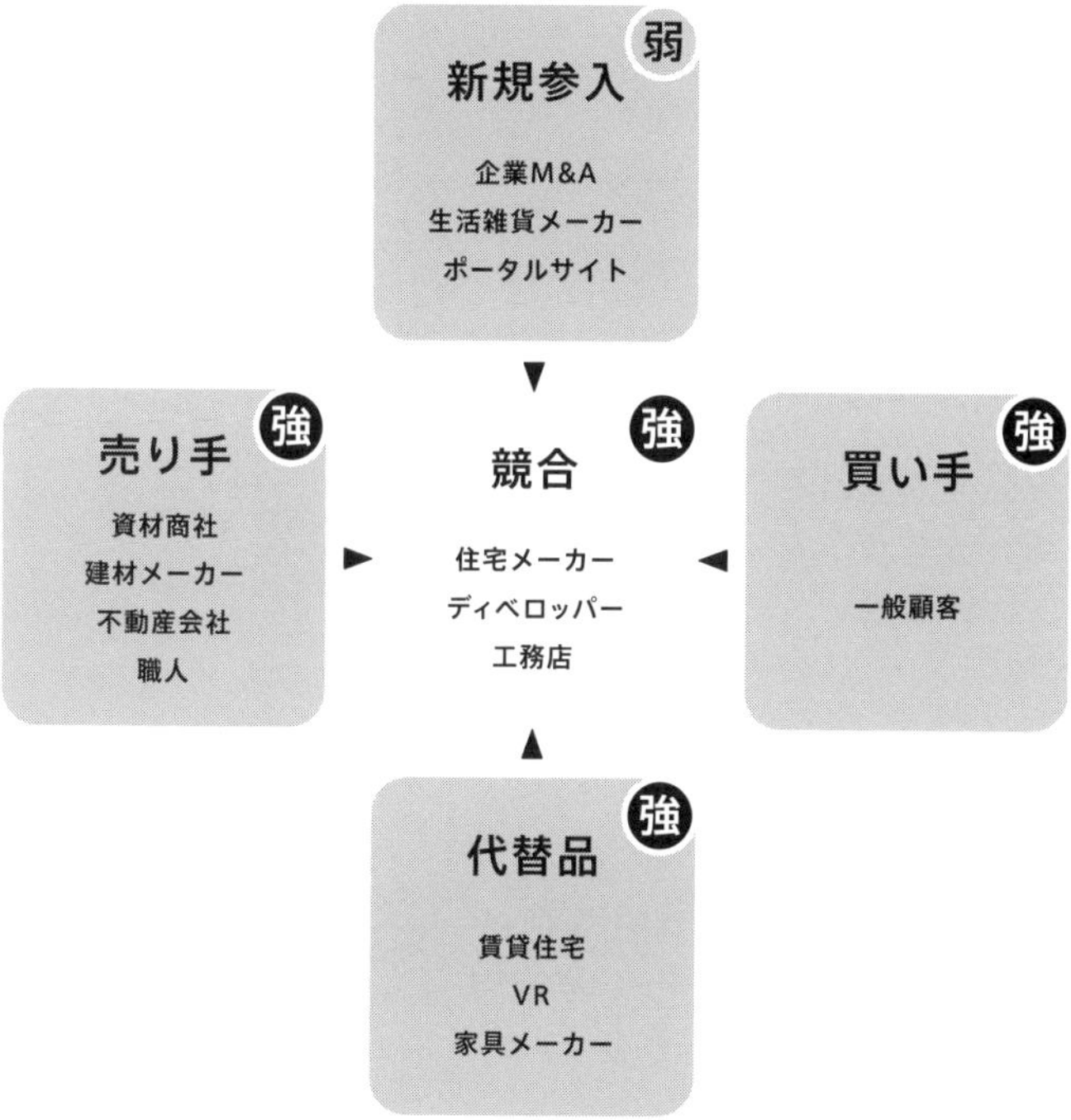

1979年『競争の戦略』でMichael E. Porterにより提唱された分析法で、Five Forces通称「5F」と呼ばれています。自社または分析対象の企業とその「競合」を中心に、5つの要因を配置し、業界構造を把握するために用います。例えば「住宅メーカー」を中心に置くと、買い手は「一般顧客」、供給業者は「建材メーカー」や「不動産会社」、新規参入は例えば「生活雑貨メーカー」、代替品は「家具メーカー」が挙げられます。中央の競争度合いだけでなく、周囲の勢力と比較して〈強・弱(どちらが強いか)〉を押さえることで、この業界全体の競争環境、すなわち「収益性」を把握するためにも用います。

消費者ではなく、小売店に販売するか、その中間の卸業者に販売しているわけで、そう考えると、小売店や卸業者が直接の顧客ということになります。これを忘れてしまうと、クライアント企業の実態を取り違えてしまいます。

そのため、顧客については、「販路（チャネル）分析」を通して、その実態を把握します。マーケティング用語で知られる「B to B」※34「B to C」という分類も用いますが、実際には、企業が誰に貢献するために、誰にアプローチし、誰から報酬を得ているのか、その商流の中から見えてくる企業像を、イメージや先入観に囚われず再確認していきます。

またクライアント企業の「競合」、つまりライバルについても、聞いても失礼ではないので、経営者や担当者へ質問します。

そして「自社」、つまり企業の内側からの分析で現れる企業像にも、目を向けます。またその際には、「人と組織」の方法で見たような「組織構造」は、事前に調べておいたほうが、話が理解しやすい場合もあります。

そのような手順で導き出される業界特有の成功要因は、経営戦略を考えるうえで欠かせない要素なのです。

※34 「B to B」「B to C」 Business to Business（企業間ビジネス）、Business to Consumer（一般消費者向けビジネス）の略。大きく二つに分類され、企業の性格もアクションプランも大きく異なる。概観からはどちらか図れない企業もある。また取引実態とマーケティング施策とで両方の特性を持つ場合もある。

クライアントの競争優位性はどこにある？

そこまで進めば、あなたのクライアント企業の業界イメージが、ある程度捉えられるようになっているはずです。もしかしたら最初に漠然と抱いていたイメージから、少し変わってくるかもしれません。

そして、経営者に「シンクロ」し始めているでしょう。小難しい経営論を披露するためではなく、それが目的なのです。経営者の良き参謀として、提示されている与条件を鵜呑みにせず、「私が経営者だったら、こういう計画にする」、とアドバイスする立場が、徐々にでき上がり始めているはずです。

しかしせっかくここまで来たのですから、焦らず、もう少しマーケティングに関する部分で、ツアーを進めてみましょう。

クライアント企業にとって、「継続的な競争優位性の獲得」のためにもっとも重要なことは、その企業が有する「商品」や「サービス」または「技術力」です。クライアント企業にとって良い建築をつくるため、まずそれらをしっかり理解する必要があります。

とはいえ、時代の変化とともに、コア・コンピタンス[※35]が多様化し続ける現代には、

※35　コア・コンピタンス
その企業の中核的な技術。製造業であればその商品、サービス業であればそのシステムや営業力、といったイメージしやすいものもあれば、人材育成やブランド管理といった見えにくいものがコア・コンピタンスである場合もある。『コア・コンピタンス経営』(Gary P. Hamel, Coimbatore K. Prahalad・1990年) 参照。

※36　顧客提供価値（CVP：Customer Value Proposition)
顧客と、顧客に提供する本質的かつ実質的な価値の組み合わせ。企業の強さや独自性を、適切な顧客セグメントに提供し、企業価値を高めるための思考に用いられる概念。

「商品」「サービス」「技術力」に注目しただけでは、企業の本質を把握することができません。だから、少し見る角度を変えてみたいと思います。

そこで先ほど紹介したいくつかのフレームワークを分解して、「マーケティング」という視点、すなわち「販路（チャネル）、営業、コミュニケーション、セールス、集客、PR、広報、流通」と言った分野を包括する視点で、深掘りしてみましょう。

現代では「マーケティング」という概念は、経営を考える際に外せないアプローチです。マーケティングとは、企業と顧客を結ぶ、情報や方法に関わる分野の総称であり、顧客提供価値[※36]（CVP）を生み出すための戦略や仕組みを指し、さらにその企業理念や哲学までを含んだ概念と言われます。

氾濫するマーケティングに惑わされない

マーケティングが誕生したのは、70年代に遡ります。当時は高度成長期。売り手志向のマーケティング[※37]1.0の時代と呼ばれます。次に顧客志向の2.0時代へ移り変わると共に、専門的にマーケティングを扱う業種や部署は、広告代理店、企画や開発部、経営企画部や各種コンサルタント、IT企業、営業担当や流通担当と、広範囲に定着しました。

※37 マーケティング1.0、2.0 フィリップ・コトラーによるマーケット理論。1970年代のアメリカは高度成長を迎え、メーカーにとっては「つくれば売れる時代」、いわゆる売手志向の時代だった。この時代の製品中心の考え方を、「プロダクトアウト」と呼ぶ。それに対し、80〜90年代にかけて、本格的に買い手思考の時代が到来する。マーケティングはこの時代に発展する。この消費者志向の考え方を、「マーケットイン」という。日本におけるマーケティング1.0、2.0の時代はそれから遅れること数十年たってから到来することになる。すでに情報や商品はあふれ、つくっても売れない時代が2.0の次に到来する。

※38 SEO対策（Search Engine Optimization） 検索結果で自社サイトを多く露出、またはその表示順位を上げるために行う対策のこと。検索エンジン最適化とも呼ばれる。

※39 オムニチャネル化 実店舗、PC、スマホと、多

こうしてマーケティングは、例えば会計戦略や不動産戦略、または人材マネジメントといった用語に比べても、もっと一般的に、ビジネスでは日常的に目にすることになります。

また00年代以降、インターネットの普及を契機に、マーケティングの概念は手に負えないほど氾濫していると言えます。

テレビからPC、スマートフォンへと、消費者の視線が移ろう過程で、ECサイトやSNSの存在感が既存勢力を凌駕する過程を、私たちは目の当たりにしてきました。企業はSEO[※38]対策に余念がなく、オムニチャネル化[※39]に踏み込みます。また消費者の成熟により「共感の時代」へ、価値主導のマーケティング3.0[※40]から、自己実現の4.0へ、そしてペルソナ[※41]を設定し、さらにインサイト[※42]の発掘と…。まだまだ短期的にマーケティングの焦点やトレンドは、目まぐるしく移り変わるでしょう。

しかし私は、建築士がこうした知識の習得にコミットする必要性は、まったくないと思います。なんとなく言葉程度を知っていて、クライアント企業の業種によっては、それに関する話をされた時に、もう少しだけ深掘りした質問ができる程度で良いと思います。

ここでは、インターネットマーケティングの個別の知識や技術ではなく、どちら

様化する顧客との販路（チャネル）の多様化により、顧客の消費行動は変化する。ネットでの購買需要は急増し続け、実店舗での調査とネット購買と、購入を分離するような流れが起きる反面、逆に顔を合わせるリアル店舗の価値が高まるケースもある。多数の販路を用意するマルチチャンネルの時代から、個の顧客動向を注視し、すべての販路を連携させるマーケティング施策をオムニチャネルという。

※40　マーケティング3.0、4.0　消費者のニーズから製品やサービスを生み出す方法も限界を迎えた。提供される商品やサービスだけではなく、自ら価値を創り出すようなフェーズに入ったといわれる。これが2000年から2010年代にかけて知られるようになった3.0、価値主導のマーケティングと呼ばれる。例えばSNSサービスなどはその典型的なもの。もしくはプラットフォーム型ビジネスで色々な参加型サービスがこれに当たる。その発表から10年たたずして、今度はマーケティング4.0といわれる概念が始まっ

かというとアナログの、企業と顧客の関係を押さえる基礎技術の紹介に留めます。理由は、「未条件」の収集と、経営者とシンクロすることを優先するためです。

バリューチェーン分析――価値の流れを視覚化する

販路分析にはいくつか方法がありますが、その中でも「バリューチェーン分析」は、企業では比較的広く行われていますので、ここで紹介します。

72頁の図のように、左から右へと流れているものは、商品やサービスというよりも、顧客にとっての「価値」と捉えます。ここではそこに関わる企業や人々への想像力を高め、関係性を紐解くために用います。すると、やはり漠然とイメージしていたその企業のビジネスモデルを、より具体的にイメージできるはずです。この整理作業は、建築士にとって意外に簡単に、想像の範囲を広げてくれます。

というのは、建築の設計中は、目の前のクライアント企業（経営者）と、その施設を直接利用者（オフィスであれば社員、店舗であれば購入客など）はイメージしやすいのですが、流通、卸、ＰＲといったグループへの想像力の介入が不足しがちです。

これはおそらく、伝統的な建築計画論と、やはり伝統的な経営論の世界に、これ

た。これは自己実現のマーケティングと呼ばれる。有名なマズローの欲求5段階説をベースに、その上位概念である自己実現欲求を創り出す思考。こうして、1.0～4.0へと進化すると言われるが、業界によっては、比較的古い段階で留まっている場合も多い。

※41　ペルソナ
※16、1章42頁参照。

※42　インサイト・マーケティング
消費者の潜在的なニーズを喚起するスイッチのような概念。建築や不動産業界で用いられることはほとんどないが、商品マーケティングの世界では、顧客の心理や内面に触れる手段として取り上げられている。ただしそのスイッチは、消費者自身も気付かない深層心理のような場所にあり、これを発見するのも説明するのも、容易ではない。『インサイト』（桶谷功著・ダイヤモンド社・2005年）参照。

※43　在庫・棚卸資産
企業が販売するために保有している、商品や製品、また原

まで接点が少なかったからでしょうか。それとも建築設計業務に「仕入れ」がなく、在庫や棚卸資産[※43]を感覚的に捉え難いからかもしれません。

バリューチェーン分析は、それらを補うフレームワークでもあります。

設計中でも、改めて経営者と一緒にバリューチェーンを眺めながら、その関係性の工夫や苦労について質問してください。そして将来戦略、どういう脅威や変革が起こり得るか、またバリューチェーン上でどういうイノベーションが起こし得るか、それがいま検討している平面や断面を変える可能性もあるのです。

先ほど述べた「マーケティングの氾濫」が、価値の連鎖のルールに、不断の再構築[※44]を迫ります。バリューチェーンが安定している時代は終わり、過去の成功体験を語っているうちに、見たこともない新興企業により、足元をすくわれてしまうこともあります。

そういう観点から、バリューチェーン上には、経営者がまだ気づいてもいない「未条件」が、複数存在します。こうしたミーティングのファシリテーションは、私たちが請け負う場合や、規模によってはそういう専門家を置くこともありますが、やはり設計事務所がイニシアチブを取る可能性を、コツコツと開拓すべきだと思います。

材料や仕掛品のこと。一般的にはこれらが多量で、長く滞留すると、企業の運転資金は減少する。例えばアパレル業界は、サイズ、色や型により商品点数が膨大になり、在庫・棚卸資産が課題となるビジネスモデルであるが、この業界でイノベーティブである企業は、この棚卸資産に対するアクションプランが必ずある。

※44　不断の再構築
業界をリードする大企業が、優れた技術を有するにもかかわらず、なぜか社内で停滞し、社会や顧客のニーズを取り逃すか、またはニーズを遥かに上回りすぎるレベルで研鑽され、結局は遥か小さな規模の企業に「破壊的イノベーション」を起こされてしまう。少子高齢化だけではなく、価値観の多様化が進み、また情報はより膨大に流通するそんな時代に、実際に顧客が何を望んでいるのか、大手も中小零細企業もフラットに追求している。『イノベーションのジレンマ』(Clayton M. Christensen・翔泳社・2001年)。

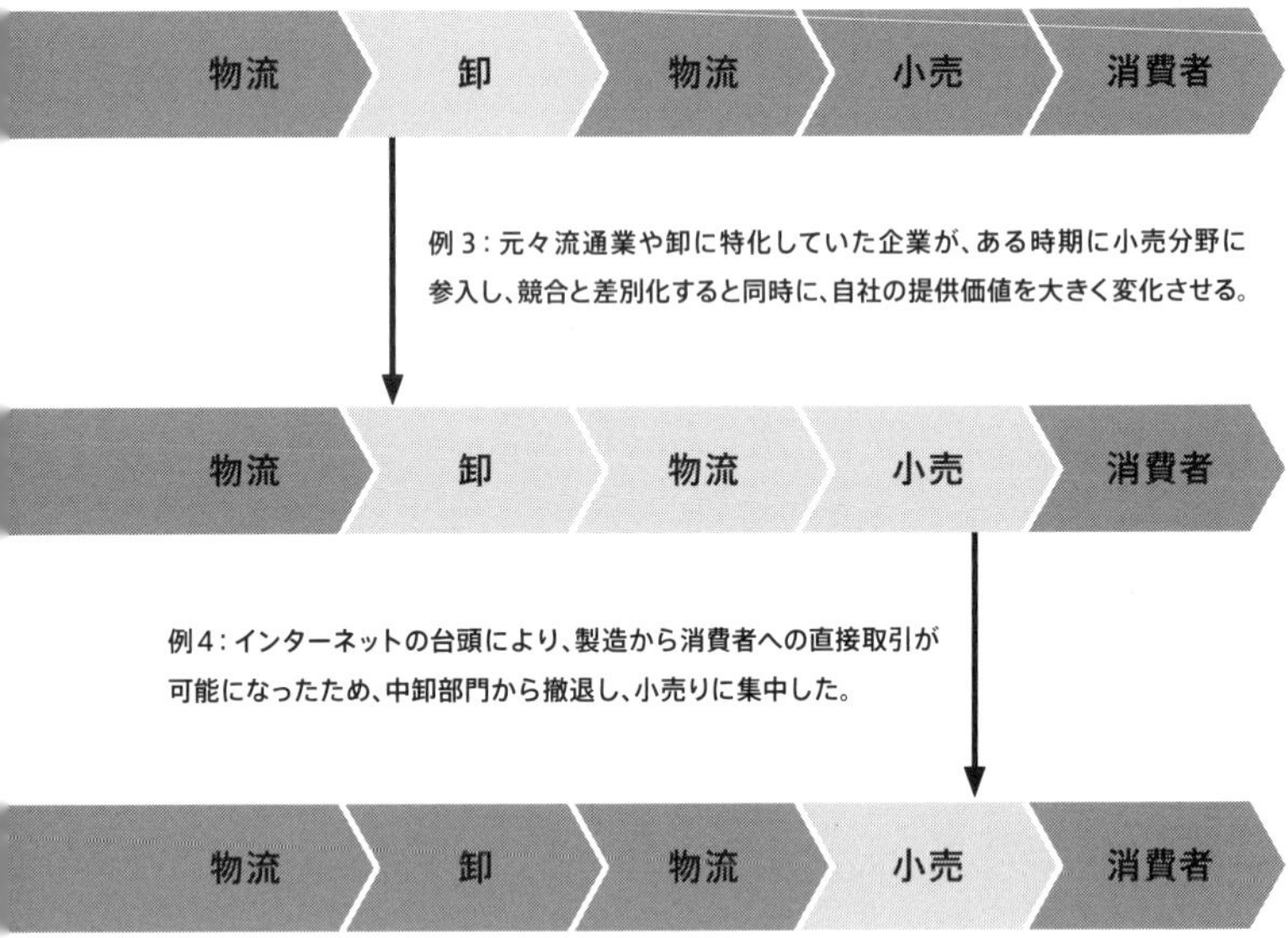
物流
卸
物流
小売
消費者
例 3：元々流通業や卸に特化していた企業が、ある時期に小売分野に参入し、競合と差別化すると同時に、自社の提供価値を大きく変化させる。
物流
卸
物流
小売
消費者
例4：インターネットの台頭により、製造から消費者への直接取引が可能になったため、中卸部門から撤退し、小売りに集中した。
物流
卸
物流
小売
消費者

業態により、バリューチェーンのパターンは様々です。ここでは、複数の企業の取引のバトンパスを、一連の流れとして表現しています。中段、下段は、製造業と小売業のあいだに位置した卸業や流通業が、インターネットの出現によりその役割を変えていく過程のバリューチェーンです。製造業に限らず、多くの業態は時代と共に新しい形を生み出します。

水平方向、垂直方向の統合や、新たな分節を生みながら、企業間での新たな価値創出を表現することも可能です。アライアンス、協業、合併、買収、パートナーシップ、企業間の関係性には様々な表現がありますが、バリューチェーン分析はクライアント企業の関係性を把握するために有効な方法となっています。

バリューチェーン分析

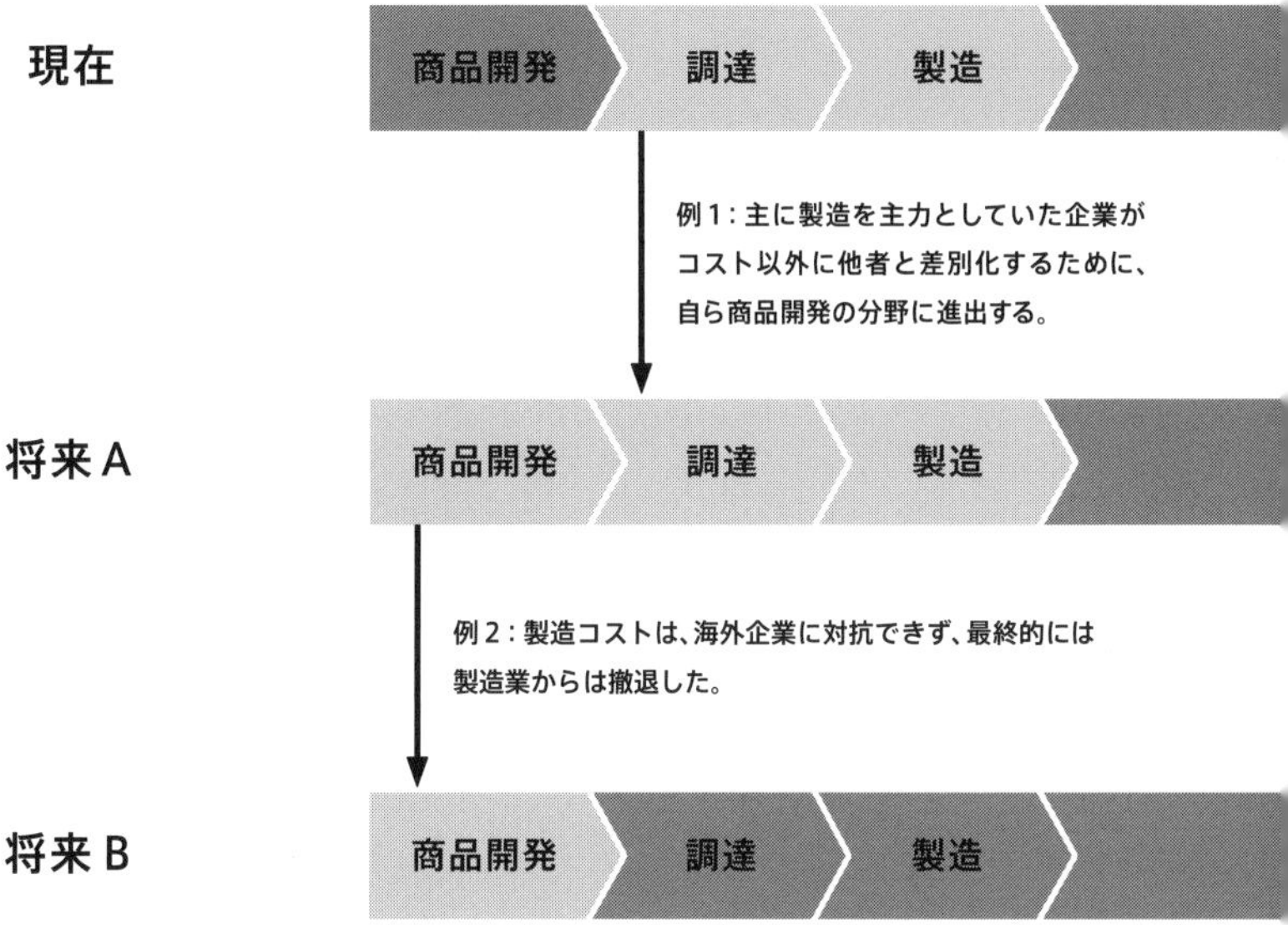

現在
商品開発
調達
製造
例1：主に製造を主力としていた企業が
コスト以外に他者と差別化するために、
自ら商品開発の分野に進出する。
将来A
商品開発
調達
製造
例2：製造コストは、海外企業に対抗できず、最終的には
製造業からは撤退した。
将来B
商品開発
調達
製造

一般的な製造業から小売業までの事業の流れを分類、整理し、顧客やステークホルダーに対する「価値」の発生を分析します。やはりMichael E. Porterにより1985年に広められた、伝統的で基礎的なフレームワークであり、現在においても有用な分析法です。

生産過程での「効率性」の定量分析に用いられることもあれば、マーケティングの流れを観察する中で、フェーズ毎の「競争優位性」や「模倣困難性」を分析、構築するために用いることもあります。

従来の業務範囲をあえて変更し、競争優位性を維持できる部分に特化するのか、脆弱な部分を強化するために、文化や規模の異なる企業と提携するのか。イノベーションが起こる瞬間かもしれません。

基本的な三つの戦略

ところで、経営戦略には、古くから三つの基本戦略があると言われます。コストリーダーシップ戦略、差別化戦略、集中戦略です。

コストリーダーシップ戦略とは、業界シェア1位のトップ企業がとるべき戦略で、他社よりもより広い顧客層に、多くの商品を販売することで、コストを抑え、さらにシェアを拡大していく戦略です。

それに対して差別化戦略とは、業界2位以下がとるべき戦略と言われ、価格以外の、品質やサービスまたはデザインなど、ある部分ではトップとは異なる、または優れた魅力をはっきりと打ち出す戦略です。そうすることで、売上ではトップに及ばなくても、利益率では勝る可能性があります。

また集中戦略は、特定の顧客セグメントに特化して、企業のリソースを集中投下することで、競争に勝つ方法です。例えば、ある趣味趣向を持つニッチな層に向けたサービス、あるマイナースポーツ専用の製品など、大手企業が攻めづらい市場を制する方法です。また、小さな会社が勝ち残る可能性のある戦略です。

あなたのクライアント企業は、どの戦略を採用すべきでしょうか。意外と、経営コンサルティングの現場では、この基本戦略を外してしまっている企業を見ます。業界2位以下の企業が、コスト競争をしてしまっていたり、ニッチに特化すべき企業が、あれこれと手を広げすぎていたり、そうした勘違いです。こうした「未条件」にも、気付かなければなりません。

そして、クライアント企業から依頼されている、店舗やオフィスの設計が、その基本戦略に即したものになるように、建築士が導くことができれば、クライアント企業にとって、非常に価値ある設計事務所になるでしょう。

新しい言葉と繰り返しの再現

しかし繰り返しになりますが、ここで紹介した、経営者との会話で比較的簡単に得られる重要な「未条件」が、あらかじめ与条件として建築士に提供されることは、ないでしょう。

それは、クライアント企業内では、当たり前になり過ぎていて、客観的に伝えるのが逆に困難になっているか、そもそも設計業務に必要な情報だと思われていないからなのかもしれません。もしくは文章化できない何かしらの事情があるか、それらを熟知する発注チームが組織されていないか…、いずれかの状況であることが多いと思います。

しかしそれを、クライアント企業側の責任であると突き放してしまっては、選定された設計事務所として生産的ではなく、チャンスをみすみす逃してしまうように思います。建築士が、提供されない「未条件」をみずから集め、経営者とシンクロした状態をつくり出し、ともに創る空間構成やプログラムは、大きな価値を生むのです。

まずはクライアント企業の「顧客」を知る方法から、経営戦略とマーケティングの体系のツアーは始まりました。そして成功要因を分析し、さらにクライアント企業を取り巻く様々な企業や人々を知るところまで来たと思います。

思えばこのツアーも、かなり遠くまで踏み込んで来ました。新しい言葉や知識が、一気に増えたかもしれません。しかし経営理論やマーケティングに精通した大企業の担当者だけでなく、一般的な中小企業の経営者でも、これらの知識が、基礎教養となる時代がもうすぐそこまで来ています。だから建築士も、ほんの少しの知識があれば、あとは繰り返しと慣れです。

競って、経営の知識ばかりを深める必要はありません。大事なことは、こうした経営学的アプローチが伝統的な建築計画のプロセスや設計術とは、すこし違うことを認めたうえで、良い所取りをし、再現することだと思います。

さて、一休みするのは、横浜ロースタリーのケースを振り返ってからにしましょう。

経営戦略思考と建築思考が交わる時

二つめのツアー、その最初で紹介した、ケース（D）に戻ります。

これは設計開始時、ある程度、与条件は揃っている状態だったのですが、「見学ルート」と「ショップスペース」の設置について、[※45]再度振り返ってください。「経営戦略とマーケティングの体系」のツアーを体験した後であれば、何かが変わって見えてくるはずです。

私たちは堀口珈琲のビジネスは、コーヒーの生豆を輸入し、焙煎し、販売すること、ということを良く知っています。そして「スペシャルティコーヒー」という分野でのパイオニアであることも知っています。

※45　1章57頁参照。

ではその顧客は、誰だったでしょうか。もしかしたら、私たちの一般的な思考からは、コーヒーカップを手にし、至福の一杯を口にする「消費者」に、偏っていたのかもしれません。

クライアント企業の経営陣からなかなかはっきりした答えが出てこなかったのは、消費者見学やカフェスペースの云々というより、消費者との接点と、新しい空間の関係性に、より優先すべきものがあったからだと思います。

まず3C的な分析によると、実は顧客は、こだわりのある喫茶店や、コーヒー豆を販売する百貨店などの流通大手です。彼らは競合ではありません。むしろ彼らが顧客なのです。

近年、本格的なコーヒーの需要の高まりを見せ、各種メディアは熱心に記事を取り上げ、カフェ巡りがブームになるなど好条件がある一方、外部分

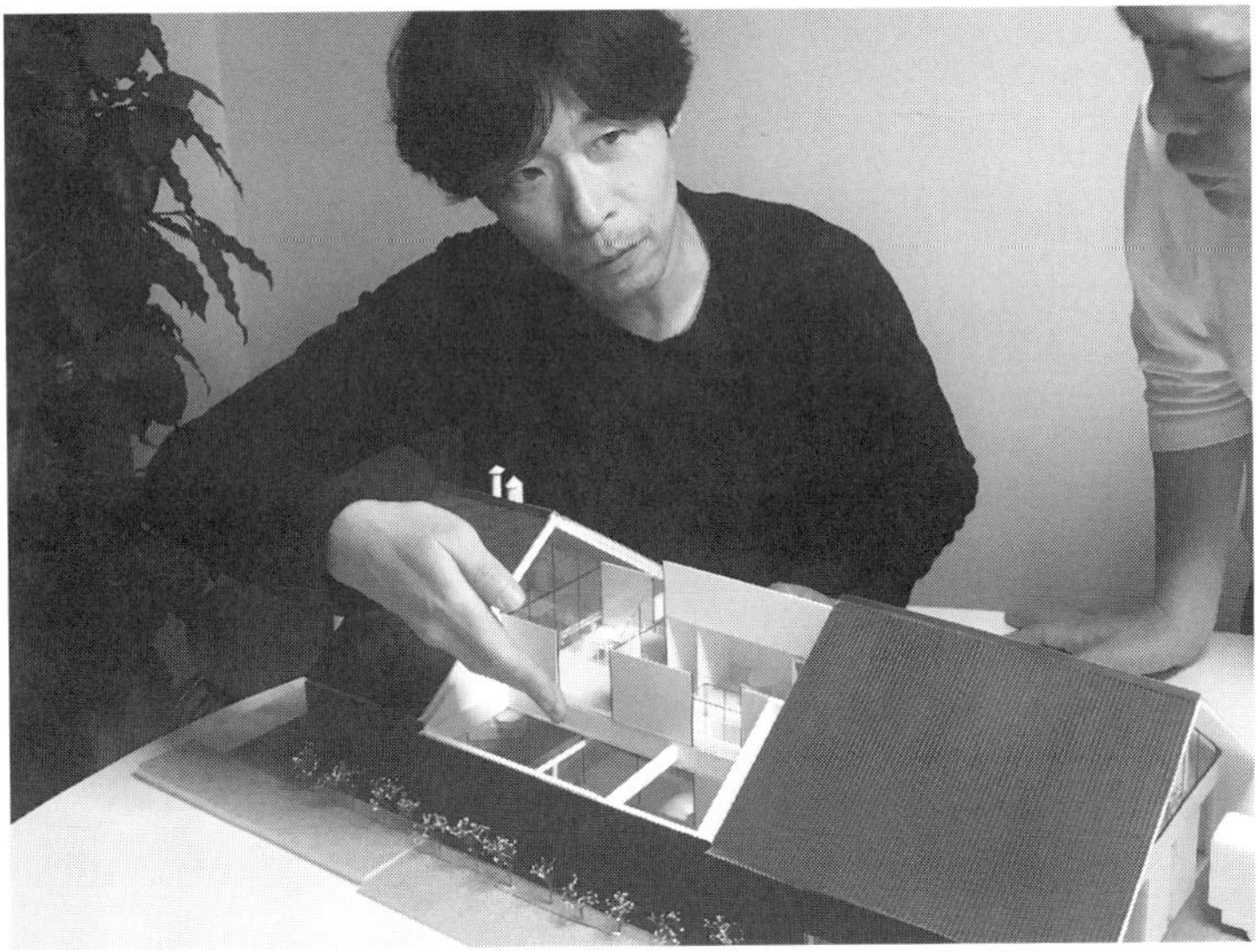

ケースD（珈琲焙煎工場の建築計画）の打合せ風景。中央が建築家の高塚章夫氏。

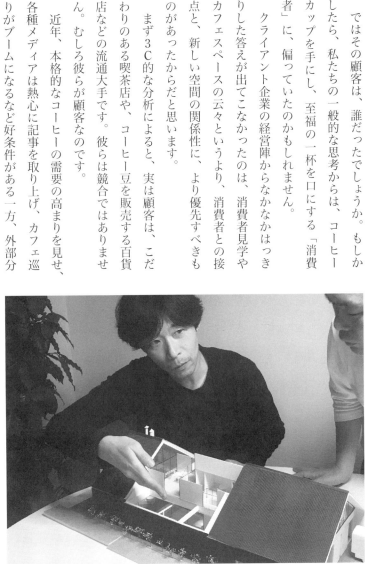

析によると、生豆を海外から輸入するため、為替の影響を受けます。

そしてバリューチェーン分析をすると、中南米やアフリカ、アジアでの生豆選定↓輸入して工場に搬送↓生豆の選別↓焙煎↓焙煎豆の分別↓包装・出荷↓消費者や飲食店が粉砕し抽出、これまでを経て、ようやく消費者の口に届きます。

さらに4P的な面からは、どういうプロモーションが行われているかを確認します。簡単な調査で、スペシャルティコーヒーのパイオニアとして、コーヒーフリークや専門家が見るメディア[※46]に登場しています。コーヒー通の方なら、堀口珈琲を知らない人はいないでしょう。

あなたはそういう簡単な分析方法に倣って、次第に彼らの置かれた状況を想像し、シンクロしたいと願い始めています。すると、ふと気づきます。

もしかすると、「消費者」に対して食品生産の透明性を表現するための、見学ルートやカフェ、というのは悪くないものの、他にも、彼らの豆を仕入れたい「喫茶店経営者」や「企業」や、スペシャルティコーヒーのパイオニアとして取り上げたい「メディア」の存在が思い浮かびました。

そんな時は、やはりストレートに聞いてみるのが良いでしょう。堀口珈琲の代表取締役の伊藤亮太さんに「生産現場を、誰に見てもらいたいですか?」と尋ねたと

※46 『常識が変わるスペシャルティコーヒー入門』(伊藤亮太著・青春出版社・2016年)には、珈琲豆の種類やスペシャルティコーヒーの解説はもちろん、生産地での栽培から、輸出入を経て、焙煎のプロセスまで、堀口珈琲の珈琲への深いこだわりが表現されている。また昨今の珈琲市場のビジネス環境を知ることもできる。

堀口珈琲横浜ロースタリー　©中村絵（上下とも）

ころ、「アフリカや南アメリカの生産者に見てもらいたいです」と、想像していなかった答えが返ってきて、感銘を受けたことを覚えています。

堀口珈琲の焙煎における、豆の良し悪しを分類する選別の技法は、高度な機械と、人の手作業を織り交ぜた、本当に緻密で正確なものなのですが、その前段階で「こだわりぬいた良い豆を海外で探し当て、取り引きする」という能力も、彼らの強みです。おそらくスペシャルティコーヒーという分野での「成功要因」は、ここです。

また、そうした会話の中から、「未条件」が不意に現れた瞬間でした。経営者と建築士がそれを共有できている状態で、工場見学ルートも、ショップスペースについても、考えられなければなりません。設けるにしても、設けないにしても、建築のプロポーザルはそれら成功要因と「未条件」に整合している、または一貫していることを目指して考えます。

さて、これは私たちも不動産コンサルタントとして参加した、実話の事例です。実際は、この場で、クライアント企業と、建築士と、創造系不動産は、[※47]どのような判断を行ったのでしょうか。

もちろん経営に正解はありません。様々な回答があり得ます。しかし私たちは、その選択をした、ということです。しかし堀口珈琲はこの新ロースタリーを通じて、

※47　このビジネスケースは、学芸出版社のHPからダウンロードできる。http://book.gakugei-pub.co.jp/gakugei-book/9784761527297/

間違いなく新しいフェーズへ突入することに、成功したのです。

お金とは何か――会計とファイナンスの言語

経営環境についての経営者の会話も、慣れれば楽しいものです。しかしどの業界においても、その環境変化の速度感には、いつも驚かされます。ＩＴビジネスのような新興業界だけではなく、製造メーカー、金融、流通、各種サービス業など、例外はありません。

だから経営者の仕事は、その変化に対応する「社内の変化」をつくり出すことなのかもしれません。しかし、そもそも人や組織は、変化を嫌うと言われます。これから新しい建築プロジェクトを行おうとするクライアント企業が、過去の成功パターン[※48]から抜け出せていなかったらどうでしょう。

設計条件は、これから計画される建築が活躍できるように、「未来」から手繰り寄せられるものであって欲しいのですが、そういうパターンでは、確実に「過去」から発せられるでしょう。これも与条件が当てにならない理由のひとつです。

それに対して、ここで収集される「未条件」とは、与条件としてフィルタリング

※48　過去の成功パターン　優秀な企業や組織は数々の成功を体験している。そのプロセスは、組織一人ひとりの社員に行動様式として記憶され、容易に変化することができなくなり、新たな挑戦や新規ビジネスの失敗を招く。こうした固定的な様式化は、個々人の行動や発想だけでなく、ビジネスモデル自体やチャネル（販路）、経営判断プロセスといった様々な部分で起こり得る。

される前段階で、企業経営の深層に大量に散らばっている情報群です。それらは、私たちがクライアント企業をしっかり把握して、そして先ほどのように経営者にシンクロするために、与条件よりも重要なものなのです。それらを得るコツを掴めば、やはり楽しいものなのです。

それは、企業の「お金」の話についても同じです。お金の話は、苦手意識を持つ建築士が、もっとも多い分野です。日本の建築業界には、会計やファイナンスの戦略についての学習が、皆無だったからです。

これから訪れる大陸を見聞したら、あなたはそれを実感するでしょう。では「経営戦略とマーケティング」の旅から、自分が建築士であることを忘れたまま、いよいよ最後の「会計とファイナンス」のツアーへ、出発しましょう。

数字には物語がある[※49]

お金には、詳しくある必要があります。なぜか。お金を稼ぎ、儲け、裕福になることは重要に違いありませんが、経営コンサルタントの立場から言わせていただくと、それだけではありません。お金の知識がきちんと整理されていないと、クライアント企業や、経営者の内面に、深く入り込むことができないからです。

※49　物語と数字
「数字なき物語も物語なき数字も意味はない」、といったのは元キャノン社長、御手洗富士夫氏。企業活動はもちろん、経営者の情熱や社会問題を解決したいと願うビジョンなど、その企業の背景となる定性的物語は数多くある。しかし一方でその物語を裏付ける様々な会計戦略や数値データもある。この定性的な物語と、定量的な数字の両方が合わさって初めて、生きた経営になる。

表向きの広告や、経営者の発話ではわからない本質が、そこにはあります。私たちは、経営者が語る物語と同時に、企業会計がささやく数字に、耳を傾ける必要があります。

すでに若い建築士の中には、「設計事務所が、経営やお金の話がわかれば、受注する仕事の質が変わる」と考える人が増え始めています。その機運を受けて、大学や業界団体でも、建築と経営やお金に関する学びについての枠組みは、これから整備されるでしょう。

今後は、設計事務所が企業会計を読み込み、事業計画と建築計画を同時に練り、資金調達について、銀行と調整を行うようになる時代も、遠くないと思います。

なぜなら、建築設計と会計実務の思考法には、実は親和性があり、また企業会計は設計術を習得するよりも、やはり簡単だからです。

経営者への、お金の質問

ではまず、クライアント企業の「未条件」を収集する、というこのツアーでの基本パターンで、踏み込んでいきましょう。クリエイターにとっては、「会計」という言葉自体に違和感があるかもしれませんが、次のような経営者との対話を通じて、そのイメージが少し変わると思います。

最初の質問は、「御社の収益源はなんですか?」です。つまり具体的な商品やサービスと、その販路(チャネル)です。先のツアーでの「バリューチェーン分析」の延長線上の質問です。

サービス業であれば、その収益源は「利用料」や「会費」など様々であり、メディアやネットビジネスの多くは「広告料」です。学校やセミナーであれば「受講料」、不動産業であれば「仲介手数料」や「管理手数料」、マンションオーナーであれば「賃料収入」です。

そしてそのまま「御社の売上と粗利[※50]は幾らですか?」と聞きます。例えばある中小企業であれば、売上高50億円、粗利10億円、税引前利益が2億円、という感じです。

もしかしたら、いきなりそんな質問をすることに、抵抗がある方もいるかもしれませんが、構わず進みます。つぎに、クライアント企業の社員数を聞くと良いでしょう。そこから社員ひとり当たりの「粗利」を暗算すれば、収益性の高低[※51]を知ることができます。

※50 粗利
正式には「売上総利益」と言い、経営者であればこちらの名称も覚えておきたい。売上から、売上原価(製造するための原価や仕入れなど)を引いて、残る利益のこと。

※51 収益性の高低
中小企業であれば、社員1人当たりの粗利は、500~1000万円であることが多く、高いほど、収益性が良いことになる。低ければ、人件費単価が抑えられていることが多い。高ければ良いという訳ではない。また粗利平均は業界ごとに異なる。

費用から企業の本質がわかる

そして矢継ぎ早に、「人件費以外では、大きい順に、どんな費用がありますか？」と、とにかく聞いてください。すると、「広告宣伝費」「原材料の仲介手数料」「店舗の賃料」「減価償却費」「輸送費」「教育費」など、その企業特有の費用が見えてくるでしょう。

細かな数字は必要ありません。重要なのは、それらを「変動費」[※52]と「固定費」に、感覚的に分類してみることです。するとその企業のコスト構造上の個性が見えてきます。

もしかしたら、ここまでの慣れない質問リストに、戸惑ったかもしれません。ここで一休みしてみましょう。

あなたがもし、独立した建築士で、個人事業ではなく株式会社化していれば、大して難しい話ではないと思います。毎年の決算報告書で、それらを見ているからです。

あなたが中小の組織事務所のマネージャーか、個人事業主の建築士か、アトリエ所員であれば、財務諸表[※53]は見慣れず、ヒアリングする自信がなくなったかもしれま

※52　変動費と固定費
変動費は生産量や売上高に応じて増加する費用。例えばメーカーにおける原材料費、物流費、仲介手数料などがこれに当たる。固定費は生産量や売上高にかかわらず発生する費用。例えばメーカーの場合なら、本社や工場の不動産に要する減価償却費や賃料、また人権費、広告費、研究開発費など。ただし管理会計上では企業の考え方や哲学が反映されるため、企業や業界によっては、人件費を変動費に含めて考えたほうが、経営実態を把握できる場合もある。

※53　財務諸表（損益計算書、貸借対照表、キャッシュフロー計算書など）
企業の決算報告に用いられる税務会計の代表的な書類。

※54　損益計算書（ＰＬ）
財務諸表の一つで、企業のある一定期間における収益と費用の状態を表す。売上高から売上原価を減じたものが売上総利益（粗利）。そこから広告費や人件費といった販管費を減じたものが営業利益。さらに銀行へ払う利息などを差

損益分岐点分析

固定費型
ビジネス

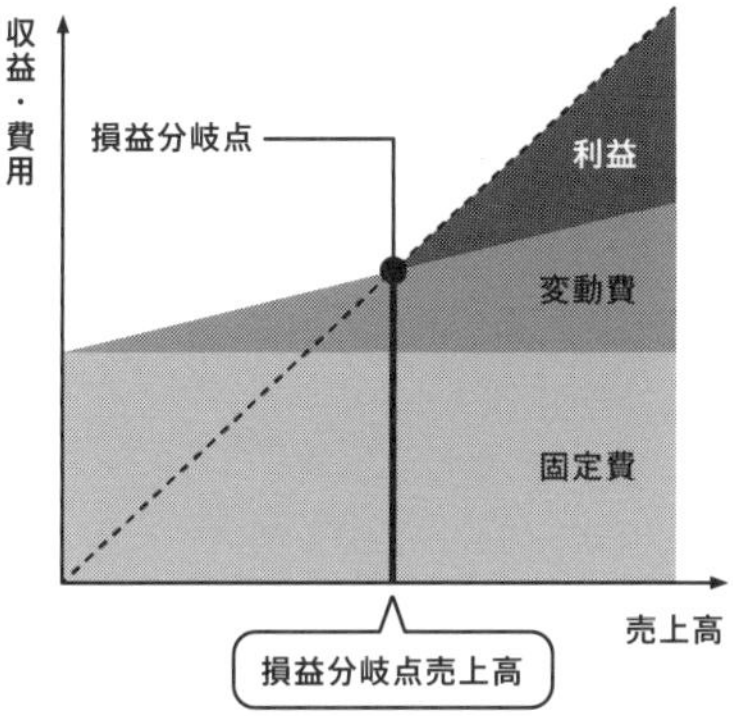

変動費型
ビジネス

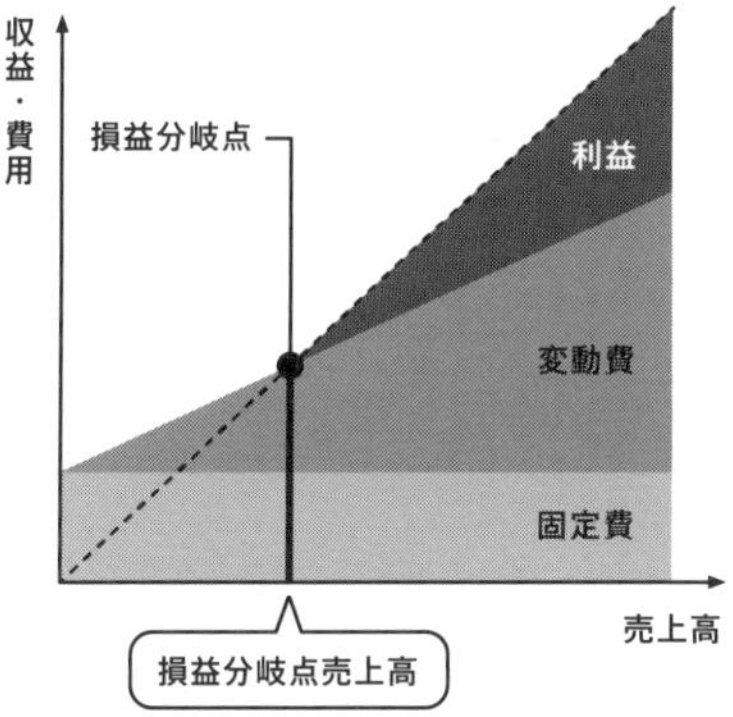

「原価」と「販管費（販売費および一般管理費）」といった費用を、「変動費／固定費」に分類し、「売上高-変動費-固定費＝利益」という単純な図式から企業特性を把握します。固定費型ビジネス（図上：人件費や社屋や工場の比率が大きい）と変動費型ビジネス（図下：原材料や販売手数料の比率が大きい）では、図のような違いが表現されます。固定費型では損益分岐点が高くなりがちなため、多量生産方式が求められますが、損益分岐点を超えると、ハイリターンとなる特性を持ちます。変動費型では逆に損益分岐点が低くなるため、少量生産でも利益を追究できますが、損益分岐点を超えても大きな利益は得られません。店舗やオフィスを計画しているクライアント企業は、どちらの型でしょうか。

せん。そうだとしても、安心してください。財務諸表のうち、代表的な「損益計算[※54]書（PL）」と、「貸借対照表[※55]（BS）」は、最初はとっつきにくいのですが、上手に理解すれば、簡単なものです。

そもそも企業会計が全般的にとっつきにくいのは、ここまでの短い間に説明した「言語」が、従来の建築の体系にはまったくなく、接点が無かったからです。しかしその接点を、こちらからつくっていけば良いと思います。

それらについてのビジネス書は多数出版されていますが、最近は、こうした一見難解なお金のビジネス言語[※56]を、図解してわかりやすく例示する動きも起きています。そうした情報も駆使してください。

例えばワーキングキャピタル[※57]という会計戦略の言葉があります。簡単に言えば、運転資金ですが、会計の世界では、流動資産[※58]－流動負債、と表現されます。これも次の図のように表現したほうが、わかりやすいと思います。

つまり、売上（入金）と費用（出金）の時間軸上の関係性が、3パターンあるわけです。単純な手持ち資金の優劣で言えば、BかCが良いはずです。しかし業種や企業の性格によっては、意外にそうとは限らない場合もあります。

経営者とそうした会話を重ねる目的は、途中でも話しましたが、詳細なお金を押

し引いた金額が経常利益。そして特別損益や法人税などを減じた当期純利益が記載されている。

※55　貸借対照表（BS）
財務諸表の一つで、会社の財産や負債をまとめたもの。現金預金、不動産、売掛金などの資産、銀行から借入れたお金や買掛金といった負債、会社準備金や資本金などの純資産に分かれる。損益計算書ではわからない借入や資産の側面から、企業活動が把握できる。

※56　ビジネスモデル図解
2018年にベストセラーとなった、『ビジネスモデル2・0図鑑』の出版に関連する、著者の近藤哲朗氏の一連の試み。近年のビジネスモデルの変化の高速度化を捉えるために、様々な企業の「価値とお金」の図式化を行った。またSNSでの発信の中で、2019年6月10日の「入社1年目で知りたかったお金の話」の動画版は、ここで述べられる、売上、経費（固定費・変動費）、利益の関係性が、簡潔にまとめられている。

ワーキングキャピタル（運用資本）のイメージ

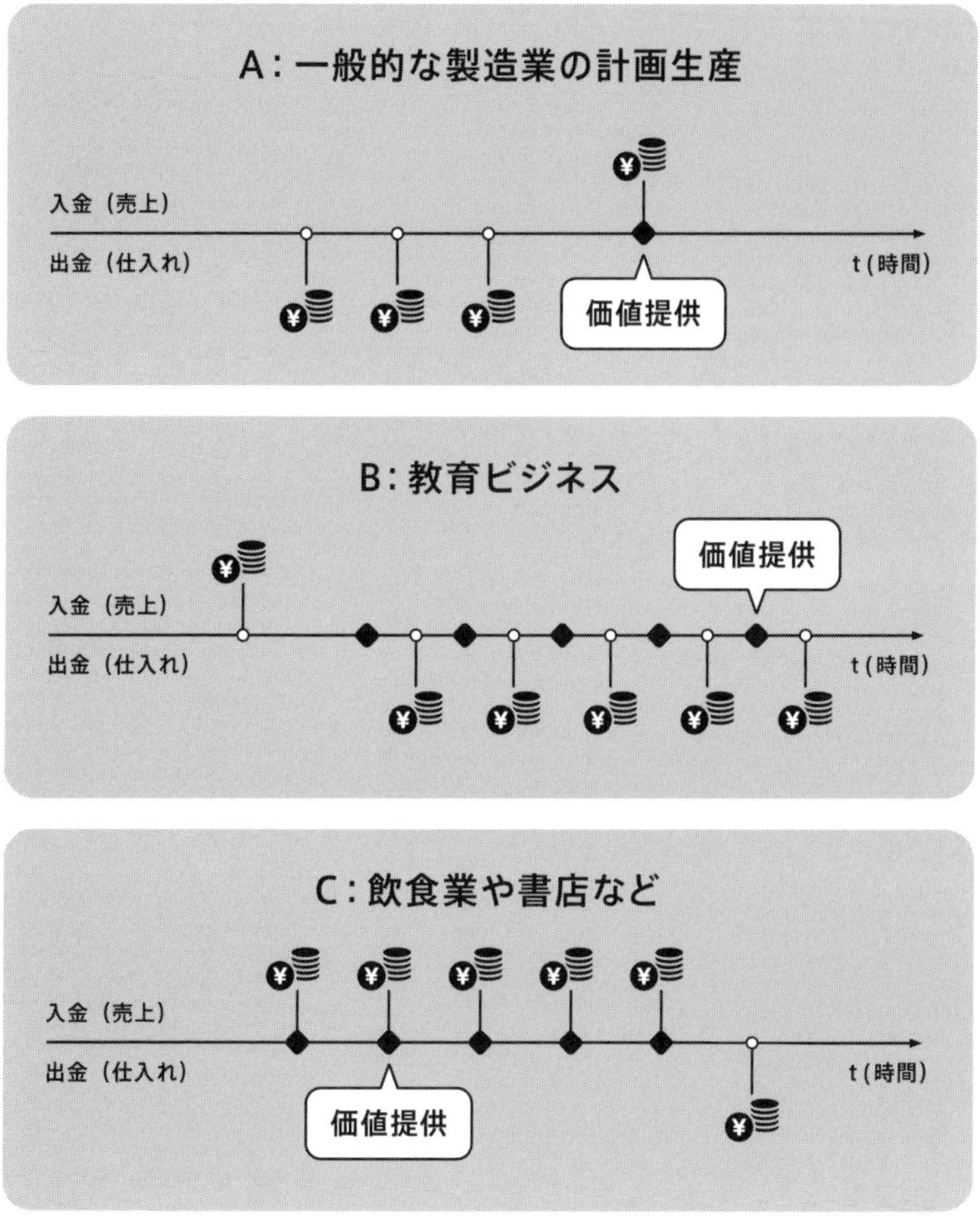

さえるためではありません。表面的な説明ではわからない、その企業の本音や、ビジネスモデルを感覚的に掴みたいからです。言うまでもなく、「未条件」がそこにたくさん見つかる可能性が高いのです。

経営者へのヒアリングの最後に、「中期経営計画」[※59]や「予測財務諸表」[※60]があるならば、設計条件の確認のためにそれを見たいと頼めば、喜んで見せてくれるでしょう。経営者はみな、これからの企業ビジョンを見てもらいたいものです。

財務諸表はどちらかというと、過去の情報の集積です。だから与条件としては、不十分です。それに対して、中期経営計画や予測財務諸表は、将来（一般的には5年程度先）のビジョンや売上目標が記載されています。ぜひそこにある「未条件」を元に、設計を開始したいものです。もしそれらが無ければ、簡単でも良いので、まず経営者との対話の中で、読み取ってみてください。経営者から中（長）期的なビジョンを聞き出す、そのやりとりは、むしろ必須です。

管理会計というコントロールパネル

補足として、これはなかなか見ることができないのですが、会計戦略の中の「管理会計」[※61]という方法について、知っておいてください。これは企業ごとにつくられ

※57　ワーキングキャピタル（WC）
運転資金。製造業型のビジネスの場合は、原材料の仕入れ、加工製造、販売の過程のどこで、現金収入が得られ、支払いが生じるかを探る。支払いが売上より先の場合は、WCが必要になる。逆に支払いよりも売上が先に入る場合（WCがプラスになる）、業務拡大に際し現金は要しない。

※58　流動資産−流動負債
流動資産とは短期的に現金化される資産で、流動負債とは支払期限が短期の負債のこと。流動資産が流動負債を上回る場合は、ワーキングキャピタルがプラスとなり、運転資金的に有利と言える。逆の場合は、運転資金的に不利である。

※59　中期経営計画
企業の中期的な事業目標を記した経営計画書。売上目標や設備投資などの収支計画だけでなく、それを実現するための多面的課題や施策（マーケティング、人材マネジメント、ファイナンス戦略など）が盛り込まれている。もちろん会計の側面から、定量的な数値

る、会社の収支やパフォーマンスをチェックするツールです（3章190頁の図参照）。
前述した財務諸表（財務会計）のように、定められたフォーマットは無く、企業の目標達成のための効率を最適化するためのものです。要するに、営業活動とお金の関係を見える化したものです。

言い方を変えると、刻々と変化する経営環境に対して、「いま自分たちはどこにいて、社内で何が起きているのか」を、数字で表現しているコックピットのようなものです。

管理会計の方法は、業界や企業によってまったく異なります。その違いが、その企業の個性や文化を表わしていると言えます。また優秀と言われる企業は、この管理会計の仕組みが上手だと言われます。

売上や費用も限られた、小さな会社であれば、先々の資金繰りを確認するためだけの、独自に考案された簡単なエクセルシートの場合もあります。しかし社員が増え、動くお金が大きくなってくると、その企業の目標や、大事にしなければならない指標がより多く組み込まれ、進化していくはずです。この指標を、KPI[※62]と言います。これも最近では、広く企業人の間で用いられる言葉になりました。

単に売上や費用、そして会社の運転資金を管理するだけではなく、ROA[※63]や

目標が示されている。

※60　予測財務諸表
損益計算書（PL）や貸借対照表（BS）の、将来像を推計したもの。企業が、様々な経営活動を行った場合に、どのような売上や利益、借入や資産となるかの未来予測。

※61　管理会計
例えば小企業であれば、市販の会計ソフトを使う場合もあれば、各月ごとの売上と経費、どの程度先まで運転資金が続くかを確認する簡単なエクセルシートも、管理会計である。単に損益計算書を部門別に作成したものもあれば、損益分岐点が追加され、客単価や業務時間が加えられるなど、企業や部署ごとに個別で自由である。3章190頁参照。

※62　KPI　重要業績評価指標（Key Performance Indicator）
組織が目標達成のために必要に応じて定める定量的な指標のこと。例えば単純な毎月の売り上げ目標ではなく、それを実現するための月ごとの新規獲得顧客数や、またはコスト削減のための納期、さらに

[※64]ROE、[※65]総資産回転率や、[※66]棚卸資産回転率といった全社的指標もあります。さらにもっと個別の、集客数や、客単価、成約率といった、売上を考える上での細やかに分解された要素が、KPIになることもあります。

KPIは、企業にとって、「本音」のひとつです。これから建築計画を開始するクライアント企業のKPIは何か。これが建築計画に影響を及ぼす可能性はあるでしょうか。しかしそれに触れた瞬間、与条件は吹き飛び、経営の立場から「未条件」を発見する瞬間かもしれません。

例えば、高品質な宿泊サービスにこだわり、リピーターに支えられているという企業が、顧客のリピート率を正確に把握しておらず、受注率や稼働率を特に気にしているとすると、それは間違いです。そこを見ていないとすると、その企業の良さが、PR的に、また空間的に、表現されていない可能性があります。

良い設計者とは、設計監理技術という業界特有の能力を持ち、一方で、洞察力やコミュニケーション能力といった外側の能力を、併せ持つ人だと思います。しかし一方の能力を持つ人は、もう一方を軽視する傾向があると言われています。もう一つ、ここでのお金に関する能力も同じです。クリエイティブな能力を持つ人は、(その真逆だと思われている)お金についての能力を軽視しがちです。しかしクラ

欠品率や顧客満足度など、多岐に渡る。KPIは業界や企業、部署の特性によって異なるが、だからこそ企業の戦略や思想が反映されている可能性が高い。KPIは管理会計に組み込まれていることが望ましい。

※63　ROA　総資産利益率＝当期純利益／総資産
会社の総資産を利用してどれだけの利益を上げられたのかを示す指標。ROAが高いほど、効率的に利益を生んでいるといえる。

※64　ROE　自己資本利益率＝当期純利益／純資産（総資産－負債）
自己資本をどれだけ効率的に活用しているかがわかる。小さな資本で、借入などによる資金調達を活用し利益を高めると、ROEは上昇する。

※65　総資産回転率
売上高／総資産。総資産回転率を向上させるためには、現在の総資産を増やさずに積極的な販売戦略などによって売上高を増加させる、あるいは、現在の売上高を維持しながら、

イアント企業が、その志や使命を実現するには、両方の能力が必要なのです。
そして前述した通り、設計と会計の考え方は親和性があり、その会計の基礎的な技術の習得は、建築士の資格取得に比べ、はるかに簡単なものなのです。

ケース 賃貸集合住宅の企画・設計を依頼される

経営者との対話を通じて、クライアント企業の会計戦略の片鱗を、見聞きして来ました。建築の知識に加えて、他の三つの世界の感覚を用いれば、すでにあなたは、経営コンサルタント×建築士として、価値のある「未条件」の掘り返しに成功していると思います。そしてクライアント企業に本当に必要な条件を再構成しつつ、基本設計を進めているはずです。

最後に、「お金」のツアーでもう一つだけ、「ファイナンス」[※67]にも触れておきたいと思います。ファイナンスというのは、お金の中でも、「未来」の価値と、「現在」の価値を、時間を超えて置き換える技術のことを言います。

本書での建築企画においては、その事業の中長期的な収益性や、金融機関からの融資可能性が、いわゆるファイナンスです。

では、実際にもよく起こるケースを想定しながら、ツアーの最終目的地に進みま

不要な資産を処分あるいは圧縮して総資産を減少させることが必要となる。

※66 棚卸資産回転率
売上原価／棚卸資産。会社が棚卸資産を、どの程度のレベルまで効率的に減少させているかを示す比率。在庫回転率ともいう。効率性を分析する指標の一つ。棚卸資産には、商品、製品、原材料、仕掛品、貯蔵品などが含まれる。

※67 ファイナンス
企業経営に関する「お金」の分野は大きく「会計」と「ファイナンス」の二つに分かれる。本稿ではファイナンス論はほとんど扱わないが、これは企業価値を算出し、また企業が資金調達や投資の意思決定を行い、実行するための経営理論である。

しょう。

（ケースE）…あるクライアントから、東京郊外の駅からほど近くに所有している土地に、3階建て程度の小さな集合住宅の設計の相談を受けた。安普請なものではなく、きっちりと長く好まれる集合住宅にしたいという希望で、それに対するこちらからの提案も気に入られ、設計契約までスムーズに進んだ。

基本設計の前に、不動産ポータルサイトなどから、再度周辺の家賃相場を簡単に調べ、それによって家賃ができるだけ高くなるように検討を加え、順調に基本設計は終了し、そして実施設計のフェーズに移行した。

デザイン的にも新しい試みを盛り込みつつ、しかし収益物件であるため、建築費は一般的な水準に抑えていかなければならない。そろそろ工務店への見積もりの段取りを開始しようとした矢先、クライアントから銀行からの融資が下りない、という連絡を受けた。

その理由を質問しても、いま一つはっきりした回答が得られない。銀行からは、エリアは良いが、この辺りはワンルームの空室が多く、家賃収入も安全側で考えると、決して潤沢な建築計画ではない、というようなことを言われているようだ。ではどの程度の家賃が得られれば良いのかを尋ねても、はっきりわからない。

またクライアントからは、大手ハウスメーカーに施工を依頼することが可能かどうかを尋ねられた。すこし気持ちがぶれているようにも見える。

他の銀行への打診や、自己資金で何とかならないのかを問うと、二の足を踏んでいるように見える。

このままでは計画自体が頓挫してしまうのではないかと、不安が募ってきた。これ以上お金の話を深掘りするのは、プライベートなことが多いため、おっくうになってきている。


企業のファイナンスを扱うケースもあるのですが、建築設計の場合は、こうした地主など個人からの相談のほうが多いのではないでしょうか。ただ個人といっても、それは事業として行われ、不動産収入を得て、確定申告されるものですから、原理的には企業と同じです。

こうしたケースでは、建築士は不動産ファイナンスの分野にどこまで踏み込むことができるのでしょうか。まずは不動産について軽く触れてから、そのファイナンスを覗き見て、ケースの解決策を考えてみましょう。

集合住宅のマネジメント

「経営戦略とマーケティングの体系」で得た知識を駆使して、新しいライフスタイルや、平面計画上でユニークな企画提案を考えるのは、とても楽しいことですが、同時にその収益性や、資金調達を押さえておかなければ、それらは絵にかいた餅になってしまうこともあります。ここで不動産経営のコンサルタントであれば、どういうことを考えているのかを紹介します。

集合住宅を建築しようとするクライアントの目的は、「不動産収入」か「相続税対策」のどちらかです。しかし近年は、人口減少や空き家増加により、建てれば儲かる時代は終わったと言えます。そして相続対策を理由にする場合も、安易に建てて大手メーカーの家賃保証[※68]を信頼してしまうと、しっぺ返しを食らうでしょう。

不動産投資の経済合理性からのポイントは、「利回り[※69]をいかに高めるか」に集約されます。しかしその数字が、見せかけのものになっていないでしょうか。

例えばワンルームマンション投資。80年代に、学生や単身者の賃貸住宅として流行しました。その理由は、住み手の需要の拡大と、供給する投資家の立場から「小さい面積のほうが面積当たりの家賃が高まり、利回りが高くなる」という、いまか

※68　家賃保証
大手住宅メーカーを含め、多くの賃貸住宅産業に関わる建築または不動産の企業が、不動産オーナーのリスクを低減することを目的として、賃貸収入の一定量を保証する方法。「一括借り上げ」「サブリース」などの呼称があるが、一般商慣習として、そのデメリットが不動産オーナーに十分に説明されていないことが多い。

※69　利回り
不動産投資などで、その投資効率についての代表的な指標。投資額に対する、年間収入の割合を指す。例えば「利回り6％」という風に表現される。

ら思えば近視眼的な理由でした。

05年頃からは、もうワンルームはだぶついているので、1LDK※70だ、いや広めのワンルームだ、あるいは好景気になり、より小面積のロフト付きワンルームアパートでは…。このように、利回りを上げるためだけの、表面的な策になっていないでしょうか。

すでに、需要と供給が反転している現在の賃貸住宅市場では、「将来予想」と「中長期的価値」※71を確認した上で、「個別の戦略」と「運営体制」に目を向けて企画します。

不動産キャッシュフローを読む

集合住宅のファイナンスで、「利回り」ともう一つ重要な視点として、「キャッシュフロー」があります。これは、具体的な収支の動きを、表にしたものです。

簡単に言うと、毎年の「家賃収入－費用＝利益」が記載されていますが、借入返済、減価償却、空室率といった独特の用語があります。家賃収入の多寡に影響を受けるのはもちろんですが、金融機関からの借入期間や、構造種別、建設費も、収支に大きく影響します。

※70 1LDK
2005年頃から住宅市場で増加傾向にある。晩婚化や女性の社会進出、若年夫婦住宅のコンパクト化など、いくつかの社会環境の変化に起因する。ワンルームと比較して坪賃料単価は下がるが、供給不足のため空室率や家賃低減率の低下が見込め、収益性が高まるという戦略。ただし地域によってはすでに一般化し、差別化戦略として働かない。

※71 不動産の中長期的価値
欧米と異なり、日本では築年数を得た不動産の価値は、軒並み低下する設定になっている。これは建築基準法、不動産業界慣習、金融市場評価などの相関関係により定まっているが、未だ不動産経済市場が成熟していないことが大きな原因である。個別には、中長期的な資産価値を向上させている例も多い。

15年を境に収支が向上している。大きくは金融機関からの借り入れが完済したため。

一方で、同年に起きているので分かりにくいが、「減価償却」のうち、設備分も同時に終了している。下段の所得が上昇した分、「所得税」が増加しており、収支上マイナスも生じている

(単位：千円)

	14	15	16	17	18	19	20	21	22	23	24	25	26	27	28	29	30年
	4581	4581	4581	4581	4581	4581	4581	4581	4581	4581	4581	4581	4581	4581	4581	4581	4581
	-341	-341	-341	-341	-341	-341	-341	-366	-366	-366	-366	-366	-366	-366	-366	-366	-366
	4240	4240	4240	4240	4240	4240	4240	4215	4215	4215	4215	4215	4215	4215	4215	4215	4215
	2626	2587	0	0	0	0	0	0	0	0	0	0	0	0	0	0	0
	272	265	259	253	247	241	236	230	225	220	215	211	206	202	197	194	190
	212	212	212	212	212	212	212	210	210	210	210	210	210	210	210	210	210
	137	137	137	137	137	137	137	137	137	137	137	137	137	137	137	137	137
	150	150	150	150	150	150	150	150	150	150	150	150	150	150	150	150	150
	61	61	61	61	61	61	61	60	60	60	60	60	60	60	60	60	60
	438	469	726	728	729	731	732	728	729	731	732	714	715	717	729	730	731
	3896	3881	1545	1541	1536	1532	1528	1515	1511	1508	1504	1482	1478	1476	1483	1481	1478
	344	359	2695	2699	2704	2708	2712	2700	2704	2707	2711	2733	2737	2739	2732	2734	2737

下段の「所得」の上昇に伴い、「所得税」も増加している

借入が完済し、「収支」が急上昇している

期間15年で借入れている計画であることが分かる

	14	15	16	17	18	19	20	21	22	23	24	25	26	27	28	29	30年
	4240	4240	4240	4240	4240	4240	4240	4215	4215	4215	4215	4215	4215	4215	4215	4215	4215
	1674	1590	544	544	544	544	544	544	544	544	544	624	624	620	574	574	574
	59	21	0	0	0	0	0	0	0	0	0	0	0	0	0	0	0
	682	675	669	663	657	651	646	637	632	627	622	618	613	609	604	601	597
	2415	2286	1213	1207	1201	1195	1190	1181	1176	1171	1166	1242	1237	1229	1178	1175	1171
	1825	1954	3027	3033	3039	3045	3050	3034	3039	3044	3049	2973	2978	2986	3037	3040	3044

減価償却のうち設備分の償却が終わり、
税申告上の「所得」も上昇している

減価償却期間は、木造住宅だと22年、鉄骨造オフィスだと38年、RC造マンションだと47年と、構造と用途により異なります。不動産経営をする上で重要な表であり、実際のお金の流れから、建築計画にフィードバックすることが可能です。(東京建築士会や創造系不動産スクール「経営戦略基礎コース」でも定期的に、不動産キャッシュフローを作成するカリキュラムが組まれています。)

キャッシュフローの読み込み例

実際のお金の流れ（キャッシュフロー）。賃料収入と経費の差を表す。ただし「所得税」は、下段の税申告により確定する

「空室率」は6.7%から7.4%に上昇しているが、家賃は逓減されていないことが分かる

資金収支		1	2	3	4	5	6	7	8	9	10	11	12	13
収入	家賃収入	4581	4581	4581	4581	4581	4581	4581	4581	4581	4581	4581	4581	4581
	空室控除	-130	-311	-311	-311	-311	-311	-311	-311	-311	-311	-341	-341	-341
	合計	4451	4270	4270	4270	4270	4270	4270	4270	4270	4270	4240	4240	4240
支出	借入金返済額	3120	3088	3049	3011	2972	2934	2895	2857	2818	2780	2741	2703	2664
	固定資産税(※)	382	372	361	352	343	333	325	316	309	301	293	285	278
	管理手数料(※)	222	213	213	213	213	213	213	213	213	213	212	212	212
	建物修繕費(※)	137	137	137	137	137	137	137	137	137	137	137	137	137
	修繕積立金	150	150	150	150	150	150	150	150	150	150	150	150	150
	広告費(※)	382	46	62	62	62	62	62	62	62	62	61	61	61
	所得税	256	307	315	326	338	375	386	398	409	420	424	436	427
	合計	4649	4313	4287	4251	4215	4204	4168	4133	4098	4063	4018	3984	3929
収支		-198	-43	-17	19	55	66	102	137	172	207	222	256	311

最終的にオーナーに残る金額と考えてよい

収支がマイナスからプラスに転じるのは、「借入返済額」と「固定資産税」が徐々に減少していくため

上段の表とは異なり、実際のお金の流れではなく税申告のための表。建物費用を一定年数で分割して費用化する、「減価償却費等」が計上される

不動産所得		1	2	3	4	5	6	7	8	9	10	11	12	13
収入	合計	4451	4270	4270	4270	4270	4270	4270	4270	4270	4270	4240	4240	4240
経費	減価償却費	1702	1702	1702	1702	1702	1594	1594	1594	1594	1594	1594	1594	1674
	支払利息	560	521	483	444	406	367	329	290	252	213	175	136	98
	その他(上表※)	1123	768	773	764	755	745	737	728	721	713	703	695	688
	合計	3385	2991	2958	2910	2863	2706	2660	2612	2567	2520	2472	2425	2460
申告所得		1066	1279	1312	1360	1407	1564	1610	1658	1703	1750	1768	1815	1780

このケースでの「所得税率」は24%と比較的高税率のため、他の収入も合算されていることが分かる

不動産キャッシュフロー表の型式は各社様々ですが、基本的に上段と下段に分割され、不動産計画の収益性が表現されています。上段が現実のお金の入出金（リアルな流れ）であるのに対し、下段は税務ルールによる計算表（バーチャルな流れ）になっています。上段の「所得税」は下段の「申告所得」により決まります。「減価償却」は資産計上されるものが単年度ではなく、複数年度で経費化される制度であり、不動産キャッシュフロー上、特に重要な概念です。

これはオーナーの毎年の収支を見ることで、その集合住宅を建てた時の投資性を確認するためのものです。数字の羅列ですが、じっくり眺めていると、そこに「流れ」や「リズム」が見えてきます。

実務では、市販の不動産収支計算ソフトや、エクセルシートを用います。仕組みがわかってしまえば簡単[※72]に作成できます。

しかしまずは、不動産キャッシュフロー表を読む程度の知識を身に付けるのが良いと思います。こうしたキャッシュフローは、広く住宅アパートメーカーの営業ツールとして使われています。私は複数社から提案されたそれらを比較する業務を、オーナーから依頼されることもあります。これらを適切に理解するには、建築と不動産の両方の知識が必要になるからです。

そこに家賃低減率[※73]、空室率[※74]は的確に設定されているか。修繕費用は適当か。家賃設定は高すぎないか。それらを突き詰めて眺めていると、住宅アパートメーカーがクライアントに提示している営業用のキャッシュフローには、質的な問題があることに時折気付くでしょう。各社の目的はアパート経営を成功させることよりも、むしろ競合との受注競争に勝つことなのですから。

では建築士の職能は、そんなキャッシュフローのどこに働くのでしょうか。人口

※72　東京建築士会の特別講義や、創造系不動産スクール「経営戦略基礎コース」では、実際に建築士のみなさんに不動産キャッシュフロー計算ソフトに触れて頂き、面積、構造、設備、その他建築的特性により、オーナーの収支がいかに変化するかを理解するための実習を行っている。

※73　家賃低減率
家賃下落率ともいう。不動産収益物件が完成してから、時間の経過とともに、消費者ニーズとの乖離や設備機器などの陳腐化が起こり、家賃は減少することが多い。不動産キャッシュフロー予測では、空室率に加えて設定する。年間の低減率は1％前後（10年間で5～10％）を目安にすることが多いが、その地域性や計画案により変動させるべきである。

※74　空室率
不動産収益物件の、全戸数に対する未入居の空室の割合。収益性の指標となり、空室率が低いほど高稼働といえる。賃借人の入れ替わり時の空室期間も含めると、都心の駅か

増加時代には、容積いっぱいの床面積を、どうプランニングするかのテクニックだったかもしれません。

しかし人口減少時代には、むしろ人気があり空室率が抑えられるデザインや、何十年も好まれる居住性、そして住民のインサイト[※75]に働きかける魅力、そうした定性的な部分の重要性が増しています。建築設計に求められる技術も、短期的なフロービジネスから、ストック[※76]ビジネスに移行しているのです。

融資担当とのコミュニケーション

以上が、不動産ファイナンスに関わる、基本的な知識です。

やはり慣れない言葉が多かったと思います。私が知る限り、こうした会計戦略やファイナンスに詳しい建築士は少ないのですが、それでも「住宅ローン」に詳しい建築士や、先ほどの「不動産キャッシュフロー」をつくり慣れている建築士は、実はいます。繰り返し述べているように、こうした知識や技術の基本的な部分を使えるようになるのが、非常に簡単であることを知っているからです。

むしろそれを阻むのは、心理的なハードルです。会計戦略やファイナンスが、実際は、クリエイティブであることを知るほど、そのハードルは低くなっていくので

ら近い物件でも2%程度となり、一定の期間で見ると0%にはならない。空室が目立てば10~20%となり、地方ではそれ以上の場合もある。

※42、1章70頁参照。

※75 インサイト

※76 ストックビジネス
フロー（一定期間の変化）とストック（ある時点での量）という概念は経済学のものだが、それを準用し、フロービジネス（短期収益の積み重ね）とストックビジネス（一定収益が継続するモデル）に分類される。業界特性によるところが大きく、組み合わせもあり得る。不動産投資は基本的にストックビジネスだが、人口増加期の短期的な不動産価格の上昇や、バブル時の不動産価格高騰による差益を狙うビジネスは、フロービジネスといえる。

はないでしょうか。

そしてお金のツアーの最初にお話しした通り、お金に詳しくなる目的は、クライアントの内面や本質を、正しく理解するためです。それを忘れないようにしてください。

ではケースEを振り返ってみましょう。東京郊外の、3階建ての小さな集合住宅のケースでした。建築士の手が届いていないところで、どういうことが起きていたかを、推測してみましょう。

まずはクライアントが所有する土地の所有権者や、建築の目的が、「不動産収入」か「相続税対策」の、どちらかを知ることから始めますが、何れにしても、おそらく銀行の評価としては、収支が回っていない、つまりキャッシュフローが十分な黒字になっていないのだと思います。もちろん赤字であれば、よっぽど資産家であるなどの担保余力が無い限り、融資は受けられません。

そういう状況を回避するためには、基本設計の途中はもちろん、企画フェーズから、銀行とのコミュニケーションを密にとっていくのがベターです。基本はクライアントが銀行を回りますが、建築士が同行する状況を、初期段階からつくっていくことをお勧めします。

各銀行によって、得意不得意があることも、要注意です。特に借入期間や金利など、銀行ごとの基本的な条件を押さえておきます。

またそのデータを元に、不動産コンサルタントに依頼し、自身が計画する計画のキャッシュフローを、設計チーム側で作成し、ポイントを押さえておくことも、現実的な方法です。

昭和と平成時代の住宅不足の時代であれば、だいたい何をつくってもプラスでしたし、銀行も比較的、融資基準が低かったと思います。しかし昨今は、そうして融資して建築された集合住宅が、計画時のキャッシュフローを下回り、空室[※77]が増え、収支が赤字になっている例が増えていると言います。

これから令和の時代には、計画する側と、融資する側、双方がその収支を適切にチェックすべきです。金融機関が一般的に行うような、空室率を高めに設定する方法がすべてではありませんが、融資を受けやすくするために、実体と乖離した収支にならないように、関わる全員が正しい理解にエネルギーをかけるべきです。

クライアントの「価値観」と「収益」を両立させる

もう一つ、知っておかなければならないのが、不動産単体で収支が回る時代が終

※77　空室
2章から本格的に「空き家問題」について検証するが、空き家は地方だけでなく、都心の集合住宅でも増加している。2章108頁参照。

わろうとしているということです。人口減少や、地方経済の衰退時代を迎え、限られた都心部以外の広範囲で、現在の建物を維持することも困難になっていきます。

そういうピンチの時代には、また新たな技術が生まれるでしょう。例えば一棟リノベーションによって、不動産価値を高める技術。いよいよリノベーションブームが到来しているようで、実は[※78]建築と金融の制度的な課題はまだまだあり、建築の長寿命化が進んでいません。しかしこの課題を突破し、新しい時代を切り開くのは、まさに「建築」と「ファイナンス」の両方の技術を持つ建築士であることは、間違いないと思います。

さらに一つ加えるとすると、クライアントの自宅の設計であれ、集合住宅の設計であれ、建築は思ったより、個人の資産やプライベートなところに触れます。エンジニアリングシップだけでは解けないプロジェクトも増えると思います。

そしてその「不動産が単体で回らない」かもしれない時代でも、これまでは建築計画の外側にあった、クライアントの趣味趣向、学習意欲、社会貢献といった、「自己実現」に関する欲求や衝動を、クライアントの心に触れ、可能性を引き出し、建築企画に組み込む手法があります。

もちろんその「自己実現」に関する要素と、いわゆる経済合理的な「収益性」が、

※78　建築と金融の制度的な課題
建築物は税法において、構造や用途により減価償却期間が定められている。RC造の住居は47年、木造住宅は22年と異なる。しかし、金融機関ではこの減価償却期間が、法定耐用年数に準用される慣習があり、例えば築22年の木造集合住宅の担保価値がゼロと見なされ、本来もっと価値が高い建築物が、不動産市場では流通しないという悪循環がある。

両立できるポイントを探します。一つのコツとしては、改めて、このオーナーか企業のバリューチェーン[※79]を作成し、じっくり眺め、どこに貢献すべきなのかを再定義するのが肝要だと思います。

私はこれを、建築計画の「CSV思考[※80]」と呼んでいます。まだまだこれから検討が進む分野です。

みなさんお疲れさまでした。ようやく到着ロビーです。いままで見知ったものと異なる言語や、価値観を見つめなおすツアーは、ひとまずすべて終了です。

「建築と不動産」の大陸から、「人と組織」「経営戦略とマーケティング」そして「管理会計とファイナンス」。何れも、それらの異文化大陸の、伝統的な基礎部分だけを触れてきました。

そのプロセスで、建築は与条件ではなく「未条件」で構成される、という仮説を立て、説明してきました。今後みなさんが、「建築士×経営コンサルタント」という立場について仮説を立て始めていると、それは自然なことだと思います。

次の2章では、いよいよ建築業界、特に住宅建築業界では、いまどういう経営環境の変化が起きているのかを、多面的に探索したいと思います。クライアント企業

※79　バリューチェーン　1章73頁、3章229頁参照。

※80　CSV思考(create shared value　共有価値の創造)　企業は社会の課題を本業で考えることで社会的価値を創造し、同時に経済的価値も満たす考え方。2011年にマーケティング界の巨匠、Michael E. Porter により提唱された、比較的新しい経営理論。建築と不動産業界では、今後少しずつ認知が広がると考えられる。

の経営コンサルティングを終えて、いよいよ、自分たちの業界の外部環境を深掘りします。

2章

建築と不動産の経営環境のパラダイムシフト

労働人口が減少し、空き家が急増するメカニズム

クライアント企業の経営コンサルタントとして関わる、ウォーミングアップを済ませたみなさん。その感覚はそのままに、本章では、日本の建築業界の中でも、ひとまず住宅建築に関わる業界が置かれた「特殊な状況」を確認します。1章でも触れた「経営環境分析」です。私たち建築不動産の世界の足もとの土台が、今後どうなっていくのかを、じっくり観察します。

建築や不動産に関する様々な書籍[※81]が指摘する事項を読み解く中で、本書独自の視点で、将来を予測するための材料を提供したいと思います。そして3章の、建築設計事務所のための経営論につなげたいと思います。

08年にピークを迎えた日本の人口は、緩やかに減少に転じました。理由は出生率の低下と言われますが、その出生率の低下の原因には未婚化や少子化が上げられ、さらにその原因となると、雇用不安や所得の格差、さらに諸説あり、突き詰めていくとはっきりしません。

先進国では同様の傾向が見られるようです。それによって日本が受ける将来的な

※81　様々な書籍
２０１０年代に、経済や不動産のマクロ分析について書かれた書籍を中心に分析している。特に人口減少や空き家増加に関する良書は多く、できる限り、それら書籍も欄外で紹介していきたい。

※82　社会保障給付費の増額
国民や企業からの保険料収入と公的負担が中心的な財源である。少子高齢化、長寿命化、生産人口減少に伴い、いずれも年々増加しており、年金受給時期の繰り下げなどの社会問題にもなっている。また日本の年金制度は、賦課方式（働く世代が高齢者の年金を支える方式）が採用されているが、やはりこの人口動態では、世代間の所得再配分には限界がみられる。

影響は、おおむね危機的な状況として認識されています。大きなところでは、労働人口や新生児の減少による、[※82]社会保険料の増額、そして税収不足からの地方衰退説がありますが、特に近年は「[※83]空き家問題」についての議論が顕著になってきました。

空き家が増えることでの問題は何かというと、その建物の維持管理ができず、所有者の負担になり、放置されてしまうことです。それが続くと、人が住めない状態まで朽廃し、動物が住み着き、植物が繁茂します。ひいては街並みの崩壊、また治安の悪化が起き、海外の事例から、不法な居住者によるスラムが発生するという推論もあります。日本にも当てはまるかどうかはわかりませんが、悪影響は少なからずあるでしょう。また空き家は均一には発生せず、エリア毎に片寄りがあります。[※84]しかしなぜ、そうした空き家の増加を止められないのでしょうか。

そして設計事務所の経営戦略を問う本書では、単純に空き家の増加ばかりに気を取られている場合ではありません。それによるマイナス面があれば、そこに困っている人のために、どうプラスに変えるかという思考により、価値が生まれ、新しい仕事が創られるからです。

またその空き家所有者や地域の人々にとっては、「不動産価格の低下」というマイナスがあります。他方で、需要と供給のバランスの関係により、ある層にとって

※83　空き家問題
『空き家問題』（牧野知弘著・祥伝社・2014年）では住宅や土地、都市計画といった大きな枠組みから、空き家問題の実態や日本社会にもたらす影響を客観的なデータを交え、空き家対策を提案している。また『解決！空き家問題』（中川寛子著・筑摩書房・2015年）では、マクロな国際比較だけでなく、豊富な空き家活用実例により、身近な課題としての空き家問題を扱っている。さらに『「空き家」が蝕む日本』（長嶋修著・ポプラ社・2014年）では、不動産商慣習に精通した知見と、海外政策を織り交ぜながら、独自の空き家問題を網羅している。

※84　スポンジ化
『都市をたたむ』（饗庭伸著・花伝社・2015年）によると、今後の都市縮小期では地域の空き家は、チーズの穴のように不均一に「スポンジ化」されつつ増加するという。中心部の商店街や郊外の戸建て住宅地など小さな敷地単位で起こる。

はプラスの影響も生じます。例えば、借りる側からすると家賃が、買う側からしても不動産価格が低下するということです。都市圏ではまだまだ供給側が強いのですが、郊外や地方ではとっくにバランスは逆転しています。

そうして顧客のニーズが変わることで、じわじわと設計事務所の経営環境がシフトしてきました。この状況全体をネガティブに捉えるか、ポジティブに理解するかは、あなた次第だと思います。

空き家ストックが急増する理由

2019年、日本の空き家総数[※85]は846万戸という統計が発表されました。1000万戸を超えるのも時間の問題と言われ、国や自治体の関係者は、それぞれの管轄の空き家活用を何とかしようと、試行錯誤しています。しかしその空き家増加のメカニズム自体は、ある程度は解析されていますから、ここで簡単に押さえておきましょう。

その第一の要因は、「人口や世帯の減少」ではありません。「新築着工戸数[※86]」が多すぎるのです。詳しくは、図表の通りですが、アメリカ・イギリス・フランスは、移民政策や、婚姻制度改革も含めた少子化対策などの各種政策により、人口増に応

※85　空き家総数
空き家846万戸。日本の総住戸数に占める割合は、13・55％とかなり大量であり、日本は空き家大国であると言われるのは過言ではない。この統計は、各自治体による調査を全国集計したものだが、しかし著者の推論によると、実態と乖離している可能性はある。実際、空き家と判断するのは困難であり、各自治体の調査方法もばらつきがあると考えられる。

※86　新築着工戸数
2018年の新築着工戸数は95万戸。前年比0・7％増。持ち家約55万戸、貸家39万戸。分譲マンション11万戸、分譲戸建は14万戸。空き家問題の前で、各国と比較して、空き家率が高いにもかかわらず、日本は新築着工戸数が高止まりしている。国交省住宅経済関連データ参照。

ストックが増加するメカニズム

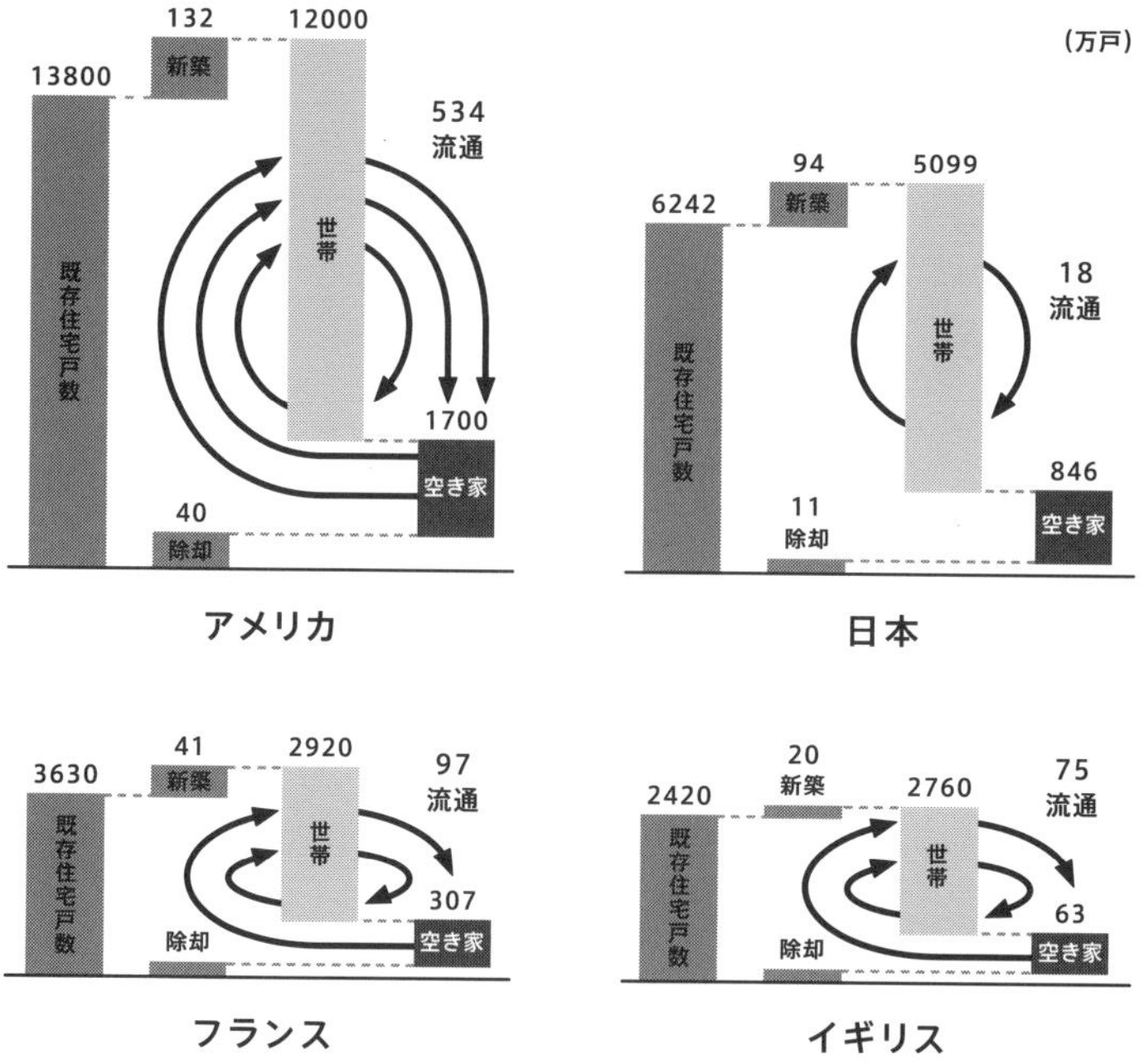

いわゆる空き家問題とは、日本の空き家率が13％に、空き家数が846万戸（2019年時点）にもなり、それが加速度的に増加していくことによる弊害（景観や治安の悪化）を指します。一方で新築着工戸数は依然として94万戸と世界的に見ても大量であり、人口減少の中でミスマッチな現象といえます。たとえば、イギリス、フランスと比較すると、新築着工戸数は人口割合で日本よりかなり少なく、逆に住宅流通量（住宅が売買される戸数）は日本よりかなり多くなっています。新築を抑制し、除却を促し、不動産流通を増加させる施策こそ、考えるべき課題といわれています。

日本：総務省　平成30年住宅・土地統計調査
https://www.e-stat.go.jp/stat-search/files?page=1&toukei=00200522&tstat=000001127155
アメリカ：U.S. Census　https://www.census.gov/construction/nrc/index.html
全米不動産協会（NAR）　https://www.nar.realtor/research-and-statistics
イギリス：GOV.UK Statistics at MHCLG
https://www.gov.uk/government/organisations/ministry-of-housing-communities-and-local-government/about/statistics
フランス：Institut national de la statistique et des etudes economiques
https://www.insee.fr/fr/statistiques/3676693?sommaire=3696937

じた着工戸数を実現している、と言えます。

要するにこれらの国々では、人口増減と、不動産流通のために必要な空き家と、新築着工戸数のバランスが保たれているのです。しかし日本は、※87人口が減少しているにもかかわらず、アメリカに迫る勢いで新築住宅をつくっているというアンバランスが生じています。

ではなぜ、多くつくりすぎるのでしょうか。たくさんの建て主が、中古住宅より新築住宅を好んでいるから、という意見もありますが、それよりもっと数を押し上げているのは、※88賃貸事業を目的としたアパートやマンションが、需要以上に建てられているからです。

これは更地で持っておくより、建物を建てたほうが計算上の資産規模を縮小できるという、いわゆる※89相続税対策を目的としているものが多いでしょう。不動産収益事業の本来的な目的とは異なります。相続税法をうまく利用しているとは言え、健全な市場の需給バランスを崩しています。

これを改善するには、※90新築することが有利になる制度設計を、改めることが考えられますが、いま現在その対策は実行できていません。だからアメリカ・フランス・イギリスと異なり、日本では新築着工戸数の大半が、そのまま空き家数に直結

※87　人口減少
日本は2008年をピークに、総人口は減少に転じている。2018年は、前年より26・3万人の減少。ただしそのうち日本人人口は43万人の減少であり、外国人の増加は16・5万人である。総務省統計局HP参照。

※88　賃貸アパート・賃貸マンション
2018年度の新築着工戸数95万戸のうち、賃貸アパートやマンションは4割を超える40万戸。国交省住宅関連経済データ参照。

※89　相続税対策
賃貸アパート事業の多くは、あえて支出や借入をつくり相続資産を減じるため、または資産を現金で保有するより建物にしたほうが相続税評価額を低減できるため、同様に建物を建てると土地の評価額も減少し、さらに小規模宅地については、一定の規模までは相続時の評価に特例を採用できるなど、相続税に関する様々な節税のために行われるのが実態である。

していると言えます。これが、単なる増加ではなく「急増」する所以です。

新築偏重を留めるブレーキが利きづらく、需給アンバランスがしばらく拡大する時代。50年かけて積みあがった846万戸が、これからたった十数年で、1500万戸、2000万戸と増加すると言われる状況[※91]。それが私たちの経営環境です。

解体も活用もできない「その他空き家」

図からも推測できるように、この状況を改善するために、住宅の解体を促進する方法もあります。長年使われることもない空き家を解体すること、また現代的な性能に満たない住宅を、新しい住宅に建て替えていくことは、適切だと思います。

しかし、それが進まない原因があるのです。

それを妨げている大きな理由は、土地の固定資産税[※92]の減免制度です。住宅が建っていれば一定の面積までの土地の固定資産税額が6分の1になります。昭和40年代から続く特例の制度が、建物所有者の解体へのモチベーションを減退させます。

総務省の分類では、空き家は「賃貸用の空き家」「売買用の空き家」「二次利用[※93]の空き家」そして「その他空き家[※94]」にわかれます。

例えば、役目を終え、再利用も建て替えのニーズもない、そういう空き家もたく

※90　新築が有利
戦後住宅不足の日本は、経済政策と合わせて、新築住宅を厚遇する政策を多数実行してきた。この後詳しく述べる。

※91　しかし実際にその通りなることは考えづらい。アンバランスが加速し、空き家が多量なエリアはデフレ化するほど、それを利用した逆方向の未知の動きも現れる可能性は高い。以降の経営環境を読み進める要点としては、一見するとマイナスの環境の背後にプラスの流れを見出す勘所が要る。

※92　固定資産税の減免
不動産の所有者には、土地と建物それぞれに対して、固定資産税が課税される。ただし、住宅が建つ小規模用地であれば、固定資産税が6分の1になる優遇特例がある。これはかつての住宅優遇政策の名残りと言える。

※93　二次利用の空き家
住宅・土地統計調査（総務省）内での空き家の分類の一つ。週末や休暇時に避暑・避寒・保養などの目的で使用される

空き家の内訳

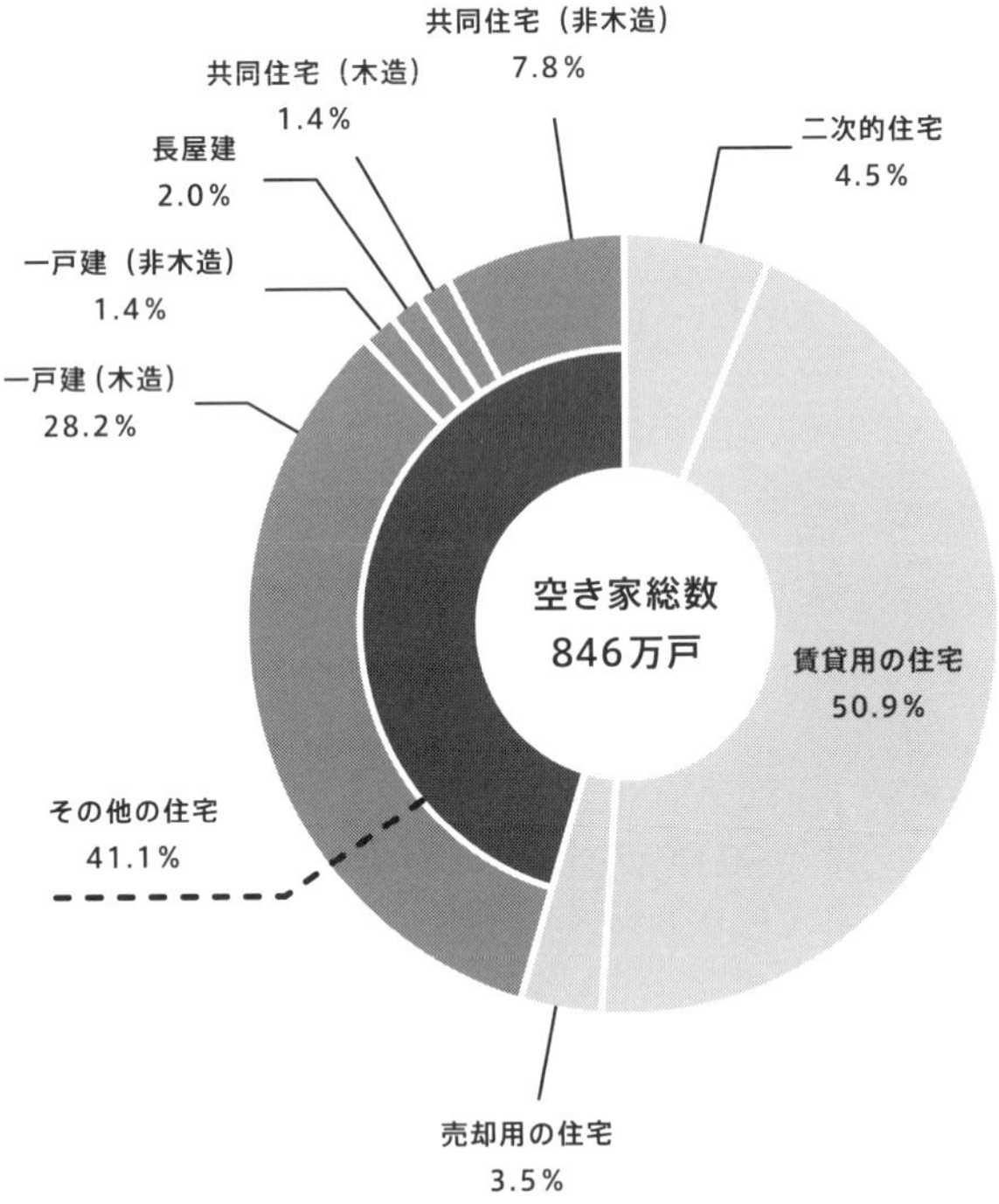

空き家は、グラフのように分類されます。約半数は、「賃貸用と売買用のストック」、つまり次の居住者を待つ戸建てやアパート、マンションです。もともと不動産流通業界では、こちらを「不動産」と呼んでいました。また4.5％の二次的住宅は、別荘や倉庫として利用されているもので、これも空き家に分類されています。

それらを除いた空き家を総称して「その他空き家」となっています。本文でも説明するように、日本で急増しているのはここです。その他空き家が生まれる原因（P.113参照）は様々で、その実態はまだ正確に把握できていないと言えます。

総務省　平成30年住宅・土地統計調査より作図

さんあります。こうした空き家は「その他空き家」に分類されます。中にはもったいない気がしますが、解体されたほうが良い空き家があります。管理していく所有者（多くは子や親族）の負担を考えると、その方が良い場合もあります。

「その他空き家」は増え続け、いまや半数近くになっています。貸されるわけでも、売られるわけでもない。積極的に活用する理由がないのです。

両親とくらした記憶をとどめておきたい。仏壇をそのままに年1回は親族で集まりたい。片づけられない。あまり他人に見られたくない。またはある程度に裕福なため、急いで何かしらアクションする必要がない。

これは、商店街のシャッター通りが生まれるメカニズムに似ています。そんな空き家の割合が多いのは、なんとも歯がゆいことです。しかも、もう少しで「その他空き家」が空き家の中でも最多となり、もはや「その他」ではなくなっているのです。

分譲マンションや相続の仕組みの限界

また空き家増加の原因に、古い分譲マンション[※95]も上げられます。建て替えや解体が、法律や仕組み上、簡単ではありません。

住宅で、普段は人が住んでいない住宅や、残業で遅くなった時にたまに寝泊まりする住宅。

※94　その他空き家
これも空き家の分類の一つで、人が住んでいない住宅で、転勤や入院などのため所有者が長期にわたって不在の住宅や、すでに所有者が死亡し相続人が放置している住宅、または建て替えなどのために取り壊すことになっている住宅などを指す。

※95　分譲マンション
1棟建物の所有者が限られる賃貸マンションと異なり、多数の所有者が分割して土地建物を所有する形式の集合住宅。このように、所有権が独立した各部分から構成されている建物を、「区分所有建物」という。

都心ではまだ顕在化していませんが、郊外の分譲マンションや団地では、空室だらけの例もあります。

分譲マンションは区分所有法[※96]に基づき、所有者全員が管理組合で、維持運営を話し合って決めるルールがあります。例えば大規模修繕や、管理規約の変更は、3分の2以上の賛成が必要となりますが、解体や建て替えとなると、5分の4以上、実際問題はそれ以上のほとんどすべての所有者が合意しないと、話が前に進みません。しかし、それぞれの所有者が置かれた状況は様々です。高齢者が増えるマンションでは、解体や建て替え決議がそもそも起こせず、空き家だらけの状況を変えることができません。

また近年問題になりつつあるのは、相続を重ねるたびに、親族や相続人の共有権[※97]利が複雑になり、誰の持ち物かわからなくなり、合意形成が進まず、空き家の活用が進まない状況です。

なぜこういうことが起きるのかというと、登記のシステムが不十分だからです。日本の所有権は、登記[※98]システムによって対抗力[※99]を得ることができるのですが、適切に実行されていないのです。つまり世代交代のたび、相続人の登記が行われず、誰の不動産かがわからなくなるのです。良い立地だったとしても、所有者の特定が進

※96　区分所有法
壁や床で区分された独立した箇所を持つ権利を区分所有権といい、その権利について定めた法律。その建物および敷地などの共有や管理について定められている。

※97　共有権利
もともと1人が所有していた住宅も、所有者が死亡し、代替わりを重ねると、数十名の所有者が共有して土地建物を相続している場合がある。その不動産の処分や活用のためには望ましい状態ではないが、止むを得ずそうした状況になっている場合もある。

※98　不動産登記
不動産登記法に規律されるが、不動産の権利関係は法務局で管理する登記簿に登記する。しかし登記名義人が死亡しているが、不動産の相続登記がされておらず、円滑な取引ができないトラブルが発生している。

※99　対抗力
一つの不動産が、故意または錯誤により別の2名に売却された場合、どちらに所有権を

まず、また所有者の高齢化が進み、ただ空き家として残ってしまっているのです。

そうしたたくさんの原因が絡み合い、空き家が急増しています。これらを改善するために、政府や業界団体も策を打っていますが、いよいよ時間との闘いのフェーズに入っています。

さらに空き家問題は、住宅だけではなく、様々な建物に広がっていきます。都心部では小規模オフィスが空き家だらけ、郊外では商店街のシャッター通り、そして地方ではそれらに加えて、小中学校[※100]や行政庁舎、寺社[※101]までもが、空き家として拡大しているのです。

かつての人口増加型国家の仕組み

ここで、なぜ日本がこのようにバランスを欠いてしまったのか、その理由を基礎知識としておさらいしておきましょう。簡単に高度成長期の歴史を振り返ります。

そもそも日本は戦後の住宅不足が著しく、日本の住宅業界（設計事務所・不動産業者・建設会社・そして後発するハウスメーカー）は、いかに多くの人々に安価な住宅を供給していくかの、戦いでした。

不動産会社は土地を分譲し、工務店が家を量産し、建築家は最小限住宅を設計す

主張する権利があるかを考えると、不動産所有権移転登記を先にした方にあるとされる。これを「対抗力がある」という。売買契約を交わしただけでは対抗力を持たない。

※100　小中学校の空き家
少子化に伴う児童生徒数の減少などにより、学校施設が使われなくなるケースは、急増している。一方で廃校になった施設を活用する動きが増加している。平成14～29年に発生した廃校約７５００校のうち、施設が現存するもの約６５００校、学校以外に活用されているものが約４９００校ある。平成30年度文科省廃校施設等活用状況実態調査参照。

※101　寺社の空き家
平成30年度の文化庁宗教統計調査によれば、全国における寺社の総数は7万5千社にのぼる。一方で、総宗教法人数17万6千団体のうち、消滅可能性都市に拠点を構える宗教法人は6万3千団体にのぼる。つまり、２０４０年迄に約36％の寺や神社といった宗教法人が消えると予想される。日本人の宗教観の変化と、人口

る。敗戦の混乱から立ちあがり、多くの企業が様々な住宅を建てました。そして戸建て住宅を所有するのが、国民のモチベーション、またはステータスとして定着しました。

その潮流を追うように住宅不足を解消する政策のコンセプトとして、5か年計画[※102]が展開されます。先に述べた固定資産税の緩和や、不動産取得税の減免などはこのころに開発された良策だったと言えます。

その5か年計画は、住宅不足の解消という目的を終えても、続きました。近年の政策にも、住宅の取得を促す住宅ローン控除[※103]があるように、目的を果たしてもなお、その仕組みが止まらない現象が起きています。

このように業界のビジネス構造が固定してしまうと、そうした現象が起きるのです。例えば建設業特有の下請け構造（工務店からの下請け、孫請けのビジネス構造）は、全体として成立しています。また建築業界は、寡占化[※104]されないかわりに、小さな会社が運命共同体のようにひしめき合う業界なのです。それぞれの会社の役割やビジネスの組み合わせが複雑に絡み合い、変わりたくても、どれか一つだけが変わることが難しい場合があります。

またテレビＣＭや住宅展示場の広告戦略が、一般消費者のウォンツを長年、固定

減少の影響を受け、今後も地方を中心に、空き寺問題は増加すると推測される。（『消滅寺院　失われる「地方」と「宗教」』鵜飼秀徳・日経ＢＰ社・２０１５年）

※102　5か年計画
旧建設省は「住宅建設計画法」に基づき、１９６６年、第1期5か年計画を実施した。主には、公団による住宅供給や、公庫による低金利ローンの拡充などによる、住宅不足を解消する政策である。しかし住宅不足が解消されてからも数十年以上継続され、２００５年まで続いた。

※103　住宅ローン控除
正式名称「住宅借入金等特別控除」。住宅ローンを利用し、購入または建築した場合、給与収入やローン残金に応じて、税金が控除される制度。適用には諸条件あるが、広く普及し、現在でも多くの住宅購入者が利用している。

※104　寡占化されない業界
寡占化とは、市場が成熟するにつれ、少数の大企業だけで市場が支配される状態になる

してしまうこともあります。

課題の変化とビジネスチャンス

固定化し、変化に対応できない業界からは、こんな意見が聞かれるようになりました。「いよいよこれからは新築の仕事が減る。これからはリノベーションの時代だ。」これは一部正しく、一部間違えていると思います。

当然、新築の供給量は、相当なペースで減少するはずです。建築界でも、若手建築士の仕事はリノベーションが中心になっているように見受けられます。しかしそれは表面的な理解です。

私たちが取りくむべきことは、クライアントの課題を解決し、クライアントに価値を提供することであるはずです。課題があるということは、私たちが間違いなくその入り口に立っているということです。だから「空き家の急増」は、チャンスにもなり得ます。

ではその課題やその原因を明確にするために、空き家が「流通する」システムが、「不動産業」の枠組みの中でどう機能しているのか（していないのか）を見てみましょう。その流通量は、けた違いに増加する余地があり、そしてそれができれば、

ことを言う。鉄鋼業界や航空業界、金融業界がその代表例であり、多くの業界で寡占化が進む。それに対して、寡占化されない業界とは、アパレル業界や介護業界、そして建築や不動産業界もその代表例である。

空き家問題など一瞬で解決できるかもしれないのです。

テクノロジーと建築流通革命を待つ市場

世の中を大きく変えてしまったインターネットの登場は、2000年辺りを境にして、建築と不動産の住宅業界をも改革しました。ウェブに関連するビジネス[※105]が一気に拡充したのです。

それまでは、雑誌や広告を通じて得ていた、建築士や住宅メーカーの情報が、パソコンやスマホを使って、より簡単に、より多く得られるようになりました。

消費者の関心は、住宅に関わる会社だけでなく、設備（例えば、キッチンや浴室）や、建材（フローリングや壁材）についても広がり、特定の分野に限っては、一般人のほうが専門家よりも詳しくなっている場合もあります。

こうした消費者が無限にデータを収集し、比較する現代のことを、私は大比較検討時代と呼んでいます。しかし、選択肢が増えることで消費者の課題が解決する場合もあれば、さらに悩みを深くする場合もあります。大比較検討時代は、良いことだけではないのです。

※105　ウェブに関連するビジネス
まずは消費者や業者の情報収集のための新たな販路として、ゆっくり整備された。まずは各企業がホームページを整備することから始まり、次第に建築家情報サイトや、不動産情報サイトなどが整備されていく。

程度の差こそあれ、多数のウェブページは、専門家や業者のための営業の場であり、それぞれが信頼されるサイトになるために、趣向を凝らしています。選択肢や窓口が増え続けるため、一般消費者では、結局その良し悪しがわかりにくくなる時代なのかもしれません。

大比較検討時代と、情報のブラックボックス化

また例えば、消費者が住む家を探そうと思った時、それまでのようにまず不動産会社の店舗に行かずに、ウェブで物件情報を検索することから始めることが徐々に増え始めました。

それが顕著になったのは、iPhoneが誕生した08年以降ですから、意外に最近です。いまでは若者から熟年者まで、ネットで検索してから店舗に行くのが一般的になりました。

普及した理由は、単に便利だからというより、消費者の心理にはやはり「不動産業者のセールストークを聞きたくない」、または「不動産業者のペースではなく、自分のペースで探したい」という、業界特有の背景もあったのではないでしょうか。

かつては、住みたい場所の最寄りの駅前にある不動産会社に行き、そこで勧めら

インターネットで変わった情報の取得

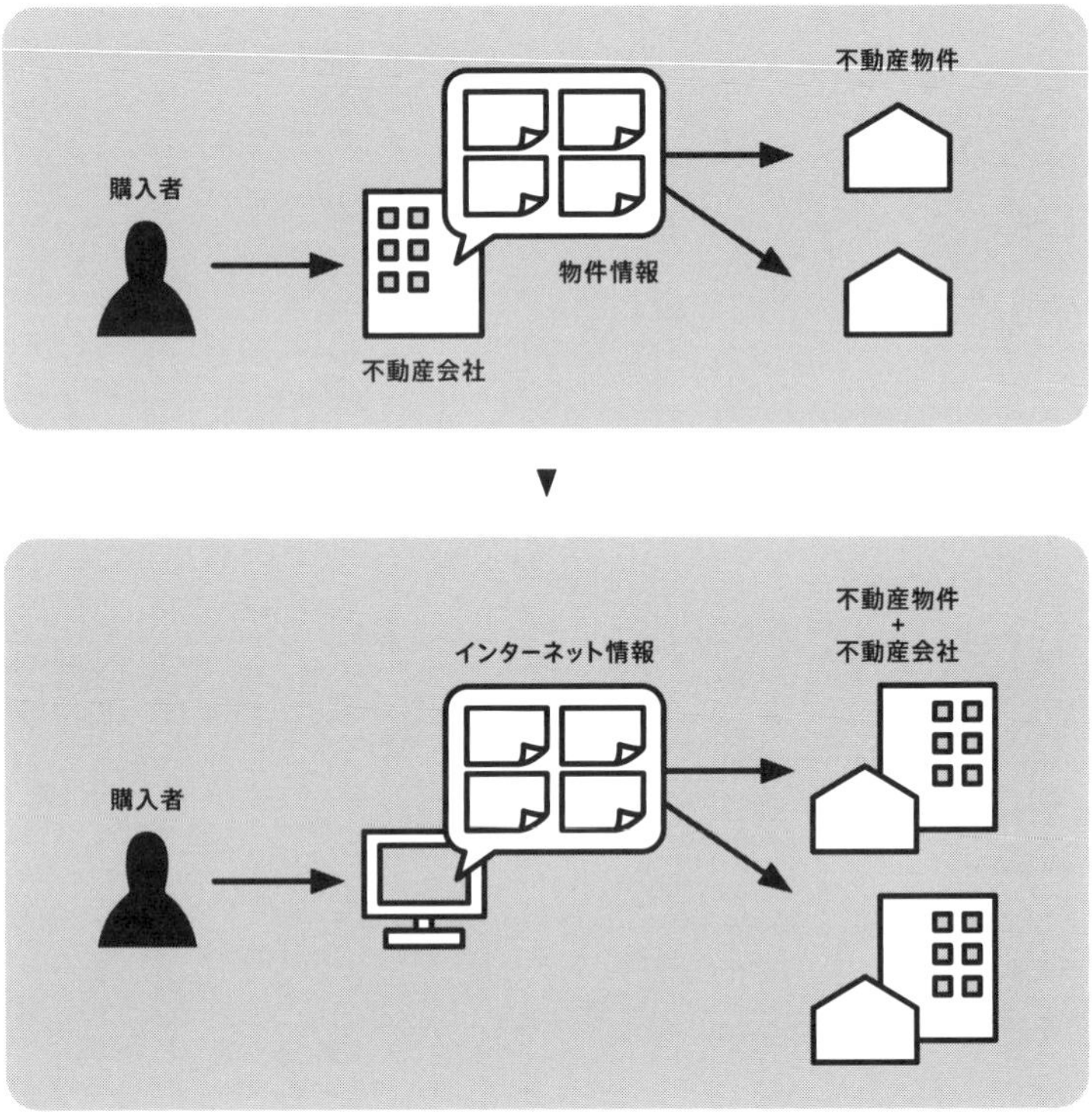

かつては上図のように、住みたい地域の最寄りの駅前の不動産会社に行き、そこで勧められる物件を気に入れば契約する、という流れでした。顧客と物件が本当にマッチしているかどうかは、不動産会社の属人的な手法によります。近年では、上図のように、ネットで不動産情報を検索するのが、あたり前になりました。

れる物件を案内され、気に入れば契約する、という流れでした。

そこでは図のように顧客と物件が本当にマッチしているかどうかは、不動産会社の属人的な手法に頼らざるをえません。不動産会社が出す情報の良し悪しや選択の幅がわかりにくく、消費者にとっては、その市場がいわばブラックボックスになってしまいます。

これは「情報の非対称性」[※106]がある状態です。それを改善するべく、不動産ポータルサイト[※107]が登場しました。その検索機能は多いに活躍し、透明性は増しています。しかしまだ不動産流通の根本的な仕組み自体は、変わっていません。

また不動産仲介業は、よく情報流通業と言い換えられます。顧客や市場が流通業界に求めるのは、もっと根本的な透明性です。透明性こそが情報の非対称性をなくし、不動産流通を促し、不動産仲介業者が活躍する場を増やすのですが、まだそうはなっていません。

そうした従来の考えからの変革には、まだまだ時間がかかるようです。では、他国と比較するとどうでしょうか。

※106 情報の非対称性
市場における各取引主体が保有する情報に差がある時の、不均等な情報構造。売り手と買い手の間で、売り手のみが専門知識と情報を持ち、買い手はそれを知らないなど、双方で情報と知識の共有ができていない状態のことを指す。

※107 不動産ポータルサイト
本章で詳しく説明と分析がされている。2章132頁参照。

日本と世界の不動産流通のちがい

まずいえることは、日本は他国に比べて、不動産流通量（ここでは売り買いされる住宅の量）が極端に少ないということです。図の通り、日本では、毎年売買される住宅（新築住宅と既存住宅[※108]）の総量が１００万戸以上ですが、そのうち新築[※109]は94万戸に対し、既存住宅は16万戸（２０１９年）と、かなり少ない状況です。

人口が日本の半分程度のフランスやイギリスでも、年間の住宅売買量は、日本と同程度（１００万戸）なのですが、新築住宅と中古住宅の比率はまったく逆です。日本と新築着工戸数が同程度のアメリカでは、何と既存住宅の流通量は日本の30倍程度と、比べものにならないほど多量です。

要するに日本は、新築が多いというよりも、既存住宅が売買されないのです。それはなぜでしょうか。不動産コンサルタントである私たちは、その現実と格闘して来ました。近年ではデザイナーだけではなく消費者も、時間を経た古いものに対する感性が増し、既存物件を望んで探される方も増えています。しかしその希望が叶えづらいのです。

私が学生のころは、日本の建物の平均寿命が短い理由は、建物の多くが木造だか

※108　既存住宅
中古住宅と呼ばれることも多いが、本書では「既存住宅」という名称で統一している。

※109　新築戸数
新築約94万戸。２０１８年国土交通省発表 新設住宅着工戸数参照。

既存住宅流通シェアの国際比較

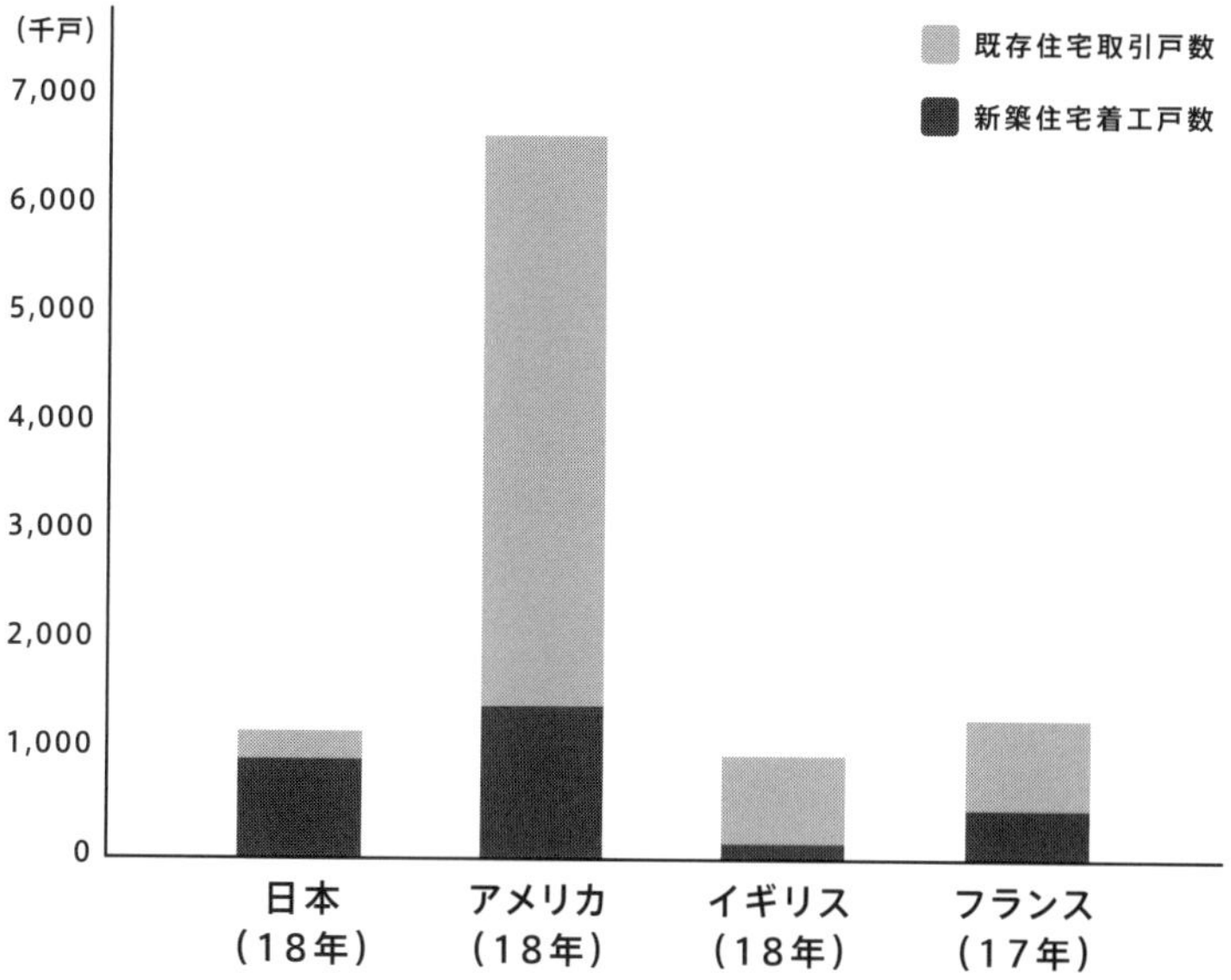

日本とアメリカを比較すると、住宅の流通量(つまり不動産が売買されている年間量)の圧倒的な差に驚かされます。また日本と、イギリスとフランスを比較しても、人口が半分程度の2国に対して、既存住宅が売買されている量の少なさが目立ちます。また日本で売買される住宅のほとんどが新築住宅であることは、P111で説明した「ストックが増加するメカニズム」に直結しています。

国土交通省　既存住宅流通シェアの国際比較
https://www.mlit.go.jp/common/001156033.pdf

らだと学びました。また欧米の建物寿命が長いのは、石造のためで、つまり構造材の強度が異なるためである、と説明を受けました。また日本は地震が多いから、と聞いたこともあります。

しかし不動産流通の現場を観察すると、それらはまったくの誤解であることがわかります。構造形式は建物寿命にそれほど関係がありません。本当の理由は、日本には既存住宅流通の仕組みや法整備が不完全で、「流通不全」を起こしているからです。そうして既存住宅の価値を伝えられず、仕方なく壊すしかない状態が現在も続いているのです。

建築士が不動産流通をアップグレードするチャンス

すなわち、日本では普通の中古住宅が買いづらく、売りづらいのです。

不動産仲介会社に勤務する人なら眉をひそめるかもしれませんが、その理由は大きく三つあります。不動産仲介の現場では、建築物としての住宅の良し悪しや不具合[※110]がわかりづらいから、またその不具合の改修の方法[※111]がはっきりしないから、そして住宅ローン[※112]が通りづらいからです。

これらは不動産仲介会社から見ると、結構なハードルです。ましてや、昨今話題

※110　建築物の良し悪しや不具合
建築士やホームインスペクター（住宅診断士）であれば、その専門的知識や経験により、用途や構造、面積や性能について、分析し説明できる。しかし不動産仲介の専門家でそれができる人材は、数少ない。

※111　改修の方法
やはり建築設計や施工現場での知識や実務経験が必要になる。旧来の不動産仲介市場では新築住宅を販売する人材が多く、今度はそうした建物の知識を有する人材が市場に求められる。

※112　ローンが通りづらい
２０００年以降、住宅ローンにおいても、建築基準法の遵法性が求められるようになる。しかし既存住宅の多くが、検査済証の未取得であるため、申請時より床面積が違法に増加している建物などは、買い手による住宅ローンが使えず、売主も売却できない。

※113　古民家
築後50年以上を経た、伝統的建造物の住宅をいう。昭和25

に上がる古民家[※113]などもっての他というのが、不動産仲介人が持つ普通の感覚ではないでしょうか。

不動産仲介の資格者である宅地建物取引士[※114]でも、築年数を経過し、正確な情報がわかりにくい既存住宅を流通させた結果、瑕疵[※115]が発見された、という例もあります。このように、買主や売主のトラブルの元になるのであれば、壊して新築したほうが良いと思う人も多いでしょう。

しかしここに、構造的な課題があると思います。

さきほど情報の非対称性について触れましたが、不動産仲介業界は、かつての中古車流通業界のように、情報の非対称性があり、ブラックボックスだと言われます。私は長年その現場で働いてきましたが、確かにその通りであり、その改善に努め続けてきました。いま問題になっているポイントは、先ほどの三つの売買しづらい理由がある「古い既存建物」の不透明性です。顧客にとっても、不動産業者にとっても、年数を経た建築物とは、やはり不可解なものなのです。

現状を踏まえて、先ほどの空き家急増や、既存住宅流通の話と関連させて考えてみたくなります。そうした空き家ストックを活用または流通させるための、不動産業界の仕組みをアップグレードさせるチャンスが浮かび上がってくるはずです。こ

年の建築基準法制定時にすでに建てられていた「伝統的建造物の住宅」に合致しているもの。古民家というキーワードで、市場価値が高まっているが、※110〜112の課題を内包している。

※114　宅地建物取引士
不動産取引に関わる国家資格。こうした不動産売買に関わる仲介業務（売買契約・重要事項説明）は、宅地建物取引士が行わなければならない。

※115　瑕疵（かし）
傷や欠陥のこと。売主が買主に追う瑕疵の責任が、2020年4月の民法改正で大きく変わる。これまでは「隠れた」瑕疵のみについて損害賠償と契約解除が責任として請求できた。今後は一部破損しているが、完全な製品として販売すると「契約不適合責任」に問われる。損害賠償と契約解除の他に、補修請求と代金減額請求が可能になる。売主責任がこれまで以上に問われることになる。

の改革は、これから始まると言って良いと思います。

建築界のみなさんも、ぜひそれは知っておいてください。なぜなら、ここには建築士がイノベーションを起こし得る可能性があるからです。冷静に考えると、不透明なのは、「不動産」ではなく「建築（古い既存建物）」ではないでしょうか。そして、そのために必要な人材は、建築士なのです。

既存住宅流通の課題や原因を考えるプロセスの途中に、チャンスが見え隠れしています。ここは焦らず、引き続き現行の業界構造の分析を進めましょう。

時代の変化とレインズシステム

不動産会社が閲覧できる基幹システムが、不動産流通機構が運営する「レインズ」[※116]です。

宅地建物取引業法や規約に基づき、売却の依頼を受けた不動産業者が、その物件情報を入力し、購入の依頼を受けた不動産会社がそこから検索する、というシンプルなプラットフォームです。不動産会社はインターネットで、現在販売されている全国の不動産物件を検索することができ、土地や建物の売買を、より迅速かつ円滑に行うことができます。

※116　レインズ　REINS ＝ Real Estate Information Network System の略。不動産情報の標準化・共有化を目的として、１９９０年に構築された、不動産会社が閲覧できる全国の物件データベース。全国の不動産会社が加入する公益法人より運営されている。

※117　不動産仲介会社　２０１６年で不動産業の事業所数は約35万であり、規模にかかわらず多数の企業がひしめきあう業界。そのうち売買仲介や賃貸仲介を専門的に扱う事業所の数は、約5万。総務省「平成28年経済センサス」参照。

不動産を仲介する会社[※117]は、日々このサイトで売却や賃貸の物件情報を収集しています。そこからダウンロードできる物件情報[※118]を顧客に提供し、現地を案内する基本形が定着していますので、日常業務でかなり重要なツールです。これが不動産流通市場の輪郭を形成しています。

そうしたサイトが無かった時代には、物件情報を人力で不動産仲介会社間を紙で配送していた業者がありました。アナログな方法ですが、そういう働きがあって初めて、不動産業者間で情報を流通させることができたのです。人力で紙情報の配送からファックス、ファックスからインターネットへと大きく変化しました。

レインズ[※119]がインターネットになったのが1990年頃です。こうして不動産情報はかなり活発に流通するようになり、不動産流通市場は完成したかに見えましたが、まだまだ多くの課題が残りました。

レインズは広く全国の不動産会社に、フラットに情報を行き渡らせることで、業者と一般顧客の情報格差をなくすことを目的としていました。しかし物件情報を登録するのは不動産仲介会社の社員です。それでは個人差が生じてしまい、情報の非対称性はなかなか解消されません。

どういうことかというと、本来は消費者が掲載[※120]して欲しい情報がその会社の意向

※118　物件情報
不動産仲介会社が、不動産の貸主や売主から依頼を受け、彼らが所有する不動産物件を流通市場に流通させるため、レインズに掲載登録をする。

※119　レインズのインターネット化
レインズのインターフェースが現在のものに近い形態になったのは、1999年である。その後、何度かバージョンアップが繰り返され、現在の形になっている。

※120　掲載情報
売主が不動産業者に仲介を依頼した場合、法的に業者は売却情報をレインズに掲載しなければならない。しかし買手と売手の両方から仲介手数料を得たいがために、違法とわかっていながら情報を公開しない業者が横行していた。

で掲載されず、業者間の取引競争を反映するかのように、レインズが不適切に使われていた時代がありました。

現在では、不動産業界全体がこれを正していこうという動きが進む一方、地方では、それほど積極的にレインズシステムが活用されていない状況も、改善されていません。

特に人口数千人から数万人という地方では、土地価格が低下し、不動産を仲介した時の報酬[※121]（仲介手数料）が極端に低額になり、地方の不動産業者にとって積極的に不動産を流通させても意味がない、という現代的[※122]な課題があるのです。

二つの業界のコラボレーションと、イノベーション

この運用面の課題に対して、幾度かレインズを一般に公開すれば良いのではないか、という議論が持ち上がりました。レインズはあくまで不動産業者しか閲覧できないサイトなのですが、これを一般公開し、消費者が閲覧できるようにすれば、透明性は高まり、もっと流通するのではないかという意見です。

しかし現時点では、公開には到っていません。多くの不動産業者からすると、一定の難易度がある不動産仲介業務を、一般の方に公開取引にするのは無理がある、

※121　仲介手数料
土地や建物を仲介した時の、宅建業法で定められた不動産会社の手数料の上限。不動産物件価格の3％（＋α）のように、物件価格に比例している。そのため物件価格が安価な地方では、仲介会社の報酬は小さくなる。

※122　地方物件のレインズ掲載
地方の人口規模にもよるが、例えば人口数万人以下の市町村で、不動産物件がレインズに掲載されることは少ない。情報を広げるというよりも、仲介会社が買主、売主両者からの手数料を期待するため、違法に不動産売買情報を囲い込んでしまう（これを両手スキームという）。これは都心部でも起きていた現象ではあるが、手数料の小ささから地方が顕著である。結果、空き物件が多いはずの地方での不動産探しは容易ではない。

という専門家的意見があります。また心理的には、不動産仲介業者の仕事がなくなってしまう抵抗感もあるでしょう。やはり誰しも変化を嫌います。

他国を見ると、アメリカにはＭＬＳ※123という会員制の仕組みがあります。一般消費者も閲覧可能で、日本の不動産流通システムよりも進んでいると言えるでしょう。

ここで私が考えるテーマは二つあります。

一つは先ほど触れた、不動産流通の課題といいつつも、結局は建物の課題であることです。既存住宅以外にも、古いビルやシャッター商店も含めて、既存建物が、新築取引型の不動産業界の知識構造では、情報公開がしづらく、流通しないのです。

これを打破するには、建※124築業界と不動産業界が連携して、情報を流通させるという目標を共有し、構造的な改革を起こすべきです。

そしてもう一つ、こうした情報化社会における市場の変化の濁流の中で、素早く価値観を刷新できるのは、やはり民間企業が起こすイノベーションではないか、ということです。

もちろん、不動産流通のシステム全体を形づくるのは、不動産流通機構が運営する「レインズ」だけではありません。民間企業がつくる、実に様々な不動産物件紹介サイトがあります。本書ではこれらを総称して、不動産ポータルサイトと呼びます。

※123　ＭＬＳ：Multiple Listing Service
地域の不動産業者が会員となり、物件情報システムによる地域の不動産情報共有を中心とした様々なサービスを提供する有料会員制組織。米国全土に７７０の組織があるといわれている。不動産業者でなくても閲覧が可能で、情報量が多量で、透明性が高い。

※124　建築業界と不動産業界の連携
建築と不動産のあいだには壁がある。創造系不動産はこの壁を取り払い、顧客利益を追求するために活動しているが、業団体での教育活動を通じて、二つの行団体間の各部分の提携が、現実的な近道であると考えている。

不動産ポータルサイトの実状

不動産や住宅を買いたい／借りたい人と、売りたい／貸したい人を結びつけるのが、不動産仲介業なのですが、時代の変化とともに、その重心が、不動産ポータルサイトに移ってきています。

一般消費者にとっては、物件探しにポータルサイトが必須のツールになりました。代表的な大手ポータルサイトは、スーモ[※125]（SUUMO）、ライフルホームズ[※126]、アットホーム[※127]です。この分野は不動産業界でも、加速度的に売上を伸ばし、市場拡大[※128]しています。ここでもインターネットビジネスの存在感が増しているのです。

大手ポータルサイトは、売却または賃貸を依頼された、供給側の不動産会社から、「物件情報の掲載料」を得るビジネスモデルです。ポータルサイトの直接的な顧客は、不動産仲介会社なのです。そのため、情報流通の透明性というより、不動産会社の「集客」のための場所という側面も当然あり、その掲載のルールや情報量については、まだまだ改善の余地は大きいです。

しかしこのポータルサイト業界は、多種多様で混沌としたフェーズに突入しています。それらの競合として、不動産会社により運営される、よりニッチなターゲッ

※125　スーモ（SUUMO）
株式会社リクルートホールディングスが２０１０年から本格的に運営する不動産情報サイト。取り扱い件数は６１６万件（２０１９年現在）。不動産情報サイトのトップシェア。

※126　ライフルホームズ
ホームズからサイト名が変更したが、ホームズとして親しまれている。掲載件数４９２万件（２０１９年現在）。地方物件に強い。売買物件、賃貸物件、他、様々な情報を扱っており、コラムや不動産データベースも充実している。

※127　アットホーム
もともと不動産情報を紙媒体で業者間に流通させていた老舗。店舗、事務所物件に強い。取り扱い件数１７５万件（２０１９年現在）と業界3位であるが、先行優位性から、アットホームしか使わない不動産会社も多いと言われる。

※128　市場拡大
著者による調査によると、いわゆる宅建業（不動産業）よ

トに向けた「物件紹介サイト」から、コンセプトが特徴的な「不動産メディア」などを含めると、いま現在でも数百のサイトが確認できます。

こうした不動産紹介サイトの中でも、建築デザイン系の人々に知名度が高いのは、東京R不動産[※129]やアールストア[※130]です。

彼らは、もともと不動産が「面積」や「駅からの徒歩分数」「築年数」といった、画一的で定量的な評価軸しかなかった不動産に、デザインや物件の個性といった、定性的な評価軸を新しく示したという点で、画期的でした。

デザインを流通市場に加えることに成功したことは、非常に意味があります。というのも、掲載される不動産物件の、形やプランニングや設備といった狭義のデザインだけでなく、ライフスタイルや価値観を含む、広義のデザインも含むからです。

不動産紹介サイトには、他にも、ある職種に集中してサービス提供するものや、ハイグレード路線[※131]のもの、逆に低額帯を集めたもの、シェアハウス[※132]や地方[※133]の物件に特化したものなど、多様な不動産サイトが生まれています。

こうした企業の取り組みによって、従来の不動産の価値観を一掃し、住むことについての多様な選択肢が示されました。

しかし、消費者にとって有益な建築的な情報を、流通市場に提供するという点で

りも、この不動産ポータルサイト、いわば宅建業の周辺のチャネルビジネス（マッチングビジネス）のほうが、市場規模の拡大のスピードが格段に速い。

※129　R不動産
馬場正尊氏、林厚見氏、吉里裕也氏らにより、2004年運営開始。これまでの画一的な不動産情報の見え方を大きく変え、デザイン性や個性などを前面に出す、一種のメディアとして登場する。建築やデザイン×不動産賃貸仲介で台頭する。

※130　アールストア
浅井佳氏により2009年に創業された、ウェブデザイン系不動産仲介会社。リノベーション、デザイナーズ、改造OK、などの賃貸物件を扱う。浅井氏は「BOOK AND BED」という、泊まれる本屋というコンセプトの宿泊施設運営も手掛ける。

※131　高級不動産路線では、「モダンスタンダード」がインターネット不動産仲介業界で力を伸ばし、従来型の高額

は、まだまだ原理的な課題は残っています。冒頭で述べた空き家問題を改善していくためには、そうした建築的な情報が必要なのですが、それは不動産業界内だけで考えるには、限界が来ています。

中古住宅が流通しない建築側の理由

ここまでは、空き家問題を生み出している、不動産側の構造的な課題を見てきました。レインズシステムや不動産ポータルサイトが、時代とともに不動産業界の透明性を高めてきました。しかしながら、まだまだ改善の余地があるはずです。強いて言うと、[※134]不動産仲介の人間がそこに介在していることが、その変革を遅らせている、という見方ができるかもしれません。

つぎに不動産側ではなく、建築設計や建築をつくる側、そして建築を管理する側にも、その流通を妨げている大きな二つの要因があります。

一つは、建物情報がきちんとデータベース化されていないことです。例えば住宅を購入しようと思い、ポータルサイトで検索してみると、土地面積や、建物の築年数や広さなどの情報が掲載されています。しかしこれは、建築ではなく不動産側の情報である「[※135]不動産登記簿謄本」に記載されている情報が参照されていることが多

特化型の大手仲介業者に追い迫っている。２００９年に松田啓介氏により創業。２０１９年、GAテクノロジーズのグループ会社化を発表。不動産ソリューション事業への進化を目指す。

※132　シェアハウスに特化したポータルサイトも多数あるが、「ひつじ不動産」が知名度や掲載数が業界トップ。シェアハウスの総合メディアとして、２００５年に北川大祐氏が立ち上げた。シェアハウスに対する深い知見を有している。

※133　地方の物件に特化するサイトは、小規模なものも含めると膨大にある。不動産仲介業はそもそもエリア特化の地域特化型ビジネスであるからだが、その中でも田舎のくらしと、自然や移住をテーマにしたサイトが急増している。後述する行政が運営する空き家バンクなどもその一種と言える。

※134　優秀な不動産仲介人とは、顧客のニーズを引き出し、的確な不動産などの情報提供

いのです。

さらに建物の細かな情報を収集しようとすると、所有者が保管している図面や、確認申請関係書類を探しますが、数十年以上を経ると、紛失するか破棄されていて、もう残されていないことが多々あります。

行政の建築窓口で、建物の建築概要書[※136]を調査することも可能ですが、登記簿謄本とは違い、インターネットなどでは取得できず、手間がかかります。さらに昭和50年代以前の古いものは、行政内にも保管されていない場合が多いです。

また不動産側の登記簿謄本のデータと、建築側の建築概要書のデータは、一致していないことがほとんどです。行政内での情報管理という面でも、建築と不動産のあいだには壁があるのです。

しかし逆転の発想で考えてみると、建築側が、そうした「将来流通させるための建築データベース」を最初につくっておけば、その建築の価値が増大するのではないでしょうか。

図面や竣工写真、面積や竣工年といったものだけでなく、建築物の特徴や性能、地盤や構造体の情報、温熱性能や劣化度合いや、竣工後の修繕履歴などがデータベース化されていれば、購入する側からも売却する側からも、非常に透明度が高い情

を行い、合わせて人間的な魅力な有し、顧客から信頼を寄せる人材である。こうした仲介人も多いが、これらは個人の属人的技能に依拠しており、全体でみると情報格差が業界の不透明感を生み、消費者全般からの信頼を得られていない。

※135　不動産登記簿謄本
法務局に備え付けられている、土地、建物ごとに不動産の所有権や抵当権などの権利情報などが記載された書類。手数料を支払い、誰でも閲覧が可能。インターネットでも登記情報は取得できる。不動産実務では日常的に利用する書類。

※136　建築計画概要書
行政庁の建築指導課などの窓口で入手できる、確認申請当時の書類。当時の設計事務所により作成されており、確認申請の基本的な内容から、確認済証や完了済証の取得の有無なども知ることができる。どちらかというと不動産というより建築分野の情報である。

報といえるでしょう。

そういった建物情報[※137]をクラウド管理し、所有者が常に見ることができるようなサービスも始まっています。また大規模物件はすべてＢＩＭ[※138]により情報を集積し、竣工後も不動産管理[※139]データとして活用できるようになり始めています。

もしかしたら、そうした竣工後の運用は、不動産業界の仕事なのではないか、と言う建築士もいるのではないでしょうか。確かにいままではそうでした。しかしこれから間違いなく高度化していくこの建物情報管理の分野を、不動産業界に預けてしまって良いのでしょうか。

ましてや、クライアントが自ら使用する住宅や小規模オフィスの場合、そのような枠組みを、的確に提供できるのは不動産仲介業者なのでしょうか。私は建築士にとって、チャンスだと思います。

もちろん建築でも不動産でも、その他の分野でも構いません。もっと建築のストック社会に合わせて、その仕組みを根本的に構築するチャンスです。

日本の違法建築の多さ

そしてもう一つ、それ以上に建物が流通しない建築側の原因があります。

※137　建物情報のクラウド管理
日本の賃貸管理業の商慣習である非公開主義のため、大幅には進んでいない。創造系不動産でも、２０１１年の創業時から、収益物件などで希望する顧客には、通常の賃貸管理ソフトではなく、顧客に公開されるクラウド管理を行い、修繕履歴なども常に更新している。年を経て情報の蓄積が進むごとに、その有用性と情報の価値は増している。

※138　ＢＩＭ (Building Information Modeling)
建物物の３次元情報はもちろん、工程や部材の数量など、建築図面以外の情報を様々な部署での情報の共有化が図れ、工期の短縮やコスト管理への効果が期待される。

※139　不動産管理データのＩＯＴ化
ＰＭ・ＣＭ会社の「山下ＰＭＣ」(代表・川原秀仁氏)は、すべての建築データをＩＯＴ化していくことで、不動産管理の運営マネジメントの基幹システム化を構想している。『プラットフォームビジネスの最

実は、日本の建物のほとんどは、何かしらの法律違反を抱えています。もっとも多い違反は、手続きの違反であり、かなりの数の建物が、施工後の「完了検査」を受けていません。完了検査を受けた建物に交付される検査済証[※140]が無ければ、本当は建物を使えないことになっています。しかし国交省の資料によると1998年の完[※141]了検査率はわずか38％です。

大規模な建物[※142]（分譲マンションやオフィスビル）などは古いものでも取得しているケースが多いのですが、木造の住宅などは、当時は大手住宅メーカーによる分譲住宅でも、取得していないケースを相当数確認しました。

そして検査済証がない建築物の多くは、実際に確認申請の内容と異なる施工をしているのが実情です。例えば面積が広かったり、階数が増えていたり、また構造が違っていたりする場合があります。

すると、これを売ったり買ったり、まさに流通する瞬間に不具合が起きます。完了済証が無い。そして登記簿謄本の面積が、当時の確認済証の面積をオーバーしている。このような違法建築には、原則的に金融機関が融資できないのです。たとえ融資を受けず購入しても、違法建築の上に、さらなる建築確認申請を要するようなリノベーションを加えると、難易度が一気にあがります。そうしたコンプライアン

強法則』（川原秀仁著・光文社・2019年）

※140　検査済証
指定確認審査機関が発行する、建築工事の完了検査が終了したことを証明する適合証。建築基準法第7条参照。

※141　完了検査取得率
2000年代から急速に、不動産に融資する金融機関の遵法性が高まり、完了済証の取得がなければ融資が受けられなくなり、取得率が高まった。これらの分析については、『事例と図でわかる　建物改修・活用のための建築法規』（佐久間悠著・学芸出版社・2018年）に詳しい。違法建築を適法化する手法が紹介されており、非常に現代的な課題に向けたアプローチである。

※142　大規模な建物
著者が2011年に実施した検査済証取得調査によると、延床面積1000㎡を超える建物でも、平成初期までの建物は完了検査を取得していないことが多く、また竣工後の増改築時の、確認申請と完了検査の手続きを受けていない

スの課題を抱えた不動産は、流通しないのです。

２０００年以降に初めて、不動産証券化※143の影響により、金融機関が建築士に求める遵法性が急速に高まる流れが起きました。

現在ではほとんどの建築物が検査済証を取得していますが、２０００年前後の建物ですら、不動産としての流通性が著しく低下しています。これは当時の建築業界の責任であり、いま私たち建築士が責任をもって解決しなければならないと思っています。

これらが、住宅建築に関わる業界が置かれた「特殊な経営環境」です。本章の後半では、いよいよ今後の建築不動産業界は、どのような変化を起こすのかを、考察していきます。

流通革命の動き

ひろく流通の分野で見ると、宅配、書籍、音楽、中古車など様々な業界で、流通のあり方が様変わりしました。テクノロジーが新しい価値を提供する市場が生まれたのです。

不動産流通業界でも、流通を妨げる課題が明確になりつつあるいま、少しずつで

ことが多い（東京都心部３か所程度でエリアを定め、木造、鉄骨造、ＲＣ造を織り交ぜ、１００棟程度の建物で調査）。

※143　不動産証券化
２０００年の法改正による。投資規模を小口化し、新しい投資機会をつくることで、不動産市場への資金流入を促し、不動産市場の活性化を図る。これにより、不動産投資信託が可能になり、不動産の投資家、所有者、経営者が分かれることになる。

すが改革が起きようとしています。

例えばオフィス分野でいうと、アメリカで一定の成功をおさめ、驚異的と言える稼働率を誇るシェアオフィス事業を展開する「WE WORK」[※144]は、日本に上陸し、定着を試みようとしています。これはいままでのシェアオフィスとは、明確に異なるアプローチを見せました。

WE WORKの顧客提供価値[※145]は、これまでの不動産流通業の概念にはない、「コミュニティ」そのものであり、そのメンバーシップの「交流」でした。コミュニティリードと呼ばれるスタッフが、メンバー同士のつなぎ役となり、その専門性のマッチングを行います。またメンバー専用のSNSがあり、そこでも情報収集や発信を行うことができます。

そして様々な国や地域にサービス展開しているので、国を移動して仕事をする人なら、世界中どこでも同じサービスが受けられます。従来のオフィスの提供価値は、あくまでもその空間利用や費用の低減という、ハード寄りの話でした。しかしテクノロジーの変化が加速する時代には、むしろソフトに新しい価値が見出されます。

従来のオフィス賃貸借契約のように、不動産仲介業者による契約書や重要事項説明書を整えるような煩雑な手続きはなく、利用者はクレジットカード1枚で簡単に

※144　WE WORK　2010年、米国で創業し、急成長したシェアオフィス大手。フリーランスから企業まで幅広いワークスペースを提供する。2018年、ソフトバンクグループが出資し、日本に進出する。2019年10月現在、米国での上場計画から一転、資金枯渇のため、追加出資が予定されている。新規ビジネスの定着に格闘中。

※145　顧客提供価値　※36、1章67頁参照。

利用登録や解約の手続きができます。彼らの日本でのチャレンジは成功するのでしょうか。

そして賃貸住宅の世界でも、「ＯＹＯ ＬＩＦＥ」[※146]というサービスが開始しました。「旅するように暮らそう」というコンセプトのもとに、従来の賃貸借契約の煩雑さを無くし、スマホで簡単に決済できます。また敷金や礼金、仲介手数料といった、借主側の負担金を求める商慣習を、いっさい無くしました。

不動産業者に会うこともなく、次の拠点に移動ができます。気が重い引っ越しというイベントを、気楽な拠点間の移動に変えようとしています。

これまでも、マンスリーやウィークリーマンションと呼ばれる、出張などに対応するための、短期的な住宅サービスはありました。しかしホテルを超えるこの手続きの簡素化は、これまでの宅建業者にはない発想です。

宅建業者であれば、むしろ契約や重要事項説明のきめ細やかさや正確さを重視し、オーナーのリスクマネジメントのために保証会社の加入が当たり前になり、トラブル回避のために契約書の枚数は増え、手続きは煩雑になる一方でした。彼らの発想は、その真逆です。

ＯＹＯ ＬＩＦＥは、そうした世界観を確たるものにするため、オーナーから部

※146　ＯＹＯ
インド発のホテル事業者「OYO Hotels & Homes」。２０１３年の創業からたった6年間で、扱う客室は世界で１２０万室となる。ビッグデータとＡＩを駆使して、自動価格調整を行っている。日本ではソフトバンクグループと「OYO Hotels Japan合同会社」を設立。２０１９年に同社は賃貸住宅事業「OYO LIFE」を開始した。従来型の賃貸借契約や重要事項説明を行わない、簡便なサービスを提供することを目指したが、新事業として定着するところまで至らず、２０２１年、不動産賃貸事業から撤退した。

屋を借り上げ、転貸する方法をとっています。この提供価値とは、移動の身軽さや気軽さのさらに内側にある、移動欲求をつくろうとしていることだと思います。

空き家バンクの弱点

このように、従来型とは異なる不動産流通が徐々に始まっていますが、これらは主に、都心部での変化です。しかし建築や不動産の流通の課題は、地方や田舎にも多く存在します。

日本では2000年代初頭から「空き家バンク」という仕組みが、各地方自治体で始まりました。地方の自治体（市町村）が、空き家や古民家の所有者からその情報を収集し、その地域への移住者や引っ越しを希望する人たちに情報を提供し、マッチングを行う仕組みです。

全国で763自治体（2017年時点）がこのシステムを導入しています。不動産流通が少ない地域で、また民間の不動産仲介会社が減少し、築年数が古い既存住宅の仲介に積極的ではない地方での、補助的な取り組みとして、全国に広まりました。しかし、いくつか致命的な弱点もあります。

空き家バンクシステムには、ある一定の決まった形式はあります。各自治体がそ

空き家バンクシステムの一般例

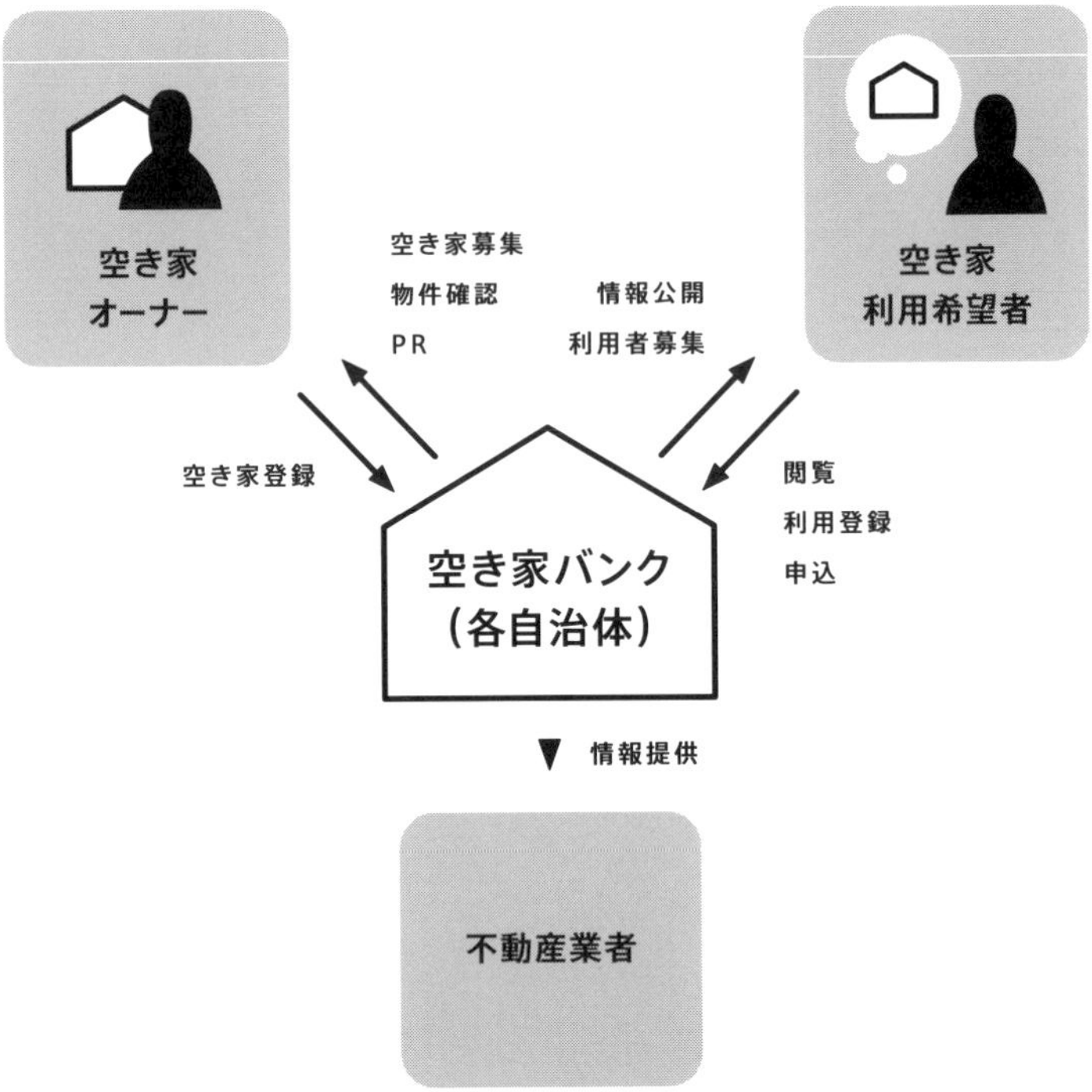

各自治体ごとに整備されている「空き家バンク」システムの典型例。Googleで「空き家バンク」を「画像検索」してみると、タッチが異なれど、これに相似する多数の図がヒットします。つまり自治体ごとに空き家バンクが取り組まれていますが、その構造は酷似しています。これからの空き家バンクは、地域資源を評価できる不動産業者の発掘と育成がテーマのひとつ。また不動産だけでなく、建築士や施工会社が参加できるようなプラットフォームを目指すべきです。

れを基に試行錯誤して取り組んでいるのですが、ユーザーから見た時、まだそれほど自治体間の横の連携がありません。例えばA県B市の空き家バンクサイトを見ている人は、その隣町のC市の空き家バンクに簡単に検索できません。自治体ごとに取り組んでいて、それぞれがばらばらな印象です。

もう一つの弱点は、そのチームワークにあります。

空き家バンクのサイトは自治体が運営しており、自治体がマッチングを行います。そしてその後の不動産の契約は、提携している地域の不動産会社や業界団体が行います。しかしその連携がうまくいっていないことが多いのです。

そしてやはり、地方にも「建築と不動産のあいだの壁」があります。この空き家バンクシステムの中に建築士が介在していません。古い木造家屋の状態がよくわかるのは、不動産会社ではなく建築士ではないでしょうか。

空き家バンクを全国規模で補完する構想

おそらく「空き家バンク」という名称がとても魅力的だったからか、弱点がそのままに、この形式が一気に全国に広まりました。ここに建築の視点が加わり、各自治体の空き家バンクシステムが改良されていくのは、これからです。

さらにもう一段階、空き家バンクのアップグレードが可能です。現在、各自治体の空き家バンク情報を集約する、[※147]ポータルサイトが生まれています。

これは自治体ごとに縦割り化している空き家に関する情報をつなぎ、地方へと移住を考えている人々にとって、もっと使いやすい仕組みづくりをしようという動きです。この展開に際して、ここまで俯瞰してきた既存住宅流通の根本的な課題と向き合い、建築的な知見を加えることができるチームワークづくりに置きなおしていくのが良いと、私は考えています。

また、地方の空き家をもっと活用しようとする、国、自治体、企業のつなぎ役として活動するのが、[※148]一般社団法人全国空き家バンク推進機構（ＺＡＢ）です。空き家や空きビル活用についてのノウハウの共有、新規ビジネスやプロジェクト組成、調査研究などを通じて、地方創生、公民連携を推進しています。

地方の空き家は大量で、すでに地方自治体によっては、住宅の数割以上が空き家になってしまっています。それらの住宅のほとんどが、2章の前半で見た[※149]「その他空き家」です。例えば所有者が他界してしまい、子供がとりあえずそのままにしていたり、先祖の仏壇があるため人に貸せなかったり、そもそも貸す気も売る気もないという、流通しづらい住宅が多いのです。

※147　全国版空き家・空き地バンクのポータルサイト　株式会社ライフルによる「ライフルホームズ空き家バンク」、アットホームによる「全国版空き家・空き地バンク」が運営されている。地域活性化のための国のモデル事業として位置付けられ、2017年に国土交通省が公募し、2社が選定され、試行運用を開始。

※148　一般社団法人全国空き家バンク推進機構（ＺＡＢ）　2018年から本格的に事業開始。事務局は自治体職員などにより構成されている。理事長は樋渡啓祐氏（元佐賀県武雄市長）。2019年現在、大分県別府市、沖縄県今帰仁村、秋田県北秋田市、佐賀県武雄市、鹿児島県南九州市、三重県、高知県、大阪府大東市及び大東市議会と連携。創造系不動産も、自治体向けＺＡＢセミナー講師などで協力する。

※149　その他空き家　※94、2章114頁参照。

例えば、人口が3万人の比較的小さな自治体であれば、住宅世帯は1万世帯程度だと思います。数割が余っているということは、2千〜3千戸の空き家があるという状況なのですが、そのほとんどが、ポータルサイトや空き家バンクには登録されていません。また登録されたとしても、なかなか流通しないのです。

しかしこうした、空き家バンクを補完する活動が連なれば、けた違いの地方の不動産流通が起こる可能性があるのです。この成功の鍵は、まだ明らかになっていません。国、自治体、企業、研究機関による試行錯誤が始まろうとしています。

建築家の住宅流通を促進する

不動産ポータルサイトや、個性的な物件紹介サイト、空き家バンクなどが、新しい顧客セグメント※150を発見、開拓し、不動産だけではなく、様々な情報を届けることには、まだまだ大きな可能性があると思います。そしてここには、建築業界や私たちも考えるべき余地があります。

世界的に見ても、建築家が設計した住宅が多く存在する日本において、その建築家住宅が十分に流通していない、という声がよく聞かれます。

建築家が時間をかけて創作した住宅が、不動産流通市場に上げられたとき、一般

※150 顧客セグメント
顧客をその属性や特徴で大きく分類すること。例えば男女、年齢、職業、信条、趣向などによる。

的な建売住宅と同じ中古の上物（うわもの）として扱われ、その建築としての価値や情報が、十分に表現されていません。

建築家住宅を本当に求める人々に、正しくマッチングが行われておらず、そのため残念ながら、価値のバトンは渡されていません。そのため建築家の住宅も一般の住宅と同じように、短命で人知れず解体されていってしまいます。

これもやはり、不動産の流通という商慣習で捉えてしまっているから起こることだと思います。これは不動産というよりも、やはり建築の価値の流通ですから、建築側から新しい仕組みを創っていくべきだと思います。

全国版の空き家バンクの構想や、建築家住宅流通の実現可能性を、私たちも全力で後押しするため、いままさに格闘しているところです。

不動産テックの動向

先ほど、レインズのような不動産業者向けのデータベースを紹介しましたが、こうした公益性が高い情報を一般公開できれば、不動産市場は本当に活性化するのでしょうか。アメリカの事例を見てみましょう。

先ほど述べたＭ[※151]ＬＳだけでなく、急成長する民間企業のZillow（ジロー）はアメ

※151　ＭＬＳ
※123、2章131頁参照。

リカ国内での中古住宅の売買における最大の「不動産検索サイト」です。Zillow の最大の特徴はＭＬＳのビッグデータを活用した、統計による自動価格推定です。関連企業の買収を続け、成長拡大しています。

その後に突出した成長を見せる「デジタル仲介会社」に、Redfin（レッドフィン）があります。ＩＴ技術者たちが設立した、Zillow のような不動産検索サイトでありながら、優秀な不動産仲介人を保有し、その仲介手数料が収入源となっています。特にここ数年で台頭した、新しい企業です。

同様に、Compass（コンパス）も、やはりこの数年で急成長した「デジタル仲介会社」です。これも不動産仲介型ビジネスモデルですが、マンハッタンの高級物件仲介から台頭し、現在は住宅関連のプラットフォームを目指しています。

Opendoor（オープンドア）は、日本で言う「買い取り再販」のビジネスモデルで急成長しました。その特徴は、ＡＩ（人口知能）による査定とスピーディな住宅診断による効率化です。

このように、サービスが横並びである日本の不動産業界とは異なり、各社のビジネスはかなりばらつきがあることがわかります。またその多くが、ソフトバンクグループからの巨額の投資を受け入れています。

アメリカと日本では、法律や制度がかなり異なるのですが、こうした「不動産テック」[※152]といわれる分野から、日本でも変化が始まります。また「GAFA」[※153]が、直接不動産業に参入してくるのも、時間の問題だと思います。そのとき、従来型の不動産の仲介業が、どこまで生き残ることができるのでしょうか。

任せるべきことはインターネットやAIに任す仕組みになれば、建築と不動産流通ビジネスは、短期間で大きく変容していくと考えています。「人は機械ではできない高レベルな存在」という幻想は、捨てるべきです。機械とは違い、時として人は、不正確な情報や、非本質的なトークを織り交ぜ、受託を目指す傾向があるからです。

設計事務所モデルの収斂と再分岐

ここまで、2章では、建築設計の中でも、特に住宅建築の業界の経営環境、言い換えると、仕事をする上での土台や背景が、今後どう変わっていくのかを、主に空き家問題、そしてその原因である、建築や不動産の流通構造にまで深掘りして、できるだけ多面的に観察して来ました。

※152　不動産テック　巨大産業の『不動産テック　破壊者たち』（北崎朋希・本間純著・日経BP社・2019年）に詳しい。上記の各社のビジネスモデルや成り立ちが、詳細に描かれている。不動産とITを組み合わせた新しいサービス。これまでにあった不動産取引、例えば売買、賃貸、投資などについてITの力によって新しい仕組みを生み出す取り組み。

※153　GAFA　アメリカに本拠を置く4大IT企業の略。Google, Amazon, Facebook, Apple の頭文字。インターネットは歴史上かつてない巨大なプラットフォームを形成し、何十億人もの人々の日常生活を支えている。サービスの普及率、株価上昇率、従業員1人当たりの時価総額、どれを見てもこれまでのビジネスとは文字通り桁違いのパワーを持っている。『GAFA四騎士が創り変えた世界』（Scott Galloway 著・東洋経済新報社・2018年）参照。

そのような経営環境の大変化は、住宅建築以外でも起こっています。例えば商業建築やオフィス建築、いろいろな公共建築、そしてそれぞれが都心か地方かでも、それぞれ個別の変化が起こります。ぜひみなさんが関わるその業界において、1章で紹介した、経営戦略の基礎的なフレームワークを参考にして、環境分析を行ってみてください。

こうした視点は、言い換えるとみなさんの建築設計業界の内部と、その外部の、境界付近にある様々なテーマを洗い出す思考法です。その境界付近が、「建築と経営のあいだ」という場所なのです。そのあいだにある、不動産流通、空き家の急増、違法建築、不動産テックなどが、建築の世界にどのような圧力をかけてくるのだろうか、という考え方とも言えます。

企業経営を左右する、経営環境の変化

そして私たちは常に、環境や土台の変化にあわせて、自分たちの経営を変化させていかなければなりません。だとすると、これまでの普遍的な建築士の仕事のスタイルや、伝統的な設計事務所経営をできる限り守っていくことは、間違っているのかというと、そうではありません。

むしろそれは、一つの理想形と言っていいでしょう。設計事務所が生み出す建築は、寿命の長いものであって、短期的な社会や環境の変化に、設計事務所が右往左往するのは、得策ではありません。しかしながら、むしろ長期的な変化を予測し、受け入れなければなりません。

また設計事務所経営と一言でいっても、次の3章で詳しく掘り下げますが、その経営要素[※154]は六つあります。その六つすべてが変化しない、ということはあり得ません。だから守りたいもののために、他の要素をどう変化させるか、という視点になるでしょう。

また意外にも、設計事務所のビジネスモデルは、歴史的に見ると頻繁にマイナーチェンジを続けています。

近代建築運動が萌芽する時代にさかのぼると、ボザールからバウハウスへと、建築教育の中心が変わって行く時、建築家の顧客や販路、そしてそのPR方法は変わりました。新しいメディアが生まれ、建築の定義も変化しました。

例えば、ル・コルビュジエの「ドミノシステム」[※155]は、第一次世界大戦後の住宅不足という経営環境への対応として、起案されたことは有名です。中産階級のための住宅構想に、思考を展開した時、そのスラブと柱と階段だけのセンセーショナルな

※154　六つの経営要素
3章から展開する設計事務所の経営ピースは、「技術力／販路構築／経営理念／会計戦略／人材マネジメント／システム化」の六つ。例えば、歴史的な建築思想（「技術力」）や、アトリエ的小規模生産体制（「経営理念」または「人材マネジメント」）を護っていこうと思ったとき、その他の「会計戦略」「販路構築」「システム化」に革新を加える必要があるのではないか。

※155　ドミノシステム
ル・コルビュジエが提唱した住宅の規格方法。鉄筋コンクリート造の床スラブ、最小限の柱、階段の三つで全体を構成することで、大量生産化を図るもの。

造形を眺める別の経営思考で、建築家が社会に提供できる価値も、その価値を受け取る顧客像も、次第に変わっていくのです。

日本も第二次世界大戦後は、復興と住宅不足の解消という目的や使命のため、建築家が取り組む仕事もまた、住宅建築が中心になりました。しかもより小さな住宅も増え、最小限住宅という概念も生まれました。経営論的には、戦前や戦時中とは、建築家の理念は大きく変化せざるを得ず、顧客像やその課題解決の方向性も大きく変わった、と言えます。

またその住宅の分野で、新たに鉄骨の実験住宅をつくっていたころ、アトリエ設計事務所が、組織設計のように構造設計を内製化していたこともありました。鉄骨という新しい構造素材を手に入れ、試行錯誤を開始した時、まだその住宅規模をフォローできる構造設計事務所は少なく、理論もないため、自ら実践することが優先されたからでした。

そもそも、日本に近代建築が導入された明治時代は、意匠と構造の技術的区別があまり無い時代でもありました。構造設計者が全体を統括し、意匠がそれに従属し[※156]たケースがあったと言います。その時代ごとのテクノロジーと、その運用方法次第で、人材や組織をマネジメントする方針も変わるということです。

※156　意匠が構造に従属
構造家の金箱温春氏の論考を参考にした。20世紀初頭の建築設計が提供する技術的価値とビジネスモデルとの関係性の変遷という視点から、示唆的な内容である。「論考：構造設計者の活動の変遷とこれから」（金箱温春・建築画法374・建築画報社・2018年）参照。

インターネット時代の経営環境

時代を一気に21世紀付近に移し、パソコンが設計事務所に設置される時代になると、様々なプレゼンテーション資料の作成を、社内で行えるようになりました。こうしたツールの大変革も、経営環境を語る上では重要なのです。

そしてこれも、インターネット時代以降の経営環境で可能になるビジネスモデルなのですが、建築家が仕事を受託するための、専門のプロデュース系会社が、多数誕生します。これは建築家の販路構築に大きな影響を与え、設計事務所の多くは、それらに登録するようになります。土台が変わってきたということです。

人気がある設計事務所であれば、いつの時代もクライアントからの依頼が絶えません。直接的な販路構築で言うと、00年以前であれば、いろんな雑誌や口コミ評判を媒体として、クライアントは建築家にたどりついたと思います。しかしインターネットの興隆、さらにＳＮＳの台頭により、独自のウェブサイトづくりと、そこからの情報発信※157が、設計事務所経営の在り方、ＰＲや販路構築に、重要な影響を与えるようになります。

またそんな時代において、自社のウェブサイトをあえてつくらず、意図的にまっ

※157 情報発信
現在は、企業や専門家でなくても、ＳＮＳなどを通じて情報発信が当たり前のものとなった。そんな時代に「設計事務所の情報発信」に特化した基礎体系と事例が、建築情報サイト「アーキテクチャーフォト」を運営する後藤連平氏により体系的にまとめられている。『建築家のためのウェブ発信講義』（後藤連平著・学芸出版社・２０１８年）参照

たく情報を発信しない建築家は現在も多数存在し、それもまた、中長期的な経営哲学として[※158]読み替えることができます。

何れにしても、このように経営環境の変化への反応が、設計事務所の経営にとって決定的であり、設計事務所もまた、近代からあまり変わらないようで、ゆっくりと、そして近年は加速度的に変わっています。

そう考えると、企業経営を左右するのは、技術力がその変化に整合しているか、経営者のリーダーシップがその変化の先へと導いているか、経営環境の変化に合わせた差別化したポジショニングが取れているか、という点に尽きると思います。

技術力が高いだけではなく、環境の変化を押さえた人が、次の経営課題にたどり着くことができるのです。だからいつの時代も、どの分野でも、チャンスを持っているのは、時代の変化に敏感でフットワークが軽い、若い経営者なのです。

では建築設計はどう変わっていくのかというと、既存のビジネスモデルをベースに俯瞰すると、二種類の変化があり得ます。一つは、建築設計とは異なるビジネスモデルと、部分的に統合していく「収斂型」です。もう一つは、建築設計のうち、さらに特化した部分が切り離されて、専門化する[※159]「分岐型」です。

※158　例えば日本を代表する建築家の1組、妹島和世氏と西沢立衛氏による「SANAA」には、連絡先を記すトップページだけがあり、多数の建築作品や建築思想については、ウェブでは公開されていない。同様に、西沢平良氏、藤本壮介氏、中山英之氏、長谷川豪氏、石上純也氏ら建築家も作品を公開していない。この時代に反するような現象（つまり情報の「価値」についての立場）を、続く3章の設計事務所の経営論的に分析することは、意義深い。

※159　収斂と分岐　100年スパンの年月を経て、または10年スパンの短い期間で、長い歴史を持つ業界は、収斂と分岐を繰り返す。「収斂」「分岐」という用語は、歴史学や経済学の観点から着想を得て用いている。『新しいグローバルビジネスの教科書』（山田英二著・PHP研究所・2015年）参照。

収斂[※160]してイノベーションが起こる分野

まず収斂型の変化は、三つのパターンあります。

一つめは、その市場での供給が過剰となるか、あるいは需要が減退するために、異なるビジネスへの収斂が起こるパターンです。逆風の中で収益を維持していくため、顧客への付加価値を創り、これまでとは異なるサービスの提供を試みることで、起こるパターンです。

業界内にいると気付きづらいのですが、不動産業界から見ると、建築設計業界には、実に多数の建築士がいて、また多数の会社があるのですが、その業界に明るくないほとんどのクライアントにとっては、いったい誰に相談すれば良いのか、選べない状況だと思います。市場の中で差別化、または集中化ができなければ、無数の建築士の中で、個別の良さを見付けることができないのです。

また設計事務所に限らず、市場が成長拡大する過程においては、その業界の「枠組み」自体に需要がありました。つまり業務の許認可を受けて会社を立ち上げれば、比較的仕事が受注できました。しかし市場が成熟期から衰退期に差し掛かると、その枠組みでは顧客や社会の課題やニーズを、満たせなくなります。

※160　収斂とは、「統合、結合、合併」などの意味合いで用いられている。

その時、いったん自らの枠組みを忘れ、もう一度、顧客や社会に対して何を提供したいのかを考え直し、再定義し、そしてそのためにはどんな枠組みがあったほうが良いのかを選択する方法があります。これが、収斂型の変化パターンの二つめです。

さらに三つめとしては、経営方針として、社員をいわゆる多能工化[※161]させることで、変化を起こすパターンです。専門領域間に縦割りが生じて、専門家同士の情報や価値観の共有が遅れる事態は、建築に限らずあらゆるビジネスで必然的に起きています。しかし専門家の育成は、経営的にも大切な人材教育施策です。

専門化させつつ、その縦割り間のコンフリクトのバランスをとり、どのようにマネジメントするか、また複数の職能を身に付け、多能工化させる方法は、経営者にとって比較的初歩的なテーマです。

収斂型の変化パターンとは、主にこの三つです。次につづく3章で本格的に触れて行きますが、設計事務所でありながら、異なるビジネスモデルと融合していく、「設計事務所×□□」というムーブメントは、このいずれかによるものが多いようです。

例えばアメリカの弁護士業界では、弁護士の資格や免許を取得してから、一般的

※161　多能工化
1人が複数の専門性や技術を有することができると、組織全体としての能力に可能性が生まれる。一方で異なる専門性の習得は容易ではなく、従業員の葛藤や挫折が起こりやすい。

な弁護士業務を行っているのは、もう少数派[※162]のようです。その技術を生かして、ある分野に特化し、コンサルティングサービスを付加するか、または自ら別の事業を主軸にし、法律家の技能を活用するというのが好例です。

成長分野は分岐[※163]する

またそれとは逆に、従来の枠組みの中から、さらに成長する可能性がある部分が専門化していく、分岐型の変化パターンを見ていきます。

設計は、百年スパンで見ると、構造、設備をはじめ、ＣＡＤや編集も含めて、すでに様々な専門性が分岐し、多様化した状態であることがわかります。アトリエ事務所はそれを分社化し、組織設計事務所は自社内にそれらを置いていますが、専門性が異なることは、経営論的[※164]には大した違いはありません。

ある分野の成長期においては、このように専門性はより細分化される傾向にあります。そのほうが生産性や効率性という観点からは、合理的だと言えます。そうしないと、従来の関係性やしがらみに引っ張られて、その領域を拡大させて、市場を創ることができないこともあるからです。

例えば、２章の住宅建築設計の経営環境で見たように、既存住宅の流通を妨げる

※162　そもそも各種士業は、必要とされる国家政策に対する資格免許制度であるため、ビジネス開発として受動的な姿勢に陥り易いのかも知れない。時代を経て、顧客のニーズや経営環境が変化し、そのギャップを埋めて行くため、与えられた業とは異なる動きを模索するのだろう。

※163　分岐とは、「分離、独立、専門化」などの意味合いで用いられている。

※164　経営論的にみると、建築界で伝統的な、組織事務所とアトリエ事務所の区別は、あまり重要ではない。どちらにおいても、経営的かつ従業員的に、魅力的な組織化が成功している事務所もあれば、失敗している事務所もある。また収益性でも、昨今ではデザイン力の面にも、その区別にあまり意味がなくなっている。前提条件や常識に捉われず、新しい組合せは模索できる。

もの、つまりは建物の寿命を短くしていることの原因の一つに、２０００年以前の違法建築の多さが上げられます。それにリノベーションを加え、空き家や空きビルを再生していくために、意匠的な技術というより、法律的な技能が分岐し、専門化、高度化している最中です。[※165]

またＢＩＭのように、意匠・構造・設備の検証やデータベースを収斂させて行く可能性のある背景には、そうしたテクノロジーの開発やマネジメントの分野が、やはり分岐し、専門化したことが挙げられます。

また、コンピューテーショナルデザインやＡＩが注目されていますが、意匠、構造、設備の分野で、最適解を導き出す設計プロセスに、いままで以上にそれらが参加してくるフェーズが、もう始まっています。

こうした成長分野は、さらに分岐が進みます。そしてそれを知る人々は、勇気を持って、そこをあえて切り離し、変化を加速させる経営施策を練っていると思います。

※165　法的な技能が分岐　神本豊秋氏（再生建築研究所）は、建築設計業務部とは別に、既存建物を再生させていくための法的なコンサルティング業務を行っている。※141の注釈と同様、検査済証未取得の建物再生の増加や、企業コンプライアンスの高まりという背景を受けて、建築基準法が一般的にカバーできていない建築再生のフィールドを開拓している。

新築が減ってリノベーションが増えるのではない

以上が設計事務所のビジネスモデルの、変化のパターンでした。いよいよ続く３

章では、設計事務所の経営戦略について分析的にアプローチしますが、このようにじっくりと、もしかしたらまどろっこしく、設計事務所設計の経営戦略を再考するスタートラインを整備したのには、意味があります。

本当の意味で、経営を考える時、すでに何度か繰り返していますが、顧客や社会の変化に対して、「提供すべき本当の価値」とは何かを、思考の主軸に置いてほしいからです。

2章の途中でも述べましたが、「これからは新築が減ってリノベーションが増える」というような意見が、表面的なものだということを理解し、次に進んでほしいのです。

確かに「その他空き家」の増加や、建築流通革命の始まりを考えると、これからはリノベーションに対するニーズが増えるのは間違いなく、経営環境から容易に導き出される現象です。受注する仕事はとっくにそうなっている、というのが多くの設計事務所の実感かもしれません。しかし、そのために仕事が小規模になり、収益性も小さくなり、スタッフを雇用することが難しい…と考えているとすると、その考え方は「建築と経営のあいだ」で行われる思考では、ここで断ち切って欲しいと思います。

新築であれ、リノベーションであれ、それは建築士が持つ高度な技術の一つです。どちらかに慣れ親しんだ建築士にとっては、他方を区別すべきかもしれませんが、あくまで異なるのは技術であって、ビジネスモデルはほぼ同じです。

「提供すべき本当の価値」[※166]とは何か、おそらく設計図を提出することではありません。多くの建築士にとって、それは「手段」です。また、良い空間や建築を極めていくことでもありません。もちろん後世に残る建築を、感動をもたらす空間を、私たちは待ち望んでいるのですが、それは建築士やその関係者が、その名のもとに実現し、歴史に刻むべき「結果」であって、必ずしも顧客に提供する価値とは一致しません。

またみなさんのクライアントは、どのように変化しているでしょうか。例えば、近年のリノベーションブームで、急に古さを求め始めていると思ったら、なかには地方への移住を求め、地方の古民家を求める相談はありませんか。

またオフィスを求める企業トップが、リモートワークを本格的に導入し始め、オフィスの大幅な縮小が始まっていませんか。

またここ数年、宿泊施設の設計の問い合わせがひっきりなしだったが、最近は競争が激化してきたのか、コストと工期がどんどん抑えられていませんか。

※166　提供すべき本当の価値≒CVP（Customer Value Proposition）※36、1章67頁参照。

設計事務所によって、千差万別の経営環境の変化が起きていると思います。

これが大きく変わる瞬間、建築と経営のあいだに生まれるものを、ピンチであると同時に、大きなチャンスに変える建築士も数多くいます。ではどのようにしてピンチをチャンスに変えるようなビジネスを組み立てていくか、またアップデートさせていくかを、3章に進んで考えていきましょう。

3章

設計事務所に必要な六つの経営力

みなさんは、改めてスタートラインに立っています。建築設計事務所を経営し、社会構造やテクノロジーの変化の荒波に立ち向かい、自分だけの「価値」を提供するために、多面的な経営施策があり得ることを、ここまで垣間見てきました。

そして少なからず、設計事務所経営は、不動産や金融業界から影響を受けていました。そうした経営環境自体の変化が加速する中、やはり私たちの経営も、いよいよ再構築が求められます。

まずは設計事務所の経営要素を、六つに分類するところから始めたいと思います。それが3章のガイドラインになる、「経営の6ピース」です。事務所経営の全体像を、ピザのように六つに切り分け、捉えやすくしています。

これは比較的、中小規模の設計事務所のビジネスモデルを考える時に用いる、創造系不動産独自のフレームワークです。

設計技術だけでは持続できない理由

まず、この6ピースの上の「設計スキル」から見て行きましょう。

製造業やサービス業であってもそうですが、設計事務所の経営のために最重要な

経営の６ピース

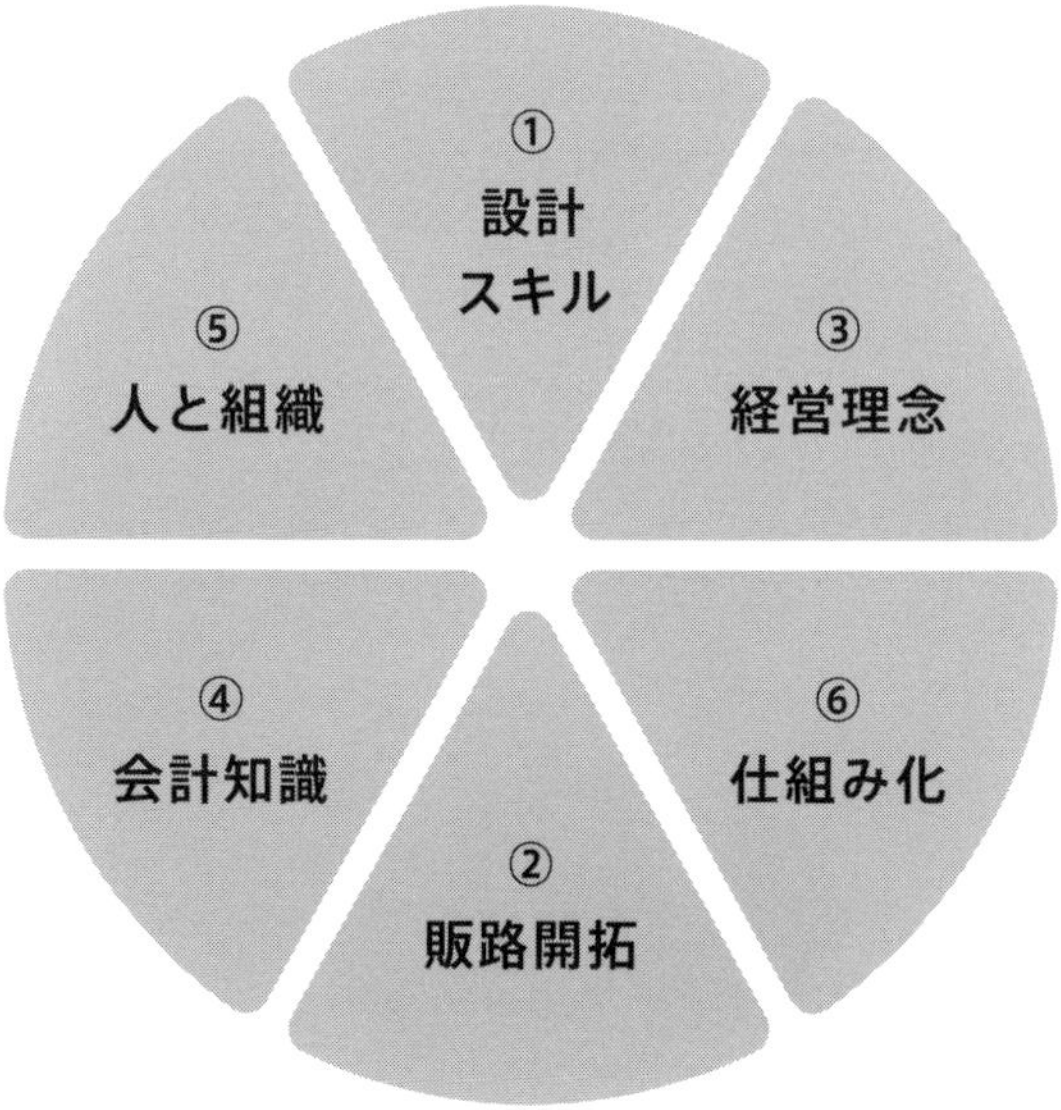

経営を考えるためのフレームワークは、無数にありますが、この「経営の６ピース」は、中小規模の企業の経営や、新規ビジネスを考えるために、独自に考案されました。
ここまで見てきたように、経営は「多面的」なものです。多面的とは、まさにこの６ピースのように、良い技術やサービスを考えて実行する以外にも、たくさんの要素が集まっているということです。時にはそれぞれの要素が、矛盾し、軋轢を起こすこともありますが、良い経営術とは、それらを同時に解決していくような施策であることが多いです。

もの、それはもちろんスキル（設計の技術力）です。機能性や建築計画の確かさ、デザイン性や表現力、理にかなったディテール、設計監理の品質の高さのことであり、それらが設計事務所を選ぶ最大の要因であることは、いまも昔も変わりません。

　建築士は、日常業務を通じて、建築の技術力を磨くのですが、しかしこの設計監理技術だけに頼っていては、残念ながら経営が長続きしません。良いものが必ず売れる時代では、なくなったからです。また顧客にとっての「良い」の変化も早くなっています。その良さが正しく伝わっていかないと、結局サービスや商品は他の情報[※167]に埋もれてしまいます。

新しいスキルを得た時が経営思考のチャンス

だからみなさんが持つ設計スキルを研ぎ澄ましつつ、それとペアで考えるべき経営ピースがあります。それは「設計スキル」の対角にある、下の「販路開拓」です。特に独立直後やベンチャーであれば、この「スキル（技術力）」と「販路開拓」の二つが磨き上げられると、ビジネスの成功する確率は、各段に高くなります。

　3章の流れを解説しておくと、次に、右上の「経営理念」と、その対角にある「会計知識」のピースを扱います。そして最後に残る「人と組織」と「仕組み化」

※167　良い商品やサービスが必ずしも売れるわけではない理由は、エイトブランディングデザインの西澤明洋氏の書籍の冒頭で、わかり易く説明されている。良い商品や良いサービスが正しく世間に伝わっていくこと、その全体性をデザインすることがブランディングデザインと呼ばれ、現代的な方法論と言える。『ブランドをデザインする！』（西澤明洋著・パイインターナショナル・2011年）参照。

を導入することで、六つの経営ピースがそろいます。

大切なポイントとしては、①「設計スキル」→②「販路開拓」→③「経営理念」→④「会計知識」→⑤「人と組織」→⑥「仕組み化」という順番で、六つの思考のピースを埋めていくことです。

繰り返しになりますが、設計事務所にとっては技術が最重要項目であることは、間違いありません。技術の研鑽をおろそかに、他の経営ピースに、必要以上の時間や労力を割くことはできません。

豊かな建築空間を生み出すこと、新しい社会に見合うプログラムを考案すること、理（ことわり）に則ったディテールを追求すること、今後興隆するデ[※168]ジタルテクノロジーの新たな設計方法や表現形式を獲得すること。設計技術とは、そうした設計事務所経営の醍醐味の部分です。

そんな自分自身が持つ技術を客観的に見つめて、オリジナリティのある、差別化された力を得た時、いよいよそれに付随する、独自の「販路開拓」が必要になるのです。そこに新たな経営改革のチャンスが訪れます。

設計スキルが高まった時、または新しいテクノロジーを手に入れた時こそ、経営思考の入口の扉が開きます。

※168　デジタルテクノロジー　日本の建築設計のデジタルテクノロジーの分野では、ｎｏｉｚの豊田啓介氏が第一人者。２０１４年に出版された書籍では、ライノセラスとグラスホッパーの技術書を超え、次世代の設計者の思考方法や、旧来に縛られた建築士像を相対化するようなテキストになっている。『Rhinoceros+Grasshopper 建築デザイン実践ハンドブック』（ノイズアーキテクツ著・彰国社・２０１９年）参照。

販路をつくりこむ

設計スキルとセットで必要になるのが、「販路開拓」の思考です。販路とは、設計事務所の技術力が、その顧客へ伝わっていくルートをいいます。これは1章の『経営戦略とマーケティング』のツアーで紹介した概念が、ほとんど当てはまります。バリューチェーン[※169]や5F[※170]、4P[※171]といった概念を思い出してください。

また、営業力やコミュニケーション力といった実務能力も、この「販路」というピースを構成する大事な要素です。高い技術力と販路の開拓が、自然な形で結びついていれば、独立起業したスタートアップの時期であれば、まったく問題なくやっていけるでしょう。他業種に比べて、初期投資が少ない建築設計業であれば、初年度から一定の役員報酬[※172]と利益を上げることもできます。これは意外にシンプルな話なのです。

ただこの販路開拓について十分な検討を行わずに、設計技術だけで独立起業した結果、伸び悩む事例は、枚挙にいとまがありません。

販路開拓といっても、ここでは1章の「氾濫[※173]するマーケティングに惑わされな

※169　バリューチェーン
1章73頁、3章229頁参照。

※170　5F
1章62頁参照。

※171　4P
1章62頁参照。

※172　役員報酬と利益
役員報酬は設計事務所（株式会社）の代表経営者が、会社から受け取る報酬のこと。また利益は、売上から役員報酬を含めたすべての経費を差し引いて残る現金。独立起業直後のアトリエ事務所経営においては、役員報酬と利益の相関関係を意識した上で、黒字経営に向けた販路構築を考えていく。

※173　1章68頁参照。

い」の項でも触れたように、移り変わるインターネットマーケティング手法は扱いません。もっとアナログな、クライアントと設計事務所の本質的な価値でつながる関係性に着目しています。

もっとも設計スキルが不十分でも、巧みな販路開拓だけで一時的にではあれ成功している企業は、たくさんあるのです。そのくらい、この分野は、技術力とコインの裏表にある要石だと考えるべきでしょう。

ではここから、販路に関わる経営論に、じっくり耳を傾けてみましょう。

従来型の販路開拓――人脈から

独立して間もない建築士が、どういう「販路」を辿るかというと、まずは身近な人脈です。やはりクライアントは、大学の先輩や後輩、または友人を起点にして、紹介されるケースは多いと思います。

親しい仲間は、設計事務所の業務内容や、あなたの性格などもよく知ったうえで、クライアントに紹介するでしょう。仕事を通じてクライアントに貢献を続けると、紹介が紹介を生み、仕事は途切れません。この地道な活動が、もっとも基本的な販路開拓です。

もう一つ、設計事務所にとって伝統的な業務受注といえば、設計競技やプロポーザルに応募し、入選し、業務受託する方法です。細やかな情報収集から、大胆に業務を勝ち取る方法は、華やかな王道だと思います。しかし、応募資格や実績を求められるケースが多く、また労力と勝率によっては、特に若手設計者にとってはハードルも上がります。

また、本書のテーマである「経営思考」という観点から言えば、一概にそれが優れた販路開拓である[※174]とも言えません。

さらにもう一つ、その仕事が建築雑誌に掲載され、作品性が業界で高い評価を受ける方法です。そうして建築家としてのステータスを高めて行く中で、業界内外にファン層を形成します。そのコミュニティから、新たな紹介顧客を生む販路形成も、一つの定石のプロセスです。

成長する設計事務所は、こうした地道な努力が、実を結んでいることが多いようです。

しかし2章の経営環境の変化で見たように、そうした王道や定石を支えた環境も、少しずつシフトしていきます。これまでの新築住宅市場は縮小し、新しいテクノロジーが台頭する時代です。公共建築の設計競技はすでに少なく、建築雑誌の主役もす

※174 経営思考に限った話として、価値提供に関係しない審査員との対話や、DMU（63頁の図参照）とは無関係の決定プロセスを経るという点で、設計競技やプロポーザルは設計活動の本質ではないので敬遠される、という考え方もある。

でにインターネットに替わられました。

これからの経営環境の変化の波形を捉えるには、どのようなアクションが有効なのでしょうか。

多種多様な販路開拓――特化型

こうした販路開拓という切り口で、いろいろな設計事務所の活動を眺めてみると、実に多種多様なやり方があることに気づくはずです。

これは古くからある方法ですが、特定の用途やビルディングタイプに特化し、そのノウハウを培い、コンサルタント化していく方法です。

一例としては、病院建築に特化する設計事務所は珍しくありません。彼らの中には、単なる病院設計の知識と技術だけではなく、医療コンサルタントとしての技能も習得する建築士がいます。そこで高い評価を得られれば、医療コンサルティング業界や医療業界から注目され、新しい建築設計の仕事が来ることもあるでしょう。

その時の販路は、単に人脈ではなく、特定の業界構造の内側にある「何か」です。その業界をどれだけ理解し、食い込んでいるかが成功要因になります。例えば医療といっても、内科、皮膚科、歯科、眼科だけでなく、メンタルヘルス、獣医など、実に細かなセグメントが存在します。建築設計のロジックの外側にある、業界の課題や、その独特なコミュニティや業界メディアに、活路が見出せるかもしれません。

例えば飲食、物販、アパレル、医療、オフィス、集合住宅、宿泊、工場、福祉といった伝統的な用途で区切られる領域の中にも、さらに細分化すると、古い商慣習から新しいビジネスへの脱皮が起こっています。

また用途ではなく、リノベーションや、コンバージョン、構造形式、デジタル・デザインといった、技術領域で捉えることもできます。さらに、ハイエンド層や、地方創生、シェアリングエコノミーに関わるものなど、クライアントの属性による領域定義もあり得ます。

あらゆるビジネスや市場全体が変化しているので、新しい領域は尽きません。古い設計資料集成が思ったほど参考にならないように、新しい技術はまだテキストになっていないことが多いのです。

業界横断型

また別の例では、これからは多くの建築士が、個人クライアントのお金や資産形成[※175]についての知識や技術で、新たなサービスを開発する動きが起こるでしょう。こ

※175　資産形成
建築設計と「お金」を掛け合わせる分野は、まだ未知の可能性がある分野。

れは、建築士のクライアントが、そうしたコンサルティングを望む所得層にシフト[※176]しているからです。

彼らの求めに応じて、こうした建築[※177]とファイナンス、両方の知識を駆使したビジネスを興す建築士は、広い範囲で増加すると思います。その背景は、1章のツアーの一つ「会計とファイナンスの言語」に通じる部分があります。お金やファイナンスに詳しくある理由は、クライアント企業の内面に正しく触れるためでした。個人クライアントの場合も同じです。表向きの発話では触れられない、本質としての「未[※178]条件」に、迫るためです。

しかし建築だけでなく、お金の技術を身に着けたとしても、それをウェブで発信しただけでは、仕事は増えません。「建築×ファイナンス」という新しい技術に対する販路に、どのような可能性があるのかを、ゼロから問われているのです。

最近では、ウェブやSNSを交えて、情報を拡散して、多くの方に知ってもらう努力は一般的です。メディアやイベントなど、全方位のP[※179]R活動を行うことも有効です。

しかしそれだけではなく、これまでの知識体系の外側にある業界コミュニティから、口コミでその活動を開始することが、より有効な場合もあります。

※176　日本の所得格差が拡大する現在、世帯年収が1000万円を超える都市部の30代カップルは増加している。女性の社会進出を背景にしたこの層を、本書では「新中間層」と呼ぶ。彼らは共働きで、学習意欲が高く、家事や育児を分担し、デザイン意識も高い。『建築と不動産のあいだ』（高橋寿太郎著・学芸出版社・2015年）参照。

※177　建築とファイナンス　「建築とお金をデザインする」というコンセプトのもと、住宅と、クライアントの資産形成をデザインするのが、長沼アーキテクツ。2014年、長沼幸充により組織変更。住宅だけでなく、本社ビルや生産施設などの法人向けのプロジェクトも手掛けている。ファイナンシャルプランナー＋一級建築士。

※178　未条件に迫る　1章26頁参照。

※179　PR（Public Relations）　※19、1章47頁参照。

例えばファイナンシャルプランナー[※180]の業界団体やコミュニティ[※181]にいち早く参入して、建築界の外側から、その存在感を模索する方法はどうでしょう。またはそうではなく、建築×ファイナンシャルプランの技能を欲する別のグループ、例えば保険業界や、税務の業界などに、その販路の広がりがあるかもしれません。

または1章の「デザイン×経営[※182]」でお話したように、デザインと経営という、一見相反する分野の両立を成功させ、商工会[※183]などの経営団体から販路を構築している人もいます。まるで異なる二つの分野を横断できる人材には、独特の販路図が現れるでしょう。

そうした団体や業界に飛び込み、人を伝って直接的な営業活動を行い、可能性を押し広げる選択肢を、あなたはイメージすることはできるでしょうか。

「営業」は誤解されている——優れた営業とは

冒頭で「販路」とはマーケティングの知識や技術だけでなく、「営業」や「コミュニケーション」といった方法も含まれるといいました。ただ「営業」は、エンジニアやデザイナーの世界では、すこし誤解されることが多いと思います。

営業とは、設計事務所が仕事を獲得するために、やむを得ず、行わなければなら

※180　ファイナンシャルプランナー
一般顧客の家計やライフプランを始め、保険、不動産、投資についての相談を受ける。独立経営する「独立型」FP事務所を指す。またそれに対して保険代理店、税理士、社会保険労務士、宅地建物取引士などがFP事務所を併設し、それぞれの専門に特化した業務を行う「併設型」も多い。

※181　NPO法人日本FP協会、一般社団法人金融財政事情研究会が、FPの普及啓発や教育の分野で活動する、代表的な業界団体。

※182　デザイン×経営
1章51頁参照。

※183　商工会
全国商工会連合会の略称。現在全国に1667の商工会がある。各都道府県に商工会連合会があり、地域の中小企業を支援。商工会議所とは理念は同じだが、別組織。商工会の9割が小規模事業者。ちなみに日本商工会議所は、日本経済団体連合会、経済同友会と並ぶ経済三団体の一つ。

ない本質的ではない努力だと、考えている人はいないでしょうか。

ステレオタイプな「営業マン」像に、スーツにネクタイ、革靴とカバンのイメージがあります。彼らが、クライアントに飛び込み、頭を下げ、接待する、もしそれが営業活動のすべてであれば、確かに、エンジニアやデザイナーは、営業という言葉を話すことも厭うかもしれません。

偏見が進むと、営業マンというのは、口先で仕事を獲得し、また社内で発言力を持ち、または電話中心の困った存在といった、マイナスのイメージを助長させます。そのためか、設計事務所は「営業」による販路構築のピースのつくりこみが、不十分であることが多いようです。

一方である変化が生まれています。これからのミレニアル世代の建築士たちの中には、営業と設計活動が一体となった、ユニークな活動を展開する建築士[※184]が少なくありません。

そうした活動を眺めていると、彼らには潜在的に、もっと「営業」について知りたい、という思いがあるのではと、仮説を立ててみました。それは人口減少社会や地方衰退のような、現実の困難な環境を生き抜くための、生存欲求からくるものかもしれません。しかしそれだけではないはずです。

※184　例えば、つばめ舎建築設計（建築家・永井雅子氏、根岸龍介氏、若林拓哉氏）と、スタジオ伝伝（不動産・藤沢百合氏）等が手掛けた職住一体型の賃貸住宅リノベーション「欅の音terrace」（２０１８年）がある。つばめ舎建築設計が運営をサポートしている「マルシェ」は話題を呼び、小商いを体験するために多くの人が訪れる。また同じく「小商い」の文脈では、小商いを実験する日替わりオーナー店舗を運営する梅村陽一郎氏と神永侑子氏は、職住が一体となった「アキナイガーデン」を２０１８年から構想。２０１９年から運営開始。小商いに関心がある仲間を増やし、地域とのつながりを模索している。どちらも建築的な目線に止まらない、実験的な活動である。

「営業」とは、契約を獲得するための水面下の末節の活動ではありません。言い換えると、人と人がつながり、そこから「価値」を引き起こす本質的な活動だといえます。クライアントの本質的な課題やニーズ、欲求を分析し、探し当て、それを解決する役割であるといわれます。

もちろんそれには、高い能力が必要になります。ですから本来的に営業は、その会社のトップや、ベテランが行うことが、効率が良いと思います。しかし制作現場を知るエンジニアやデザイナーこそが実は営業力が高い、ということは多々あるのです。

私が尊敬する営業マンとは、やはり技術者としてのレベルが高く、同時にデザインリテラシーがあり、そして誠実で説明能力が高く、クライアントの課題解決ができ、クライアントの利益を最優先できるような人です。

残念ながら、建築業界にそうした「営業のノウハウ」や、トレーニングが少ないということに、これからの建築界を担う若者たちは、満足していないと思うのです。ですから、自ら活[※185]動を開始していると思います。

※185　アラキ＋ササキアーキテクツ（荒木源希氏、佐々木高之氏、佐々木珠穂氏）が展開する「モクタンカン」という、国産材（トドマツ）を用いた建材の企画販売もまた、建築的な発想を踏まえつつ、それを超えるビジネスである。室内の棚から公園のベンチまで、簡単に組み立てられる手軽さが、まったく新しい顧客層への販路開拓を可能にしている。このビジネスの鍵は、そのデザインやプロダクトではなく「製材＞仕入＞物流」という、建築設計事務所のバリューチェーン（※33）の外にフィールドを展開したことである。

プレゼンテーションよりもヒアリング

ここで「コミュニケーション」についても、触れておきたいと思います。

販路を深く設計するということは、「社外のコミュニケーション体系」を綿密にデザインする、と言い換えることもできます。広義のコミュニケーションとは、メールやメディアを通じた、また書籍や空間を介した情報の発着を言います。

しかしここでは、狭義のコミュニケーションである、「対面でのコミュニケーション」に限った話をしたいと思います。それは「プレゼンテーション」と「ヒアリング」という、二種のスキルです。

プレゼンテーションという動作は、設計事務所の経営者はもちろん、スタッフも、日常的に行い、得意とされている方法でしょう。説明するまでもなく、私たちは学生の頃から、設計技術とセットで、プレゼンテーション技術を繰り返し研鑽してきました。

しかし私が知る限り、コミュニケーション能力が高く、クライアントの理解や信頼を得て、貢献していく人とは、プレゼンテーション能力ではなく、ヒアリング能力が高い人のようです。

ヒアリング能力とは、クライアントの話を聞く能力のことです。例えば傾聴[※186]する能力や、分析的に適切な質問を投げかける能力、そしてデプスインタビュー[※187]のような深層心理に語り掛ける技法など様々です。社会人としての経験が長くなるほど、プレゼンテーションよりむしろヒアリングによって物事が動くことに、共感して頂けるのではないでしょうか。

もちろん相手の話をきちんと聞かず、自分の話ばかりしている人は、一般的には好まれません。一方で営業の分野では、ヒアリングの能力開発はどんどん進んでいます。しかし建築やデザインの世界では、カリキュラム化はこれ[※188]から検討が始まるのではないでしょうか。本書では、ヒアリング能力は極めて基礎的で重要な能力として、後天的に、身につけなければならないものと位置[※189]付けています。

設計事務所のクライアントはどこからやってくるか

さて、「販路」に話を戻します。販路についての洞察は、その企業の技術力との合わせ鏡であることが理想です。典型的な方法として、1章の「経営戦略とマーケティング」の体系へのツアーで学んだ方法で、いま現在、またはこれまでの販路[※190]を分析してみましょう。

※186　傾聴
コミュニケーションスキルの一つ。注意深く丁寧に、相手の話を受け止め、共感を込めて「聴く」こと。話し手への深い理解や、より良い人間関係の構築、生産的な状態を創り出すなどの目的で行われる。

※187　デプスインタビュー
マーケティング調査方法の一つ。対面でのインタビューを通じて、価値観や深層心理での思考プロセスなどを探る、分析的な質問話法のこと。顧客や市場に対する理解を深め、商品やサービスの企画開発に活用する。

※188　対話を設計活動に組み込む建築家に、藤村龍至氏（RFA）がいる。有名な「超線形設計プロセス」をはじめとした方法論も、本書の経営戦略的視点から分析すると、伝統的なプレゼンテーションではなく「ヒアリングによる設計手法」と位置付けることができる。『批判的工学主義の建築』（藤村龍至著・NTT出版・2014年）参照。

自分の本当のクライアント層はどこか、また自分はどういう人に貢献したいのかを、整理[※191]しながら考えていくべきでしょう。

そして1章にならい、販路分析をします。場合によってはバリューチェーン分析のようなフレームワークよりも、もっと個人的な紹介や、プロデュース会社やイベントでの出会いなどを含め、「販路図」を書いてみてください。

あなたのクライアントは、どこからやってきているでしょうか。「知人」がクライアントになった、という方なら、いつ知人になったのかを思い出してください。友人からの紹介なら、その友人との出会いを、できるだけ詳細に。きっとある傾向[※192]が現れると思います。

また時代とともに「学閥」という言葉は聞かれなくなっても、代わりにゼミや、サークル、あるいはサロンがあります。帰属するゆるやかなコミュニティが、その販路図に影響を与えている例は多いようです。

そう考えると、販路設計は、建築士が生み出す建築空間と同じくらい、多種多様であることがわかります。そして冒頭で述べたように、経営思考的には、これは建築設計の技術力とセットで、常に考えるべきものです。

販路についての経営思考は、1章で学んだマーケティングの体系のほんの一部に

※189　しかし建築やデザインの教育プログラムで、ヒアリングに関するカリキュラムは極端に少ない。創造系不動産スクールの「建築不動産コンサルタントコース」でも、プレゼンテーションよりもヒアリングに重点を置いている。

※190　販路分析　1章62頁の3C、4P、5F、バリューチェーン分析（70頁）などを利用すると整理しやすい。

※191　様々な経営技術を駆使するかどうかにかかわらず、ビジネスの最初の成功要因は「顧客を正しく定義できているか」に集約される。そしてそれがもっとも難しい問いかもしれない。

※192　検証の結果、「友人や知人の推薦が介在している」「特定の業界での評判が要因である」「大半がインターネットからの新規問い合わせ」などの傾向が表れる。しかし自分自身の特徴や癖を客観的に掴むのが難しいように、販路傾向の自己分析には、一定の難しさがある。

販路分析図の例

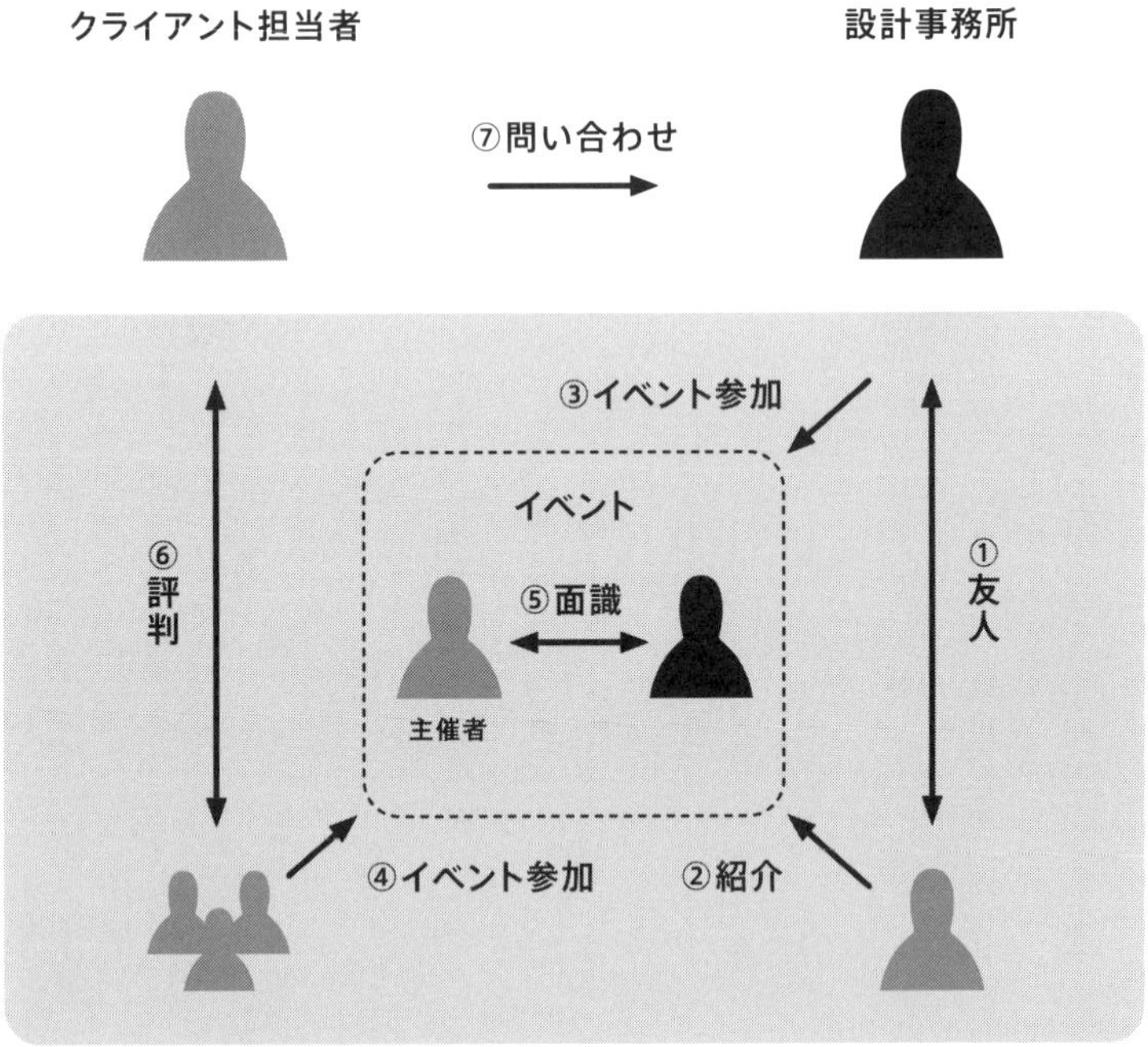

建築士に集まる仕事の流れの傾向を図示しています。ある特定の、建築用途や業界分野（例えば住宅、商業インテリア、オフィス、地域性等）に集中しているように見えていたものが、分解してみると、やはり個人的な情報伝達の傾向が見つかることが多くあります。
図では、クライアント企業の担当者が、事前にWebで設計事務所情報を調べてから問い合わせましたが、遡ると、あるイベントがきっかけになっており、さらにそのイベントも、元をたどると古い友人に行き着く、という感じです。その傾向を再現するために、またそこに強みを打ち立てるために、いろいろな施策の可能性を考えることこそ、経営思考の先にある、販路デザインに他なりません。

過ぎません。しかし設計事務所経営では即効性が高いため、経営の1ピースとして紹介しました。人脈を駆使する方法、ビルディングタイプや技術領域に特化した方法、二つの分野を横断する方法、属人的な営業やヒアリングによる方法。あなたはどんな方法を意識していますか。

新しい建築士たちはおそらく、こうした経営思考を丸ごと設計活動に含めています。設計技術が本質的であれば、その対である販路開拓もやはり本質的なもの、やりがいがあるものと捉えており、そしておそらく、彼らはその状況を楽しんでいるのだろうと思います。

経営理念を掲げる本当の意味

コインの裏表のような、設計事務所の「技術」と「販路」の関係は、企業が躍進するための十分条件と言っても過言ではありません。その関係を理解した上で、ようやく経営ピースの三つめの「理念（経営理念）」、またはビジョン[※193]に進みます。これは企業のそもそもの存在意義や、社会的な使命について、経営者がその根幹にある部分を熟考し、言葉で表現したものです。

※193　ビジョン
標準的な経営論においては、「経営理念」は存在理由を、「ビジョン」は将来像を指し、別の物として扱われる。しかし本書では、経営の全体像の解説をできる限り簡便にするため、あえて区別せずに進める。

企業には、この経営理念がありますか。あなたの会社にはど[※194]んな経営理念がありますか。

このもしかしたら、理念やビジョンが3章の経営の6ピースの3番目にくることに、疑問を感じる方がいるかもしれません。本来、ビジョンというのは最初にあるべきではないのか、また他の何より重要なものではないのか、という疑問です。

その通りです。設計事務所は、クライアントだけではなく、社会や地域に貢献するために、建築を思考しているわけですから。しかし経営戦略論を語る上では、まさにこの順番が重要になります。

経営理念やビジョンは、その企業が持つ「問題意識」や「課題」を起点にし、その解決の方向性を言語化[※195]したものです。特に小企業の優れた経営理念は、わかりやすく、ある切り口に集中しており、競合との差別化に成功しています。

さらにこの理念やビジョンは、聞く人の心に響き、企業の覚悟が垣間見え、誰かに伝えたくなるものであることが理想です。1[※196]章の「経営コンサルティング」の項で見たように、多くの企業は、単なるお金儲けのためだけには存在せず、真摯に社会の課題に向き合い、業界を良くするために切磋琢磨しています。まさにその像が結実したものであるべきです。

※194 『ビジョナリーカンパニー』(Jim Collins, Jerry I. Porras・日経BP社・1995年)未来志向で先見的(ビジョナリー)な企業における、経営理念やビジョンを丁寧に分析し、またそれらがどのように機能しているかを検証した。理念やビジョンを、強いカリスマ指導者の元にではなく、あくまで永続的な「組織」の発展に関して論じている点が卓越している。全米で5年連続ベストセラーになった有名な経営戦略書。

※195 ほんの一例として「情報技術でお客様のくらしを幸せにする」「社会課題に取り組みより良い価値を提供する」「長年培った信頼で顧客のオンリーワンであり続ける」といった言葉で表現される。

※196 「経営コンサルタントの役割」1章46頁参照。

理念・ビジョン・使命・志は最初はいらない

そうした経営理念やビジョンは、もちろん一朝一夕にできるものではありません。理由は二つあります。

まず経営は、長期的なスパンで考えなければならないからです。短期的な成果を追ってしまうと、根無し草のようになってしまいます。理念やビジョンも、クライアントや社会に、ゆっくりと育まれるものです。

もう一つの理由は、経営はきれいごとではないからです。誰にとっても魅力的に響く、美辞麗句が欲しいわけではありません。経営者が格闘するものに対して、泥臭いものです。

だから経営理念やビジョンが、その企業が誕生する最初から明確であるということは、ありません。自分たちが掴んだ、技術と販路のピースを行ったり来たりしながら、試行錯誤を繰り返す中で、ようやくクライアントや社会にとっての大きな「課題」が見えてきます。

そしてその課題に取り組んだ末に、生まれてくるのが「使命」であり「志」です。その使命や志に対する覚悟を言葉にしたものが、「経営理念」や「ビジョン」と呼ばれています。

だから、それらが醸成するまえに、必ずしも最初に理念やビジョンを掲げなくても良いのです。

理念やビジョンを届ける先は

もうおわかりいただけたかと思いますが、その経営理念やビジョンを届ける先は、「販路そのもの」です。自分たちが発見した特定の領域、またはコミュニティに対して、その経営理念やビジョンを語らなければなりません。

例えばコエドビール[※197]は、クラフトビールの醸造メーカーですが、彼らの商品のブランドコンセプトは「Beer Beautiful」という、シンプルなものです。これは「ビールは美しい」以上に、「そもそもビールというものは素晴らしい」という意味があるそうです。

これはすなわち、自分たちの企業の宣伝だけではなく、「日本にも、大衆向けの画一的な味だけではなく、もっと個性的な広がりを持つ、クラフトビール業界全体へのリスペクト」といったメッセージが、このコンセプトに込められているのです。

そういった理念を、ブランドコンセプトに乗せて、消費者や、小売店といった

※197　COEDO
COEDOは川越発のクラフトビール醸造ブランド。2006年、株式会社協同商事の朝霧重治氏によりコエドビールが発表された。個性的で味わい深いビールには、伽羅、瑠璃、白、漆黒、紅赤といった、日本の伝統的な色彩名が付けられている。いまや世界20ヵ国で展開。世界的な賞を受賞し、世界のコエドビールといわれるまでになった。

「販路」に届けています。コエドビールの素晴らしい、ビジョンの打ち出し方だと思います。

ところで設計事務所は、他の業界と比較すると、個性的な経営理念やビジョンを明確に打ち出すことが、実は少ない業界です。それはおそらく、宣言することでクライアントや建築の幅が狭まってしまうような、リスクを感じるからかもしれません。

またそもそもクリエイターや芸術家は、自らを言葉で定義する必要はないという考えもあるはずです。その評価は、生み出す作品から行われるべきという考えもあり、私はそれは正当だと思います。

そのジレンマの中にありながら、設計事務所としての理念やスタンスを定め、かつ販路を開拓した秀逸な例もあります[※198]。自らの範囲を狭めることなく、理念を表現することを、同時に実現する方法はあるのです。

またあえて間口を狭め、自分たちができることの強みと他との違いを明確に表現することが、一点突破のパワーを生みます。しかし頭でわかっていても、いざ「やらないこと」を決めようとすると、実際はかなりの勇気がいります。

そのため、販路計画で少し触れた「ブランディングデザイン[※199]」という技法を、経

※198 「人々がシェアする場をデザインする」と、その明確な姿勢を打ち出しているのは、猪熊純氏と成瀬友梨氏(成瀬・猪熊建築設計事務所)である。「シェア」という現代的なテーマを切り口に、住宅、オフィス、商業施設など様々なビルディングタイプに新しい提案を行う。

※199 実際のところブランディングデザインは、今まで以上に企業経営には欠かせない手法になっていくと思われる。情報社会において、いかに顧客に正しく価値を伝えるためのコンタクトポイントを整えるか。そういう役割において、ブランディングデザインの本質は経営思考である。

営に積極的に取り入れるべきです。ブランディング[※200]の基本は、その企業の「良いところ」と他社とは「異なるところ」が交わるポイントに一気にフォーカスするところから始まります。

1人で独立するかチームで起業するか

そして経営理念は、社内に向けて必要なものです。スタッフにどういう思いで仕事をしてほしいか、経営者として社員に何を約束するのか。経営理念やビジョンとは、そうあってほしいものです。

しかし経営理念の社内への働きは、ワントップの事務所か、複数の経営者がパートナーで経営される事務所かで変わります。なぜなら、その違いによって企業としての成長や変化のプロセスが異なるからです。

建築界で起業した人であれば、[※201]1人で独立するか、チームで起業するか、一度は脳裏をよぎったことのあるテーマだと思います。

いまどきであれば仲間と楽しく、フラットな組織でスタートするのもアリでしょう。独立当初は仕事や作品クレジットを分け合い、実績を積むのは定石です。

とはいえ、長く続かず解散するケースがあることは、誰もが知っている難しさで

※200　※167でも紹介したブランディングデザイナーの西澤明洋氏は、建築学科出身であることが知られているが、同様に建築系出身で、建築以外で活躍する著名なクリエイター（ライゾマティクス・齋藤精一氏、ＮＯＳＩＧＮＥＲ・太刀川英輔氏、日本仕事百貨・ナカムラケンタ氏など）へのインタビューを通じて、建築思考と経営思考の相関関係を炙り出す論考を発表している。『アイデアを実現させる建築的思考術』（西澤明洋著・日経ＢＰ社・２０１９年）参照。

※201　個人で独立するか、複数人で起業するかは、想像の通りメリットとデメリットがある。チームの場合、最初に共通認識を持ち育てていくべきは、経営理念か、それとも会計戦略についてか。これらはたいして変わりがないことだと、早めに気付くべきだろう。『起業家はどこで選択を誤るのかスタートアップが必ず陥る９つのジレンマ』（Noam Wasserman 著・英治出版・２０１４年）参照。

しょう。それなら最初から1人で独立し、スタッフを雇用したほうが良いのでしょうか。

もちろん経営に正解はありません。チームで成功している事務所もあれば、1人で独立して成功している人もいます。1人で独立しても事務所が拡大していく過程で、実は多くのメンバーに支えられていることも多いのです。

ここで大事なことは、チームで起業して、拡大を目指す場合は、早めに経営理念やビジョンがあったほうが良いということです。[※202]

複数の意見には、対立や妥協が生まれ、経営戦略に一貫性を持たせ、実行していくことの障壁になりがちです。だから、複数のパートナーの想いをつなぎ留めるものとして、そして合意形成の最低限のルールとして、自分たちが迷った時に帰っていく場所として、明言された言葉が頼りになるのです。

1人で独立するかチームで起業するか、このテーマは、ここでの「理念を掲げる本当の意味」と、次節「お金の仕組みを設計せよ」で展開される価値観に関係していますので、そちらに引き継ぎます。チームの解散を分析すると、結局はその作品性や、性格の不一致ではなく、お金の価値観が未成熟であったことが原因であることが多いのです。

※202　例えば3名で設計事務所を興した最初期に、短く簡潔な共有ビジョンがある状況は、現実的に考えづらい。しかしそれに代わる、影響力のある人物によるステイトメントやテキストが、「カルチャー」の原典になっていることはある。

お金の仕組みを設計せよ

建築士の経営力ということで、「設計スキル」↓「販路開拓」↓「経営理念」のピースを、順番に学んできました。いよいよ企業としての成長フェーズが見え隠れする中で、スタートアップの時には想像もしていなかったような、本格的な「お金の仕組み」が必要になってきます。「経営理念」のピースの対面に位置する、「会計知識」についての戦略的思考です。

会計とは、「経理」や「簿記」や「確定申告」といった、企業の税務を管理する事務作業的なものを指しているのではありません。もっと本質的な、自分たちが顧客や社会に提供しているものや、経営理念に表現されているような存在価値と、コ[※203]インの裏表のような思考を指します。

しかし私たちは学校で、または社会に出てからも、そうした「お金についての学習」に不慣れです。建築設計業界に限らず、ものづくりの分野において、お金についてのクリエイティブな教育は、いままであまり行われてきませんでした。

しかしこれからは、このお金の戦略においても基礎知識を身に着ければ、みなさ

※203 ビジョナリーな経営理念と、生々しいお金の戦略が、表裏一体であるということを、具体的にイメージしづらいかも知れない。しかし経営力とは、この異なる次元のものを同時に見ることができる能力も含まれる。また1章の「数字には物語がある」の項も、これとほぼ同義である。※49、1章83頁参照。

んの技術、販路、理念に即した、内面の力を手に入れることができます。

ここでは事務所の収益モデルも、同様にアップデートさせる練習から始めましょう。そしてどのように内部留保[※204]をつくっていくか、また投資についても、考察を始めましょう。

そして先ほどの「理念とビジョン」の節の最後でお話しした、「1人で独立するか、チームで起業するか」で気になった、チームで成功するための十分条件は、この会計戦略についての共通認識です。

起業時には、緩やかなルールで、節約しながら、色々なリソースをシェアしながら事務所を運営していたでしょうし、それは正しいと思います。そして幸運にも仕事が入り始め、アルバイトやスタッフが加わる時に、課題が出てきます。どういう基準で出費するのか、利益が生じた時には設備投資をするのか、新たに人を雇うのか、会社に蓄えるのか、または自分たちに還元するのか。

もちろん誰しもこうした会話に、初めから慣れているわけではありません。だから、根本的な食い違いになる前に、成り行きではなく、対策を打つ必要があります。

チームで起業した場合は、お金を専門的に考える担当がいるといいでしょう。アメリカで言うなら経営責任者である社長（CEO）に対して、お金の責任者[※205]

※204　内部留保
自社の経営活動によって生み出された利益による資産。貸借対照表の純資産の一部。単純に会社の貯金という意味ではないが、ここでは利益を現金化していく、という意味で用いている。

※205　CFO（Chief Financial Officer、最高財務責任者）
少数精鋭のプロジェクトチームでも、そこにファイナンスの専門家がいると、実現可能な幅が増す。2013年に試みられた「木賃ディベロップメント」では、オーナー負担なしの1棟リノベーションを、建築家（スタジオA・内山章）と施工者（ルーヴィス・福井信行）とファイナンス（あゆみリアルティサービス・田中歩）の専門家がチームで取り組んだ。

（ＣＦＯ）がいるような状態です。自然と担当者が決まっていく設計事務所もあります。

しかしそうは行かないケースのほうが多いと思います。チームで起業して、建築家としての役割を複数の人間が担う場合は、やはり彼らがお金についての知識や技術を学び、共有していることが望ましいと思います。

会計戦略というのは、すでに1章の[※206]「お金とは何か―会計とファイナンスの言語」のツアーで、存分に見知ったあの世界のことです。そちらをもう一度振り返ってください。

企業のコスト構造はどうなっているのか。販管費は、固定費型[※207]なのか変動費型なのか。収入と価値提供のタイミング[※208]がどんなスパンなのか。そして管理会計とＫＰＩ[※209]はどのようになっているのか。

それらが会計についての思考であり、経営戦略やマーケティング施策とはもちろんですが、企業理念とも切り離せないものです。会計戦略とは、人に喩えると、血液を全身に送り込むための、心臓や血管のようなものかもしれません。

また思い出してください。クライアント企業の「未条件」は、実は会計戦略に多く含まれていました。会計に詳しくあるべき理由は、その企業を取り巻く表面的な

※206　1章82頁参照。
※207　固定費型と変動費型　52、1章86頁参照。
※208　ワーキングキャピタル　57・58、1章90頁参照。
※209　ＫＰＩ　重要業績評価指標（Key Performance Indicator）。※62、1章91頁参照。

情報に惑わされず、正しくその企業[※210]の内面に触れるためでした。

そうだとすると、みなさんが経営する設計事務所の本質は、その作品性や所長の人間性と同様に、おそらく事務所の会計戦略にも表れています。そしてそこから、変化を起こすことが可能です。

管理会計というコントロールパネル

会計の基礎知識として「PL[※211]（損益計算書）」や「BS（貸借対照表）」「CS（キャッシュフロー計算書）」、また経理や簿記といった、税務会計の知識もあります。

本節では、それら税務会計よりも、管理会計[※212]についてお話ししたいと思います。ここも1章を振り返ってみましょう。管理会計とは、企業ごとに異なる、経営のコントロールパネルのことでした。

管理会計は、各業界や企業ごとに独自のものですから、企業によっては市販の会計管理ソフトを使う場合もあれば、エクセルで管理している場合もあるでしょう。設計事務所の場合は、一般的には月ごとに、上段に売上、中段に経費があり、下段に残る利益が表示され、それらが1～2年先までつくられているのではないかと思います。

※210　企業の内面
1章「お金とは何か―会計とファイナンスの言語」82頁参照。

※211　財務三表
※53～55、1章「お金とは何か―会計とファイナンスの言語」86～88頁参照。

※212　管理会計
※61、1章「お金とは何か―会計とファイナンスの言語」82頁参照。

管理会計の基本パターン

パターン1：キャッシュフロー型管理会計

（万円）

月	4	5	6	7	8	9	10	11	12
売上	200	0	600	100	200	0	600	200	500
経費	200	200	200	200	200	200	200	200	200
税等	10	10	170	10	10	10	10	10	110
残高	380	170	400	290	280	70	460	450	640

過去 ←―― 現在 ――→ 将来

パターン2：プロジェクト型管理会計

プロジェクト名	受注金額	入金時期	外注費用	粗利	粗利率
A邸	600万円	○月 △月 □月	○万円 △万円 □万円	○○○万円 △△△万円 □□□万円	○% △% □%
Bビル	2200万円				
Cリノベ	200万円				
計	3000万円				

本文で説明するように、管理会計の方法は、企業や業界によってさまざまで、決まったフォーマットはありません。管理会計のデザイン次第で、企業の理念や強み、集客や人的資産の整合を、加速させることができます。要は、経営における何を「重要な因子＝KPI」に置き、見える化するか、ということです。上の表は、小規模な設計事務所でよく見られる例です。パターン1は、すこし先の資金繰りを確認するためのもの、パターン2は、プロジェクトごとに利益や効率性を分析するものと、用途が異なります。適切な管理会計をつくるのは簡単ではなく、常に試行錯誤が求められ、マイナーチェンジを繰り返します。

設計事務所のキャッシュフローは比較的シンプルで、成果品や作業に対して、定期的な設計監理報酬があります。そのタイミングは、「業務着手時、基本設計完了時、実施設計完了時、竣工時」など、複数回に報酬の支払いを分割していることが商慣習として多いようです。それに対して、経費のうち変動費は、構造や設備設計事務所の外注費が上げられます。また固定費では、オフィスの家賃の他は、ほとんどが人件費です。図のように、プロジェクトごとにその利益率を確認することも、管理会計の一つの型です。

管理会計とは、そういう日々の売上と経費のお金の流れの中で、少し先の将来を予測し、対策をたてるために、見える化された表と言うことができるでしょう。自分たちの技術、保有する販路、そして経営理念、それらに整合した管理会計の方法と、独自のＫＰＩを、発見またはデザインできれば、設計事務所経営は見事な展開を始めるでしょう。

ＫＰＩをデザインしよう

また、確固たる「販路」が築けていない場合、あなたは忙しい設計業務のあいまに、次の仕事のための種をまき、育てなければなりません。わかりやすく言うと、例えば月に「3人」はクライアント関係者に会うとか、毎月「1回」は新しい竣工物件をメールで紹介する、などです。そうした、受託に関連する定量的な行動指標も、KPIの一種です。

一方で、差別化された独自の販路をすでに獲得している設計事務所であれば、例えばSNSを使って、強くメッセージを発信し、仕事の相談を増加させることも可能でしょう。その時は、情報発信量と問合せ件数の相関関係から、KPIを設定することができます。

このように、管理会計と同じように、KPIもまた、その切り口や見える化のデザイン（インターフェース）次第で、経営を左右するものになると言っても過言ではないでしょう。ではKPIの探し方を紹介します。

企業活動とは、クライアントを見つけ出し、価値を提供することで貢献し、「売上」をつくる仕組みをつくることです。そこでまずは、「売上」を分解します。

例えば、「売上＝顧客候補数×案件化率×成約率×報酬平均単価」といった感じです。飲食店舗では「売上＝座席数×回転率×平均単価」が一般的です。不動産仲介業であれば、「売上＝案内数×成約率×平均仲介手数料」となります。

では設計事務所の場合はどうでしょう。あまり議論されませんが、基礎的な売上構造は、「売上＝相談件数×受託率×平均設計監理報酬（設計料）」となります。それぞれの因数が高ければ、売上が高まることになります。

しかし個人住宅と、中規模のテナントビル、また小規模なリノベーションなど様々な種類の業務に携わる設計事務所であれば、プロジェクト当たりの設計料が大きく異なるため、平均的な設計料といってもあまり意味がありません。

そこで、設計料を建設工事費に比例する形で受託しているのであれば、「売上＝相談される案件の建設工事費の合計×設計料率×受託率」という出し方のほうが、その件数に関わらない思考ができるかもしれません。

また建設坪単価に、それほど大きな違いがないのであれば、「売上＝相談される案件の床面積の合計×建設坪単価×設計料率×受託率」のようにさらに分解できます。すると売上目標に対して、どの程度の床面積合計を受託すべきか、という視点が生まれます。その時、この「床面積」がＫＰＩになり得ます。

例えば受託率が50％と比較的高い設計事務所が、売上目標を1億円と設定した場合は、この式を逆算すると、６６００㎡分の相談[※213]を受けなければならない、となります。

※213　ただし建設坪単価を１００万円、工事費に対する設計料率を1割で考えた場合。

管理会計やＫＰＩをつくり替える

ただし建築の場合、プロジェクト期間が1年未満のものもあれば、数年にわたるものもあります。さらに相談を受けてから設計契約までの期間もばらつきがあるでしょうから、ＫＰＩの見定め方にはまだまだ改善の余地はあります。

またそこで、設計事務所が掲げる目標やビジョンが、そうしたＫＰＩに共感するものである必要があります。売上を分解する場合にも、お金と理念の整合性が重要なのです。

しかしこうした管理会計の理解と深化が、後回しにされる場合が多いのです。クリエイティブ業界全般に言えることですが、どうしてもこうした試行錯誤が、本業ではない補助的な作業と捉えられ、十分な時間があてられないからです。

また管理会計の形式は、他の経営ピースに革新が起こるたびに、つくり替えるべきですが、そういう状態にあっては、なかなか着手されません。最初につくった表形式を変えられず、考え方が固定化してしまうのです。

経営者であればやはり、他社の管理会計に触れられる機会を設けるか、または1章のクライアント企業の「未条件」を深掘りすることで、その魅力にインスピレーションを得ることを、きっかけにすることができます。管理会計の構築は、間違いなく経営者の重要な仕事です。そしてしっかりつくりこんでいる企業から、業績を伸ばし、成長フェーズへと入っているのです。

ある設計事務所は、従前の管理会計（190頁の図のようなキャッシュフローで、売上と経費から、会社の毎月の現金を表示したもの）から、大胆に形式を変更しました。主要な二つの事業（一つは設計監理業務、一つはコンサルティング業務）に関わる売上と経費（固定費・変動費）を分離し、それぞれの特徴や改善点を探しました。するとそれぞれのＫＰＩが見つかり、それをスタッフに共有し、それぞれの事業が成長しました。そうした地道な工夫が、※214 会計戦略なのです。

お金の流れのキードライバーはどこか

管理会計でより基本的なポイントとは、運転資金が足りているか、またどこで資金が尽きるか、それらがきちんと表現されていることだと思います。

例えば4か月後に資金が尽きるとか、1年以上は安泰であるとか、近い将来の通帳の残高が予測され、見えていないと、いま何をすべきかがわかりません。漠然とした不安に追われ、行き当たりばったりの経営になってしまいます。

※214　1章「管理会計というコントロールパネル」の項にもあるように、管理会計の方法は、業界や企業によってまったく異なり、企業の個性や文化を表わす。190頁の図のようなツールになるが、実際に企業の管理会計に触れることで、その重要性を理解して欲しい。創造系不動産スクールの「経営戦略基礎コース」では、ある企業の管理会計の形式の変化により、どう企業戦略が変化し、成功または失敗していくかを生々しく説明する。1章「お金とは何か—会計とファイナンスの言語」82頁参照。

また管理会計には、常にクリエイティブな飛躍の可能性を残しておくべきです。例えばどこで資金がショートするか、ということだけに集中してしまうと、逆に保守的になりがちで、大胆な策が打てなくなることもあります。資金が尽きない範囲の仕事量で満足してしまうことも考えられます。

また単純に月々のお金の流れではなく、設計の場合は特にそうですが、設計の期間やスタッフの業務の習熟度やスピードを数値化すれば、それがどう利益につながるかを導き出せると思います。

しかし自分ごととして思いますが、自社のＫＰＩを見つけるのは本当に難しいものです。先に述べた通り、経営者にとっては最重要な仕事のはずが、どうしても日常作業が優先されますし、また最初に決めた形式に変更を加えることに、心理的な抵抗が起こるからです。

そしてさらに、会計戦略はその企業の成長フェーズによって異なります。もしある企業が導入期におけるＫＰＩ設定に成功し、業績を伸ばしたとしても、逆にその成功体験こそが、さらなる成長期への変化を妨げます。過去や現在に機能しているＫＰＩが、変化がはやい時代において、数年後も同じような形で機能するかは、まったくわからないのです。

※215　アライアンス
業務提携のことであるが、次節の「組織をつくる」に大いに関係する経営概念。例えば、合併、買収、業務提携、資本提携などがあるが、上下の元請けと下請けの関係ではなく、戦略的に異なる二つのグループの生産性を高めていくことは、高度な経営技術と言える。

ゆるやかなアライアンス[※215]と管理会計

ここまで設計事務所の経営を、会計の軸で見てきましたが、大事なことはやはり、一貫性です。それぞれの経営のピースを個別で考えるのではなく、整合している状態をつくることです。またそれが、環境の変化というベースの上で行われているのが、理想的です。

1章、2章、3章で行っていることは、ひたすらその反復練習なのです。それぞれを深掘りしながら、環境の変化に合わせて、経営のピースの整合性を取る。それを繰り返し、様々な角度で、解説しているに過ぎません。

そしてこれからの設計事務所経営の一つの変化として、チームによる経営を超えて、設計事務所同士のアライアンス[※216]、あるいは多面的な専門家同士のアライアンス[※217]が起こっています。業務が集まる企業に、スタッフが集まらないというアンバランスな状態を解消するため、現実的な対応として、試みが増えているようです。

00年前後から、有名建築家と組織設計事務所が設計共同体をつくり、設計業務を受注する例が増えました。これは建築家の独創性と、組織設計事務所の企業力や品質など、双方の強みで補完しあう試みです。

※216　設計事務所同士のアライアンス
大型設計業務受託の戦略や、人材雇用の課題解決として、最近は設計事務所同士のアライアンスの実例を耳にする。一例では、京都市立芸術大学移転設計プロポーザルの受託者は、建築家の乾久美子氏、郷野正弘氏、藤原徹平氏、人西麻貴氏＋百田有希氏、吉村光弘氏による。こうした個性的な才能がコラボレーションするために、経営的な技術がいかに機能し得るだろうか。

※217　専門家同士のアライアンス
これまでは建築家がトップとなり、構造、設備、ランドスケープ、音響、さらに建物用途に合わせた専門的なコンサルタントというチーム編成であった。近年では、グラフィックやウェブデザイン、企業ブランディング、PRやファシリテーター、不動産や経営コンサルタントと設計事務所が、もう少しゆるやかなチームを組織して、クライアントへの成果のパフォーマンスを高めている例も多い。

ここで挙げた設計事務所同士のチーム編成やアライアンスによる組織化は、その進化版として、もっとフラットな関係のように見受けられます。こうした動きは、現代的で可能性を感じます。おそらく今後より深刻になる人材不足や、コンペ要綱で求められる資格者数という壁を、言わばチャンスに変える良策だと思います。果たしてこうした変化は定着するのでしょうか。

このテーマは再度、次節の「人と組織をつくる」でも取り上げますが、まずこの「お金の仕組み」で取り上げているのは、やはり管理会計の仕組みの必要性を感じるからです。おそらくこの動きをよりラディカルに昇華させるためには、何かしらのプロジェクトごとの管理会計の仕組みが導入される必要があると思います。

普通は事務所ごとに業務分担を行い、それぞれに時間を割り当て、報酬を分割する方法が取られます。しかしより密なコラボレーションのため、設計共同体を超えて、集まった個性が一つの人格に収斂するような技術が、今後は確立されるべきでしょう。

おそらくそれは、役割とタスク、スケジュールや成果、そして働く時間や報酬を、さらには、コミュニティへの帰属感ややりがいまでをシェアするような管理会計に近い何かになると思います。

企業と業界の成長曲線

会計戦略と、その企業の成長フェーズの関係は、図のように整理できます。一つの企業または業界全体を、「導入期、成長期、成熟期、衰退期」と分類しています。「導入期」、つまり企業がスタートアップの頃は、売上も限られ、まだまだ知名度も低いタイミングです。資金が限られているので、大きな設備投資はできません。ただし独自の技術と販路の戦略的な構築が、うまくいきそうな気配があれば、素早く資金を集めたほうが、成功のチャンスの確度は高まります。方法としては、金融機関から操業融資などの借入れを行う方法が一般的です。またＩＴ系企業のスタートアップであれば、ベンチャーキャピタルから[※218]資金調達するのが有効な場合があります。設計事務所であれば、金融機関からの調達が良いと思います。

そしていよいよ、企業が導入期から「成長期」の入口に立つ時、設計事務所であれば、スタッフが10名前後になるようなタイミングが多いと思いますが、建築物だけでなく、企業としての総合力が評価され始めます。ところがこの時期、やはり資金は不足するか、借入が増えることが多いのです。

成長期に入ると、資金が潤沢に集まるイメージもありますが、実際は企業が成長

※218　「場の発明」を通じて欲しい未来をつくる、というミッションを掲げる「ツクルバ」は、２０１５年ベンチャーキャピタルなどからの資金調達を経て、デザイン事務所から、スタートアップベンチャーへと変貌を遂げ、２０１９年、東証マザーズに上場した。創業経営者の村上浩輝氏と、中村真広氏は、企業のオフィスプロデュースや、コワーキングスペース運営から活動を開始。不動産流通プラットフォーム「cowcamo（カウカモ）」を２０１５年にリリース。現在の主力事業となる。中村真広氏は著者のインタビューの中で「建築教育を受けていた学生時代から、設計課題の「与条件」を変えることが重要だと捉えていた。そもそもの課題をデザインすることが、クリエイティブなこと。ツクルバではそれを行っている」と語った。

事業ライフサイクル曲線

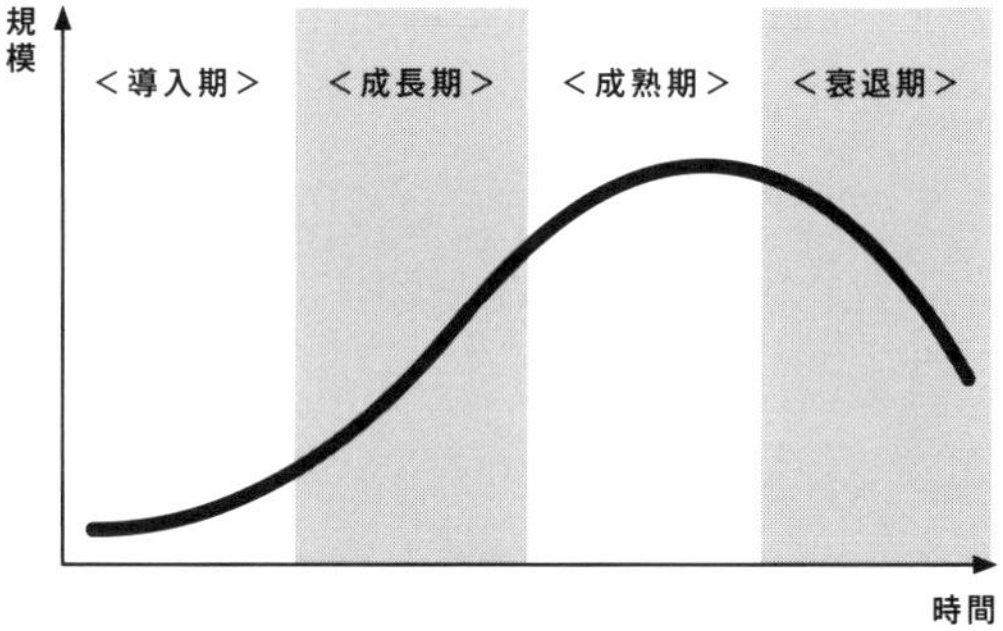

戦略	集中	差別化	コストリーダー	要改善
売上 / 利益	低 / 低	高 / 高	高 / 低	低 / 低
会計戦略	借入	借入拡大	安定	要改善
顧客像	イノベーター	アーリーアダプター	大衆	保守
雇用	少ない	不安	安定	離散
組織	小	混乱	安定	固定化

すべての業種・業態・事業は、その興隆の速さや期間に差はあれど、始まりがあれば終わりもあります。これを事業ライフサイクルといい、上のように4段階に分類されます。問題は、企業の事業がいまどこにいるのかを読まないと、間違った施策を打つことになる、ということです。しかし現在、将来にわたって、これを特定することは簡単ではありません。

ベンチャー企業の経営者なら、自社の成長戦略を理路整然と語るかもしれませんが、思った以上に成長痛を感じていることもあります。大企業であれば、部署レベルでは驚くほど危機感に鈍感なこともあります。事業を始めようとする企業が、いまどこにいるのか、それにより経営のアクションは変わってくるのです。

し始めるタイミングは、人材の確保の課題や、業務と設計料の入金と経費の支出の時差によるマイナスが拡大するからです。

しかしそういうタイミングこそ、企業の評価も高まるはずですので、金融機関から計画的な借り入れを準備し、さらなる成長や自己実現のために投資を行うことは、経営の定石です。

そしてすべての企業は、いつかその「成熟期」を迎えます。すでに企業の知名度と実績が、その独自の販路界隈で、また建築界でも、十分に広まっている頃です。ようやく売上や利益も安定し、比較的雇用も容易になっていると思います。

そのような成熟期の会計戦略としては、来るべき次の時代に備え、新規ビジネス[※219]開発のために盛んに投資を行います。

こうした事業ライフサイクルは、企業単体でなく、業界全体にも当てはめることができます。つまり建築業界や、住宅設計業界での事業ライフサイクルをイメージすると、いま私たちはどこにいるのでしょうか。おそらく成熟期か衰退期ではないか、と聞こえてきそうです。

「衰退期」の会計戦略とは、改善点をスピーディーに発見し、そのアクションプランを速やかに実行する、または、傷が拡大しないように、いち早く撤退する、こ

※219　新規ビジネス開発
4章で詳しくその考え方やツールが紹介されている。4章250頁参照。

うした思考も、経営と会計の思考なのです。

投資のタイミング

成長期に入ると、近い将来を見据え、熟慮のうえ投資を行います。設計事務所には、どんな投資が有効でしょうか。例えば自分たちの世界観が表現されたオフィスづくりが考えられます。また人材を強化するための募集の方法を刷新し、そこに予算を付けるのはどうでしょう。

またPR活動[※220]を考え直すことも考えられます。これは販路開拓の一環として、クライアントに届く特定のメディアへの掲載のために、PR専門の人材を迎え入れるか、広告を検討することもあります。またクライアントや建築メディア以外の、不動産や金融といった関連業界への「見え方」を整えることも、まだまだ工夫の余地があると思います。

もっとも本書で紹介されているような、経営戦略の多面的なつくりこみに、コストと時間をかけることも、大きな投資と言えるでしょう。コストと時間をかけるという意味では、設計コンペに参加することも同じです。常に、いまどちらが必要か、また投資する割合はどうか、という俯瞰した視点で判断します。

※220　PR活動
※19、1章47頁参照。

※221　谷尻誠氏と吉田愛氏は建築設計事務所SUPPOSE DESIGN OFFICEとして広島・東京の2ヵ所を拠点に建築、インテリア、複合施設など多数のプロジェクトを手がける。一方で、土地の潜在的な価値を引き出す「絶景不動産」や、社員のための食堂と一般的な食堂の融合をコンセプトに、社外にも開かれた「社食堂」、現代テクノロジーと受け継がれる職人技を組み合わせ、若手の育成も行う施工会社「21世紀工務店」、さらに建材検索のAIアプリ開発など、建築に関連する事業を矢継ぎ早に展開する。(『CHANGE―未来を変える、これからの働き方―』谷尻誠著・エクスナレッジ・2019年)

最近では設計事務所が、建築設計とは異なるビジネスモデルを掛け合わせる機運も、高まっています。例えば設計事務所に飲食業を併設し、社内外の人々が混ざり合う空間をあえて設ける、そんな事例が複[※221]数見られるようになってきました。

設計×□□のムーブメント

また自ら設計するゲストハウスを運営するなど、宿泊業に参入する設計事務所も少[※222]しずつ現れました。彼らは、宿泊施設というビルディングタイプを設計するというより、宿泊という体験をデザインするために、顧客との直接の接点を持つことで宿泊業での提供価値を模索しています。

またその宿泊業の試行錯誤のノウハウは、宿泊ビジネスで設計業務を依頼するクライアント企業の、コンサルタントの立場と提供価値を得ることもできます。

そのような、建築設計とは異なるビジネスモデルの掛け合わせは増加します。また複数のビジネスモデルを保有することが、むしろ合理的になります。その理由は、詳しくは4章の「新規ビジネス開発またはスタートアップ」で詳しく分析しています。

ここ「お金の仕組み」で押さえておきたいのは、別のビジネスモデルを掛け合わ

※222　宮崎晃吉氏は学生時代から居住していた木造アパート萩荘の解体危機を受け、最小文化複合施設ＨＡＧＩＳＯとしてリノベーションしたことを契機に、２０１３年にＨＡＧＩＳＴＵＤＩＯを設立。ＨＡＧＩＳＯはカフェやギャラリー等を擁するだけでなく、街全体をホテルに見立てた宿泊施設・ｈａｎａｒｅのレセプションの役割も果たすなど、建築を通して生まれた活動が街や人に働きかけるような設計・企画・運営を行う。その後地域内の遊休不動産を再生し、２０１９年末時点で地域内で８施設を運営している。

せるトライアルが、やはり導入期と成長期における「投資」にもなりうる、ということです。その掛け合わせのチャレンジが社員の教育になり、働くスタッフにとってモチベーションになり、自社ブランディングのプラスになっている、それであれば最高です。よく言われることですが、経営者が打つ施策は、常に一石三鳥か、四鳥になっています。そういう面では、経営者は欲張りなのです。

もっとも注意しなければならないのは、その異なるビジネスを導入する、経営者の本当の動機が、「収支の苦しさを避けるために、安定収入を得る」ことから来ている場合です。

経営者であれば誰しも、その売上の不安定さや、数か月先の資金繰りに、苦しみ恐怖することはあります。しかしそこから逃れたい誘惑に負けて、設計事務所の本来的な提供価値と異なるビジネスに、安易に手を出してしまうと、しっぺ返しをくらうこともあります。その分野はすでに多くの企業が参入しているレッドオーシャンである可能性があり、価格競争のフェーズに入っているかもしれません。

例えば不動産賃貸管理業[※223]は、実は免許や登録の必要がないため、設計事務所が行うことができます。管理報酬の相場は、毎月の家賃の3～7％であり、一見すると安定的な収入のようです。自らが設計した賃貸集合住宅の竣工後に、そうした形で

※223　不動産賃貸管理業　マンションやアパート、オフィスビルなど収益不動産を、オーナーに代わり管理する業務。「ヒト・カネ・モノ」を管理する業務と言われ、入居者からのクレームや、家賃集金、設備の故障の修理などの窓口の役割を担う。最近では、コミュニティ育成のサポートや、建物のバリューアップを計画するなど、サービスの付加価値が求められる。

関わり続ける設計者[※224]もいます。

しかし入居者やオーナーとの対応に、不動産の法律や契約についての知識や、取引についての経験がないと、顧客満足が得られないため、結果的にはクレームが起き、対応に追われ、収益を圧迫します。本来は3章の冒頭、不動産の「スキル」を得るところから開始しなければなりません。

ですから、安定収入という理由ではなく、自らの設計ノウハウにどういうフィードバックを得るか、コミュニティの運営の練習になるか、新しい販路に説得力が生まれるか、またスタッフの教育につながるか、という、経営の他のピースの目線を同時に満たすことができるかがポ[※225]イントです。

教育についてですが、今後、設計事務所では、いままで以上に多彩な教育が求められるようになります。なぜかというと、2章で確認したような、経営環境の変化の空気を敏感に感じる若いスタッフが深層のところで仕事に求めているのは、それを乗り越えるための、新しい知識や世界観だからです。

ですから、ここで話してきたお金に関する知識、ビジネスや営業の学習、ビジネスマナーの研修、地域経済との付き合い方の経験など、彼らの尽きることのない好奇心に応えるためのコストと時間、これこそ最大の投資なのかもしれません。トッ

※224　SWAY DESIGNは、リノベーション、建築設計・監理、インテリアデザイン、不動産企画を行う一級建築士事務所。名前の由来は「SUSTAINABLE WAY」。建物そのものはもちろん、不動産の所有の仕組みや住まい方、働き方も含めて、未来に持続可能な方法をデザインすることを活動指針にしている。

※225　株式会社日建設計には、建築設計が始まる以前のプロジェクトのプロデュースやマネジメントを行う部門「NIKKEN ACTIVITY DESIGN lab（NAD）」がある。クライアント企業の新規ビジネス計画のコンサルティングや「場づくり」から「そこで起こる出来事」まで幅広いサービス提供を行い、人々の行動（アクティビティ）を起点に未来を思考する。

プからスタッフに教える一面もあれば、トップとスタッフが一緒になって学ぶ時代なのかもしれません。

人と組織をつくる

設計事務所経営の、いよいよ5番目のピース、「人と組織」についての思考です。建築家や設計事務所のトップ、そして社員たちスタッフ、またインターンやオープンデスクたちの「人」から、その設計事務所の主要な設計スキル、販路開拓、経営理念、会計知識の延長上に一貫する、「組織づくり」を考える分野です。

まずは1章の冒頭に触れた、クライアント企業の「人と組織」を経営思考するツアーで見聞きした内容を、簡単におさらいしてみましょう。

クライアント企業が求める「人材像」に対して、設計事務所が生み出す空間は、経営者からのメッセージでした。そしてさらに、建築空間は「企業文化」に迫る、という仮説を立てました。

またクライアント企業への人材マネジメント施策についてのインタビューから得られる「未条件」は、建築計画に対するヒントだけでなく、自社の経営への応用の気づきにもなったと思います。それでは「人と組織」の、設計事務所バージョンを一緒に考えていきましょう。

人材マネジメントという概念

人材マネジメント施策の代表的なものを、もういちど記載します。[※226]

組織やチーム構成を考え、その部署間を横断するコミュニケーションを促す議論、社内イベントの企画や支援、会議や朝礼のルールづくり、経営理念を浸透させるための工夫、目標管理制度[※227]や報酬、新しい制度や取り組みを導入する手続き、勉強会や教育プログラムの開発や運用、社内コンテストの企画と実行、昇進や降格や異動について、また産休・育休や子育て支援、ストレス改善、人材採用、働き方改革、労務や人事評価、ES[※228]やモチベーション、こういった内容が、すべて「人と組織」に関わるアクションでした。

これらの施策がうまく働くと、その企業は成功し、失敗すれば衰退する、それくらい経営的には重要な分野です。

これらはいわゆる人事部門[※229]が取り扱う業務よりさらに広い、人材マネジメントという分野です。人事部門は、まだ中小企業では無いほうが良い、という論考もあり

※226　1章「クライアントの経営を知る―人や組織を思考する方法から」29頁参照。

※227　目標管理制度(MBO：Management by objectives)
※9、29頁参照。

※228　ES
※10、30頁参照。

※229　人事部門
人や組織のエネルギーを最大化し、従業員に貢献するための部署である。しかし一方で人事部門がうまく機能していない場合は、評価を誤り、保守主義に陥り、官僚化する。また小企業には人事部門は不要という論説がある。ヒューレットパッカード社のデイブ・パッカードは「HPには人事部はいらない。人事はすべての人の責任であるべきだ」と述べ、社員数が千名を超えてようやく人事部門をつくったといわれる(『戦略人事のビジョン』八木洋介著・金井壽宏著・光文社・2012年)。

ます。なぜなら人材マネジメント施策は、トップダウンではなく、社員がボトムアップで行うべきものだからです。

しかし建築設計に限らず、デザイン業や製造業など、多くのものづくり業界では、人材マネジメントの分野は、比較的後れを取っています。やはり伝統的な職人教育では、「見て覚える」「経験して理解する」、といった慣習があるからだと思います。

実際に、そういう教育を受けてきた私自身は、伝統的な技術習得の重要性は大きいと考えています。これからの設計事務所のトップや経営者は、それに加えて現代的な人材マネジメント施策を学び、融合させれば、より良い組織やチームをつくることができると考えます。

一方で、いくつかの設計事務所のマネージャー層へのヒアリングによると、最近では働き方改革[※230]をいかに導入するかという議論が、表面的に行われているケースも見受けられます。労働時間を減らすことが、目的化しているのです。

改めて働き方改革の目的を要約すると、慣習に捉われず、労働人口を増やし、生産性を高めて行くことです。すなわち働き方改革が目指すところも、ここでの人材マネジメント施策の目標の一つであると言えるでしょう。

そしてあらかじめ掴んでおきたいのは、これから社会で活躍していく学生や、若

※230 働き方改革
少子高齢化に伴う生産年齢人口の減少、育児や介護との両立などの解決のため、多様な働きかたができる社会を実現し、より良い将来の展望を持てるようになることを目指す、厚生労働省主体の政策。2019年より「働き方改革関連法」が施行されている。労働時間の長時間化の是正、非正規格差の解消、柔軟な働きかたの実現を3本柱とする。

いスタッフの置かれた立場です。彼らは数十年前の私たちよりも悩ましい状況にいます。それは情報化社会の中で、キャリアの選択肢が多すぎるように感じるからです。選択肢が多いことは、良いことだけではありません。

また彼らは、これからの日本の人口構成や統治構造の変革を、感覚的に察知し、無意識的に、その難しい課題に対応しようとしているからです。

飛躍を目前にし、自分たちが人生をかけてやるべきことや、やりたいことを、この変革の最中に探しています。本格的な変化に備えなければならない、しかしどうやって？　これからの設計事務所は、組織設計であれ、アトリエ設計であれ、そうした不安定な立場にある彼らを、丸ごと受け入れられる存在でありたい、そういう考えに賛同して頂ける経営者は多いのではないでしょうか。

設計事務所のインセンティブをどう考えるか

ここで「インセンティブ」[※231]という概念を、再度押さえておきます。これは1章の「人と組織」のツアーで触れました。人や組織を経営的に扱うのであれば、インセンティブの計画に長けていることは必須です。

広義のインセンティブとは、人が目的を達成するために行動する要因となるもの

※231　インセンティブ
1章33頁参照。

全般、という意味ですが、ここではもう少し限定的に、「社員がその企業ではたらく、報酬を含めた意味や理由」として用います。

社員はもちろん、企業から報酬を得るために働いています。給与や賞与もその一つですが、すべての人が、それだけに満足して働いているわけではありません。

1章を振り返ると、それら以外に、役職や名誉、成長の実感や働き甲斐もインセンティブでした。現代ではさらに多様化し、例えば教育制度やスキルアップの指導、さらにキャリアパスやワークライフバランスについての対話[※232]、つまり自身の型にはまらない将来の可能性についての支援もそうです。

こうしてみると、給与以上に、これらをインセンティブの本質と捉えている社員もいると思います。

さらに結果によって給与が変動する成果報酬なども、インセンティブの代表的なものです。結果的に、すべてが働くスタッフのモチベーションに関わるものなのですが、時代と共にその源泉も変化していることがわかります。

この「人と組織をつくる」の節で、これらを検証する理由は、やはり設計事務所の人や組織を考える時に、その「文化」をどうつくっていくか、もしくは変革していくかというところに、インセンティブが大きく関係するからです。

※232 キャリアパスやワークライフバランス
※11～12、1章34頁参照。

人と組織の七つの「S」

設計事務所にも「企業文化」は、自然と醸成されています。

例えば所長の性格を反映した、実直で緻密なスタッフが集まっている事務所。長く勤める代表格のスタッフの影響で、上司部下の関係がおおらかで、風通しの良い事務所。高学歴な人材があつまり、ほど良い競争意識がベースにある事務所。また意匠設計か、構造設計か、設備設計か、もしくは組織設計かどうかで、基礎的な違いがあると思います。

言葉にはしづらいのですが、そういった文化は時間をかけて育ちます。しかしこの文化は、実は「経営者がもっとも触れるのが難しい」部分なのです。トップの影響は大きいにしても、その人間性によって生まれるものではなく、構成員であるスタッフや、事務所で定着している人材マネジメント施策の量と質によって、大きな影響を受けているからです。

そのような企業文化を含めた代表的なフレームワークに、「7S」があります。捉えづらい分野の手がかりになると思いますので、自社の理想と現実や、他社との比較検討を手早く行うためにも、まずは活用してください。

これは、人と組織に関わる要素を七つに分類しているものです。まず上から、経営における「基本戦略（Strategy）」、組織図に表れるような「組織構造（Structure）」、給与体系や目標管理制度など「人事システム（System）」があります。

この上の三つは、〈ハードS〉と分類されます。これらは比較的、言葉で明記しやすい部分です。そのため、改変が計画しやすく、また短期的に実現性も高い部分です。経営者が直接触れることができる部分と言えます。

つぎに、経営の6ピースにもあった「理念やビジョン」に相当する、「共有価値観（Shared Value）」が中央に置かれます。下方には、社員やチームが持つ多面的な「技術や能力（Skill）」、人材の性格やリーダーシップなどを示す「スタッフ（Staff）」、そして企業文化や社風を意味する「スタイル（Style）」があります。

この四つは、〈ソフトS〉と呼ばれます。どちらかというと捉えづらく、記述できない部分であり、そして変革に時間がかかります。そしてこの中でも、もっとも経営者が扱いづらい、思い通りにならないSが、「スタイル（Style）＝企業文化」なのです。

文化はトップダウンでつくられるというよりも、実際に働いているみなさんがどういう風に組織チームを捉えているか、その集合により、ぼんやりと全体像が形づ

人と組織の7つの「S」

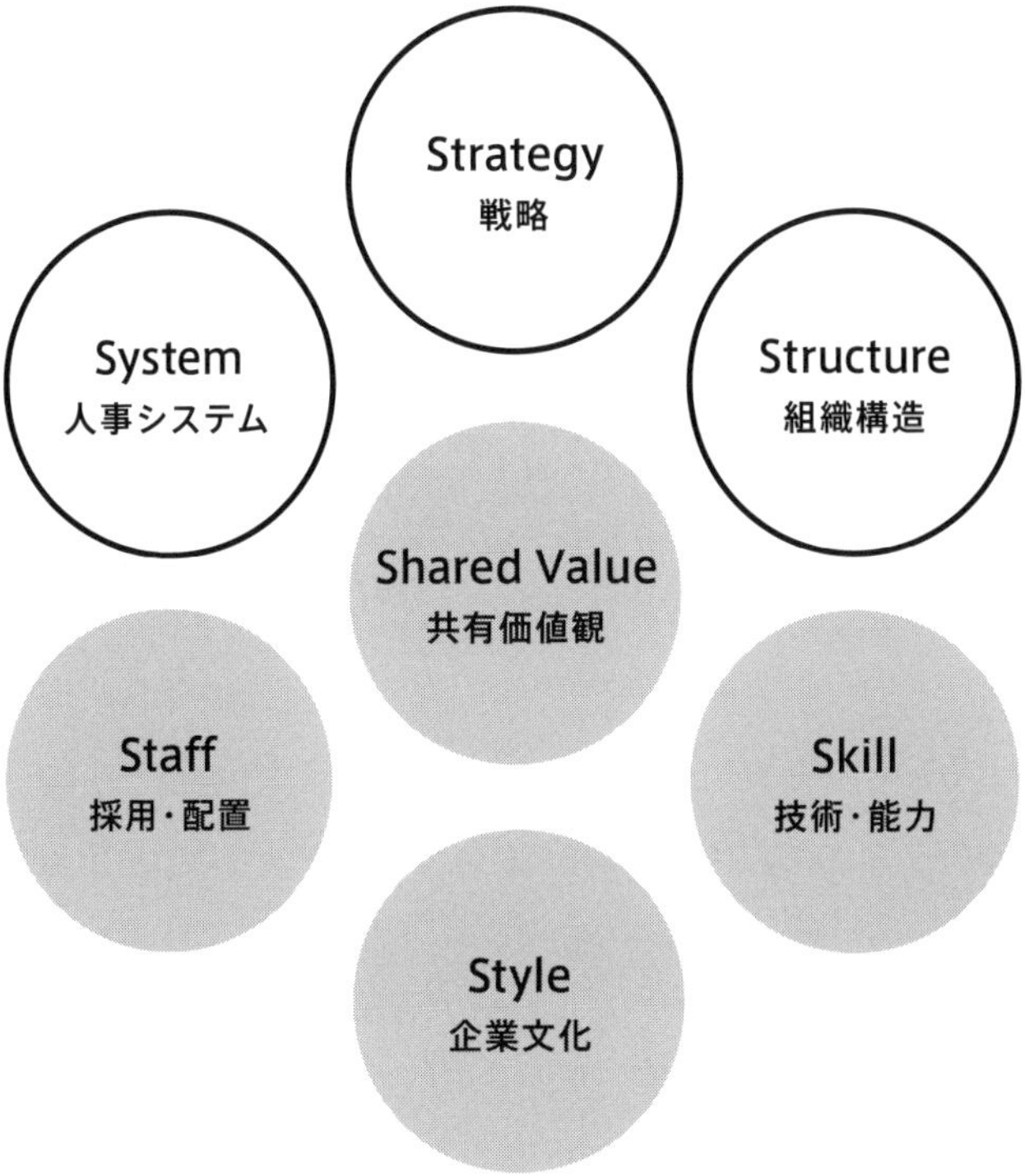

組織や人材のマネジメントにおいて、建築空間が与える力は多面的であり、かつ重要なものです。上図は1980年代に考案された「マッキンゼーの7S」(T.J.Peters, R.H.Waterman Jr.)という有名なフレームワークです。
ポイントは、上の3要素がハードなS、下の4要素がソフトなSといわれる点です。伝統的な建築学では、建築物をハード、その運用やアクティビティをソフトと呼ぶ慣習がありますが、経営学のフレームワークに当てはめると、建築はソフトでもハードでもなく、企業の「7つのS」を助けるものとして位置付けられます。

くられるタイプのものです。したがって、経営者が社風をきちんと把握していない、ということも、起こり得ます。

人や組織を強くしていこうと思った時は、このハードとソフトの改善に、バランスよく着手することから始めます。そして最終的には、理想的な企業文化を育んでいきます。ヒアリングによると、優れた経営者こそ文化や社風を重視しています。

そのための鍵になるのは、インセンティブに意識的であることです。話をインセンティブに戻すと、いま重要なことは、適正な給与や労働時間という基礎的なインセンティブはもちろんですが、先ほど述べたように、多くのスタッフが知りたいのは、これからの不安定な時代の変化や、それを乗り越えていくためのスキルです。

インセンティブが企業文化を表す

これからの日本は、欧米を参考にすると、フリーランス[※233]が増加していく傾向にあるようです。

企業は終身雇用を保証せず、またそれが働く人の承認欲求を満たした時代は、遥か過去のものとなりました。いまはむしろ、安定企業だけで働き続ける不利益や、企業が内包する会計上の様々な矛盾を感じる人たちが、小さな規模で生きていく手

※233 フリーランスが増加
2019年フリーランス人口は1087万人。日本の労働力人口の17%を占める。ランサーズ「フリーランス実態調査」参照。

段を選んでいるのです。

私は、そういう感性で生きる人々、特にミレニアル世代[※234]のみなさんに会って、話す機会が増えています。おぼろげながらも、不安定な現代を乗り切るスキルを身に着けることと、そのスピード感も重視しているように思います。

経営者は雇用という経営手段を通じて、彼らにどこまで向き合うことができるでしょうか。そしてその潜在意識に届くインセンティブを、デザインできるでしょうか。

ここまで何度か、スタッフへのマネジメントや営業についての学び、ビジネスの仕組みについての教育に言及しました。つまり、トップ以外も経営思考を身に付けることは、設計事務所では良い影響をもたらすと考えています。

つまり、経営思考や経営判断ができる、マネージャーや経営者を育てるフェーズです。複数の経営の視点が入ることで、組織はより有機的に進化を始めます。本書をここまで読み進めたみなさんには、その是非は問うまでもないでしょう。

しかしながら、残念ながら世の経営者からは、「会社員は、その経営者以上には成長しない」、もしくは「経営者というものは、育てられるものではない」といった論調も、何度も耳にしました。しかし、それらは間違いです。適切な経営者教育

※234　ミレニアル世代
平成初期に生まれた世代のこと。地域や個人によって異なるが、十代の頃にインターネットの爆発的な普及を経験し、デジタルテクノロジーとソーシャルメディアの扱いに慣れた世代。情報収集に長け、実体験を重視し、それを他の人と共有することを大事にする、と言われる。

を行わずに、「経営者の立場に立って考えろ」と、経営者が社員を叱咤する場面を見たこともありますが、これも間違いです。そんな都合の良い話はありません。

育成の方法を身に付ければ、優秀な経営者やマネージャーを生み、ともに切磋琢磨することはできます。またそれは企業の大小に関わりませんが、どちらかというと小企業のほうが、経営マインドを育て、具体的な経営術を伝授しやすいと思います。

そうした適性または素質を持つスタッフにとっては、これが大きなインセンティブになる可能性があります。その場合は少しずつ、スタッフがマネジメントや営業にコミットし、ビジネスや経営論に接続できる状況をつくるところから始めます。

こうした学習型インセンティブでも、その学習内容の方向付けは、もちろん設計事務所によって多様であるべきです。それ次第で、設計事務所の企業文化が大きく変わるということは、想像しやすいと思います。

最初にもいいましたが、企業文化は経営者がもっとも触りづらい部分なのです。勉強会をしたり、ミーティングの方法を変えたり、外部から講師を招いたりと、経営者は試行錯誤しながら、理想の文化をつくろうとします。

そこにインセンティブの思考を組み込むべきです。なぜなら、それがこれからの時代を担うスタッフに、経営者として向き合う近道だからです。

組織は戦略に従う――チームプレイは作戦次第

組織化とは、それぞれの設計事務所の特徴を踏まえたうえでの、チームプレイのフォーメーションづくりです。クリエイティブな業界からすると、「組織」と聞くと、少し固いイメージを連想し、敬遠されがちです。しかし、そのタイプは千差万別で、魅力的な組織とは、かなり有機的で柔らかさを持っています。

小規模なアトリエ事務所でも、総務・経理・労務といった、いわゆるバックオフィスが初期に生まれることがあります。また、経営の6ピースの順番どおりに、営業や販路開拓を強化するために、PRを専門にするスタッフを早期に配備することもあります。

中堅設計事務所では、効率化を図るために営業部門が独立することもあります。しだいに設計チームも複数に分割され、例えば集合住宅、オフィス、生産施設と、建物用途や顧客ごとに担当する部署が分かれます。

1章でも見たように、組織は大きくなるにつれ、機能別に組織化[※235]します。メーカーであれば、製造部、企画部、営業部、総務部のように、役割ごとに分化していく

※235 機能別組織
※13、1章、36頁参照。

のです。

それとは異なる組織化が、事業別組織[※236]で、例えば電化製品メーカーであれば、エアコンをつくっている事業部と、電池をつくっている事業部、また照明器具の事業部と、企業の製品やサービスごとに分化していき、それぞれにバックオフィスや企画チーム、またブランドマネージャーが置かれる組織体系です。一般論としては、企業はその成長と進化とともに、機能別から事業別に、移行すると言われます。

さて、私たちはどのように、組織化を考えていけば良いのでしょうか。

「組織は戦略に従う」[※237]という有名な格言があります。組織とは、仕事を効率的に進めていくための分業体制や指揮命令系統を示すだけではないようです。つまり組織は、これまで見てきた設計スキル、販路開発、理念やビジョン、そしてお金のすべての戦略に、一貫した組織構造を個別に創作することを目指します。単純に他の事務所を真似ても、意味はありません。

ではより小さな組織、例えばアトリエ設計事務所の場合は、どうでしょう。

10名より少ない事務所の場合であれば、通常はワントップ、つまり1人の建築家が全体を指揮し、スタッフがプロジェクト担当者となっているシーンをよく見ます。スタッフの経験値による序列はあっても、組織構造としては、トップ以下はフラッ

※236 事業別組織
※14、1章、36頁参照。

※237 組織は戦略に従う
『Strategy and Structure』(Alfred D. Chandler 著・1920年)はドラッカーと並ぶ経営学の大物、チャンドラーによる古典的名著。1920年代に取り入れられた組織形成の過程が明かされている。

トな関係です。これは小さな組織の場合は自然なもので、生産性が高く、情報伝達の面でも機能的であるといえます。

ただこの方法では、次第にトップの時間が不足しがちになり、そこがボトルネックになり、伸び悩み、新しい業務のチャンスを失うこともあります。トップのスケジュールがびっしり埋まってしまうと、本来トップが行うべき、新しいビジネスの開発や管理会計の刷新、また人事施策の模索などは、あとまわしになり、手がつけられません。

また先述したインセンティブを意識するのであれば、組織が小さいうちから、事務所のPRの責任、契約や請求書の作成の責任、人材教育の責任などをピックアップし、それらを「権限」という形ではっきりさせて、移譲させていくのも有効です。

この権限移譲を行う時の注意点として、「権限」だけでなく、それを執り行う「技術」や、「モチベーション」の三つをセットで、移譲することが重要と言われます。往々にして、経営者はどれかが欠けた状態[※238]で、権限移譲をしていることが多いようです。

移譲された権限について、スタッフに学習の機会を提供し、少しずつ進歩していきます。そして、それぞれの分野では、経営者よりも優れた成果を上げる状況をつ

※238　よく聞かれる誤謬が、モチベーション向上は十二分に行われているが、それを実行するための知識や技術を丁寧に伝えていない場合、または技術習得が先行し、組織における権限が与えられていないなど。それらは教わらなくても自ら貪欲に習得して欲しいという経営者の想いは間違いではないが、現代的ではない場合も多い。

くっていくことはできます。経営者でなくてもできる、スタッフがすべきことは意外と多く、それらをどんどん任せていく方法です。

より小さくゆるやかな組織体

次の方法として、数名単位の小さなチームをいくつかつくり、その中でリーダーを定め、チームごとに目標や成果を[※239]はっきり定めて、その達成を委任する方法があります。

例えば設計プロジェクトの段取りや進行、そのプロジェクトのメディア発信や、スタッフの労働時間管理、そして年間業務の設計報酬（売上）の目標など、これらを担当個人ではなく、チームに委任する方法です。

管理会計をチームごとに分割することもできます。これはそれほど難しいことではありません。エクセルシートなどで十分ですが、プロジェクトを通じて達成したい目標（メディア掲載による拡散や受賞など）と同時に、チームの売上や経費、勤務時間なども見える化のデザインが成功すれば、そのチームが黒字なのか、赤字なのかが見えるようにもできます。すると経営者だけでなく、それぞれのチームスタッフが、自分たちの動きの効率や要点を、気に掛けるようになります。

※239　1章でも述べた目標管理制度（MBO：Management by objectives）は、チームごとに設定した目標に向けて評価を決定する。そのチームリーダーには、やはりチーム運営の「権限・技術・モチベーション」を同時に付与する必要がある。※9、1章29頁参照。

会社を経営するということは、楽しくもあり、負担でもあり、好調な時もあれば、不調で進退に窮することもあります。それがリスクを取っているからこその、一つの自由な立場であり、だからこそ経営者という仕事は、いつの時代も人気があります。ここでの考え方は、その自由な立場を、経営者ひとりで抱え込まず、適正や素質あるスタッフと共有するというものです。

このように、スタッフの能動性を見出す小さな組織化もあります。単にチームやグループを分けるのではなく、お金や経営の情報を合わせて伝えることができれば、より有機的な組織になるでしょう。

有名な組織論で「アメーバ経営」[※240]がありますが、それよりもっと小さい単位でゆるやかな組織体です。

そしてこれを応用すれば、これからは設計事務所や建築士同士がゆるやかにアライアンスする、設計共同体よりももっとプロジェクト単位で提携したグループの、マネジメントを助けることができると思います。「お金の仕組み」で取り上げた、アライアンス（提携）という手段による組織化について、もう一度だけ触れます。

近年では、ＩＴ系の分野では、専門家が集まってサービスを共同開発するようなプロジェクトでは、市販の様々なクラウドサービスなどによる、タスク管理、デー

※240　アメーバ経営
稲盛和夫氏が提唱したマネジメント方法。聞き取りを踏まえた調査によると、数十名程度を一単位とする「アメーバ」と呼ばれるグループに企業を分割し、それぞれを小さな会社のようにする。そしてそれぞれが有機的に活動するために、アメーバ同士で取引を行うルールを設ける。成功すれば、大組織でも生産意識が高まり、縦割りが起こりにくく、また情報伝達が早い。『アメーバ経営』（稲盛和夫著・日本経済新聞出版社・２００６年）

タ共有、スケジュール管理をするソフトウェアが利用されます。
また、フリーランスや個人が集まり、チャットツールを中心に提携していくプラットフォームのようなものもあり、多くの人が何かしら利用していると思います。いずれも、自社では完結しないプロジェクトのアライアンスを支える仕組みです。※241
設計事務所や建築士同士が、固い組織ではなく、もっとゆるやかで、くっついたり離れたりが自由なプロジェクトチームをマネジメントするためのツールとして、どういうものがあれば良いでしょうか。
「お金の仕組み」の節では、役割やタスク、スケジュールと成果、そして働く時間と報酬が見えるようになっている、管理会計に近い何か、と言いました。それを見れば、互いの動きがわかり、自然と声がけや指示のコミュニケーションが起こり、公平に報酬を分担できる、まさに有機的な組織を実現するために、私たちは経営戦略的に考え始めなければなりません。

個人が際立つ組織へ

そういったこれまでとは異なる設計事務所や建築士のプロジェクトチームの試みを、最近は多く耳にすると思います。人材不足、フリーランス化、働き方改革とい

※241 自社では完結しないアライアンスを支える仕組み さらに設計事務所同士ではなく、私たちのような不動産コンサルティング会社や資金調達を担当するモーゲージブローカー、税理士や弁護士たちとのパートナーシップも、より高次な組織化というコンテクストで捉えなおすことが可能である。

った時代の流れに呼応して、ニーズは高まると考えています。

また組織設計事務所でも、似た動向があります。住宅、オフィス、庁舎、美術館と、わかりやすいビルディングタイプではない、新しく呼び名もまだない場所をデザインすることが求められるようになりましたが、その企画やビジネス開発からのシームレスなプロジェクトマネジメントを行う時、それはやはり、伝統的な設計業務とは異なる、ロジックとフローにより進められます。やはりこれまでの設計の常識に囚われない、様々な専門家たちのプロジェクトへの参画による有機的な組織を前提にしなければなりませんし、そのファシリテーションが肝要になるのです。

ちなみに伝統的な日本の企業構造は、社長、専務、部長、課長と、基本的に中央集権的なツリー構造になっています。一方で「お金の仕組み」の節でも少し触れましたが、欧米では、CEO[※242]、CFO、CTO、CMO、COOといった、各経営分野での最高責任者を置く文化があります。

ここまで述べてきた、権限移譲、小さなチーム、ゆるやかなアライアンスなどの考え方は、いずれも日本型ではなく、欧米型の組織構造に近いと思います。

そうした思考方法の先にある組織論に、「ティール組織[※243]」と呼ばれる形態があります。これまでの常識を覆す、組織マネジメント施策のように思えます。

※242　CEO(Chief Executive Officer)：最高経営責任者の他、CTO（Chief Technical Officer)、CMO（Chief Marketing Officer)：最高マーケティング責任者、CFO(Chief Financial Officer)：最高財務責任者、COO(Chief Operating Officer)：最高執行責任者。組織の意思決定責任は、基本的にはこの五つであり、企業では必要性に応じ、この順に増設されて行くことが多い。また各企業の特性により、CDO(Chief Design Officer)などの独自の経営専門性が意識的に置かれる。

※243　ティール組織
人類が形成する組織は、最終的にはグリーンからティールを目指す。それを企業として実践する集団は、上司が部下を管理しない、自分で報酬を決めるなど、常識的な見た目ではない。『ティール組織』はベストセラーになり、これからの企業文化を標榜するための、バイブルとなった。『ティール組織』(Fredric Laloux 著・英治出版社・2018年)参照。

この特徴としては、上司と部下の関係がなく、正社員とその他が入り乱れ、給与体系もバラバラ、というものです。常識的に考えて、とても企業として成り立たない、労務の常識にも収まらないものです。しかし彼らは魅力的に映り、働き手は伝統的な大企業から、そちらに移ることもあります。

こうした新しい組織化を、本気で定着させていくなら、単に雰囲気を真似ても一時的なもので終わるでしょう。やはり設計事務所ごとの個性的な経営のピースを一貫させて組み立てていき、最終的には仕組み化することで、他には真似のできない企業が完成します。

最終的には仕組み化せよ

いよいよ設計事務所経営の最後のピース、「仕組み化」です。これは「システム化」とほぼ同じ意味です。もっと簡単に、「見える化」と言っても構いません。

システムには、全社的な大きな部署間の関係性によるものもあれば、個別のオペレーションシステム、また集客に関するシステム、勤務時間の管理システムなど、企業にはじつに、大小様々な仕組みがあります。またそれらは互いに、関連しています。

ここではできるだけ包括的な、これまでに培ってきた経営のピース（設計スキル、販路開拓、経営理念、会計知識、人と組織）に整合性を持たせ、その企業の独自性やアイデンティティを、わかりやすく図や表で表現する事例を紹介します。

その思考により、経営者やスタッフは、多面的にその強みを理解し、再現しやすい環境をつくります。またそうすることで、ようやく企業は自走し始めるのです。

独自の仕事の流れを記述するところから

まずは設計事務所ではありませんが、不動産コンサルティング会社である、私たち創造系不動産の仕組み化の事例を挙げてみることにします。

私たちの技術力の中核は、不動産仲介や不動産企画、不動産ファイナンスといった、不動産のスキルです。ところが創造系不動産のメンバーの全員が、建築学科や設計事務所の出身者で、全員が建築好きなメンバーで構成されていることが、一般的な不動産会社とは違った点です。そんな私たちが、その存在を賭けて貢献したい相手は、設計事務所です。

私たちは設計事務所にとっての、構造事務所や、設備設計事務所のようなポジシヨンでありたいと思っています。もし建築士やそのクライアントが、不動産やお金に関わることで困難に直面していたら、それを解決し、その建築の実現に、少しでもお役に立てるのでは、という仮説から始まりました。

だから私たちは、建築士のみなさんからしか依頼を受けないという、思い切った販路計画を考えました。そして建築士のみなさんと格闘していく中で、私たちが発見した経営理念とは、「建築と不動産のあいだを追究する」というものでした。この理念で、自分たちの技術や、貢献したい人々、やろうとしていることを、すべて貫く軸として表現[※244]しました。

それ以前、どう建築士のみなさんに貢献できるのだろうと、がむしゃらに設計事務所を訪問していたころは、理念やビジョン、コンセプトといったものは、もちろんありません。さらにそれ以前は、誰に貢献して良いか定まらず、あきらめかけていたこともありました。

もともと憧れていた建築士に貢献したいと、仲間の建築士の仕事を、不動産サイドからお手伝いすることを、2年ほど繰り返し、いよいよ前職の不動産会社を退職し、創造系不動産を創業する時に、ブランドコンセプトとして理念を掲げました。創業時から経営理念が定まっていたことは、幸運だったと思います。

※244　独立起業のタイミングでも、経営戦略思考はブランディング可能である。創造系不動産は、入念なブランディングデザインのプロセスを経て生まれたビジネスモデルである。『新・パーソナルブランディング』（西澤明洋著・2014年・宣伝会議）参照。

その後は、この「建築と不動産のあいだを追究する」というコンセプトを軸に、お金の仕組みや、人と組織のすべてのピース※245を整えました。そして創業して3年が過ぎてから、顧客や社内に向けた、さらにわかりやすい説明を検討する中で、VFRDCMというシステム図※246が生まれます。

これは、クライアント（個人、法人問わず）が進むプロセスを、六つのフェーズに分類した業務フローを意図して、制作されました。

クライアント企業の理念や経営戦略を整理するフェーズを「ビジョン（V）」、会計戦略や資金調達を「ファイナンス（F）」、不動産についての検証を「リアルエステート（R）」、建築士による設計フェーズを「デザイン（D）」、そして「施工（C）」を経て、運用を開始する「マネジメント（M）」へと続きます。

「建築と不動産のあいだを追究する」という理念は、この図の中央、RとDの間にある、業界の縦割りの構造の「壁」を取り払い、建築士と不動産コンサルタントが、常にタッグを組んで、クライアントに貢献するという所にも込められています。業務フローであると同時に、私たちの理念や哲学を表現した図のようにもなっています。

※245　２０１９年現在、15名前後のメンバー全員が、建築系からの領域横断人材である。しかし創業して3年間は建築系の人材をまったく雇用できず、不動産系の取引経験者を雇用する寸前まで至ったが、「建築と不動産のあいだを追究する」ことを体現する人材を育成するためには、やはり建築系の人材を採用すべきと、踏みとどまった。

※246　建築不動産フローというシステム
先行する『建築と不動産のあいだ』（高橋寿太郎著・学芸出版社・２０１５年）の出版に際して、このシステムは考案された。創造系不動産独自の業務フローとして定着したが、出版の機会がなければ生まれなかった。執筆中に膨大な時間をかけて検証され、社内外に共有されるという過程を踏んでいる。

建築不動産フロー

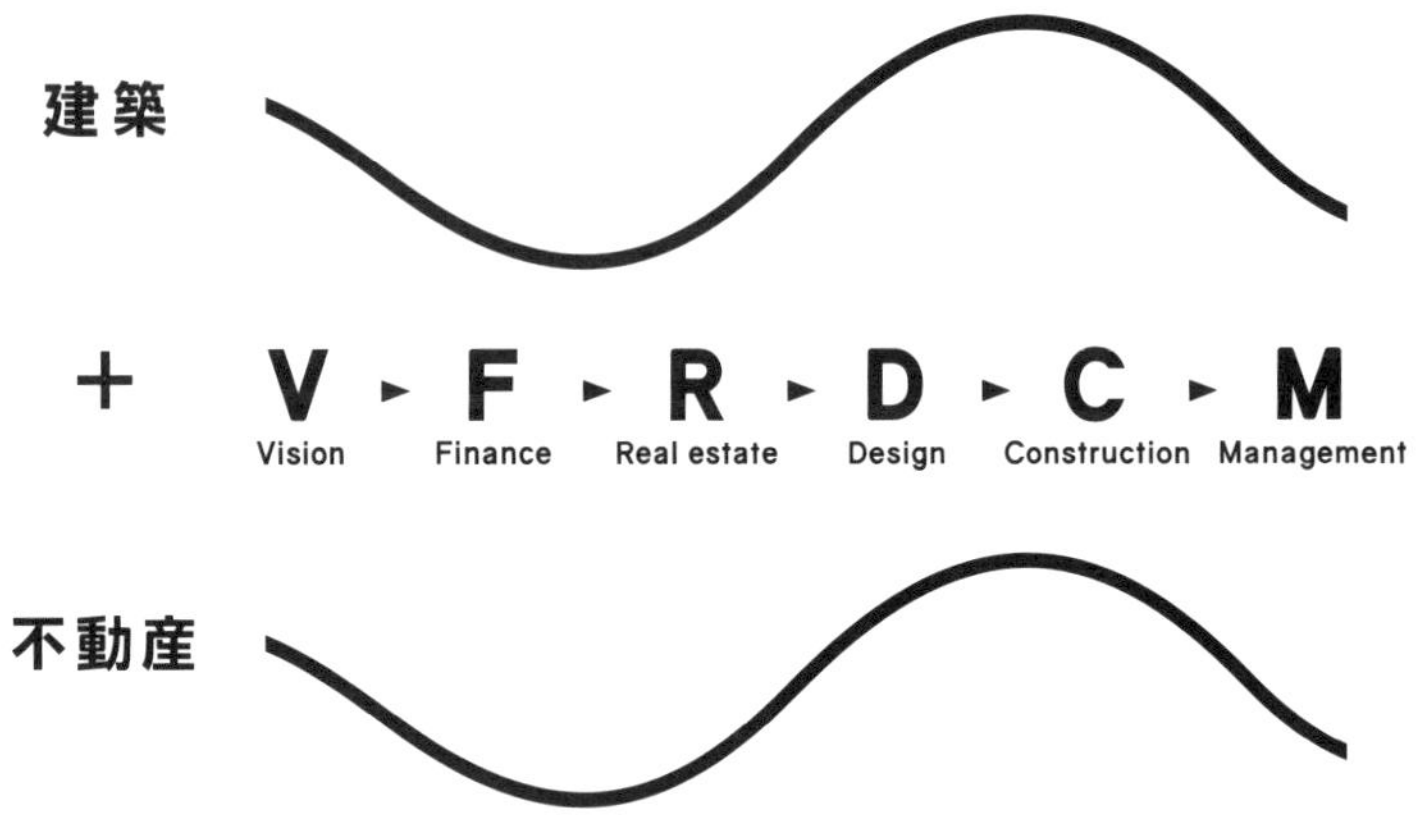

V：ビジョンフェーズ …………… ライフプラン・経営ビジョン

F：ファイナンスフェーズ ……… お金・ファイナンシャルプラン

R：不動産フェーズ ……………… 土地探し・権利調査

D：設計デザインフェーズ ……… 建物の設計・図案

C：施工フェーズ ………………… 施工会社による工事

M：マネジメントフェーズ ……… 登記・引越し・運用

バリューチェーン型システム

このように、企業が仕事の進め方に工夫を施し、一つの図として表現されるシステムを、本書では「バリューチェーン型システム」[※247]と呼んでいます。

1章と3章の販路計画を振り返ってみましょう。バリューチェーンとは、メーカーであれば、商品を開発→資材を調達→工場で製造→物流や卸→小売店→消費者、という一連の商品製造過程を表現したものです。

これを生産性を計算するための、またマーケティング思考のためのツールとして用いるのですが、それを超え、その顧客にとっての「価値」をどう捉えなおし、どのような戦略でそれぞれのフェーズを支えるか、またボトルネックになり流れが悪いところをどう改善するかといった、経営戦略のフレームワークとしても用いられるものでした。

設計事務所の独自性や、アイデンティティを表現する仕組み化は、このバリューチェーン図をベースに考案、説明できることが多いと思います。また経営環境の変化とともに、業界のバリューチェーンは常に刷新が求められるものなので、ここにはチャンスが散らばっている場合もあります。

※247 バリューチェーン
1章「バリューチェーン分析—価値の流れを視覚化する」70頁参照。

業界全体のバリューチェーンを描くと、企業が担うのはその一部です。例えば「調達と製造」だけを行っている、もしくは「卸と小売り」を担っているなどです。その範囲をずらして、少し先のビジネスに手を広げるか、逆に縮小して特化するか、経営者であれば常に自分たちの提供価値に、試行錯誤[※248]を繰り返すべきです。

例えば、資材の調達と製造を行っていたメーカーが、自社製品の開発に着手するケース。またそのメーカーが、PR体制を新たにつくり、SNSやイベントを駆使して、消費者に直接的にニーズを喚起することで、小売店との契約増加を企図するケース。また卸と物流から始まった小さな企業が、インターネットの台頭とともに次第にその頭角を現し、顧客の接点を倍増させる中で、単なる物流企業から、巨大なマーケティングセンターに変貌を遂げたケース[※249]もあります。

ここでもう一度、バリューチェーン思考により、自分たちの仕事を俯瞰して眺め、自分たちの業界や仕事を振り返ってみましょう。

設計事務所の場合は、集客→業務受託→基本設計→実施設計→積算または見積→確認申請→監理→竣工後のPR、と、大まかにはこういう流れを踏みます。

しかし活躍している設計事務所をよく観察すると、このフローのどこかに、特別な何かが落とし込まれています。きっとそれは、経営のピース（設計スキル、販路

※248　RAD　川勝真一氏と榊原充大氏を中心に2008年に開始されたインディペンデントなリサーチ・プロジェクト。調査結果としての報告書ではなく、調査過程を記したドキュメントを重視している。展覧会キュレーション、市民参加型ワークショップの企画運営、リサーチ成果を反映するためのアーカイブサイトの構築など幅広く事業を展開する。

※249　オフィス向け用品などの総合事務用品メーカー「プラス」から分離独立したのが、通信販売会社「アスクル」である。都市部の近郊に大規模な物流センターを構えることで翌日配達を可能にした。メーカーによる直接販売によるシェア拡大という構図を取らず、個人文房具販売店を代理店として物流システムに組み込むことで共存共栄を図った。またインターネットの台頭とともに、物流企業から企画開発も行うマーケティングセンターへと進化した。『アスクル』（井関利明・緒方知行著・PHP研究所・2001年）参照。

バリューチェーン型システム図の一例

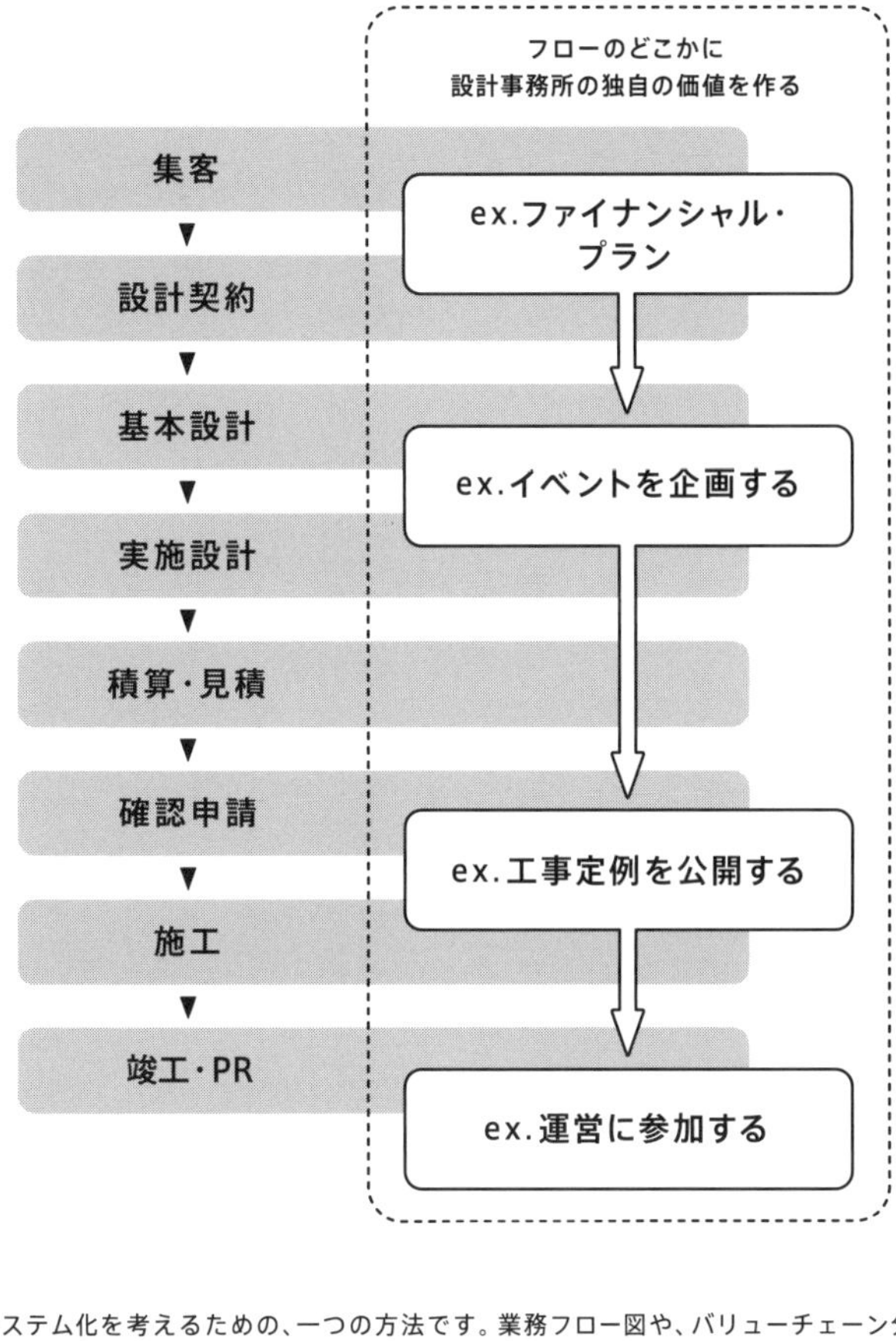

企業のシステム化を考えるための、一つの方法です。業務フロー図や、バリューチェーン分析図をベースにして、経営戦略やマーケティングを含めた6ピースを重ね合わせる策をデザインします。伝統的な設計事務所の業務だけでなく、垂直関係にあるその前後の業務や、水平関係にある競合や代替業務への進出や提携を積極的に検討します。具体的には、運営・施工・建材・物流・物販・飲食・サロン・ファイナンス・不動産・リサーチ・教育などの分野との関係性が本書で紹介されていますが、可能性は無限にあります。いったん業界の常識や、定められた枠組みから離れ、企業の理念や目指すものを軸に検討します。やはり自分たちの使命ややりたいことに整合しているかどうかがポイントです。

開拓、経営理念、会計知識、人と組織）に関するものです。経営思考により従来型の建築設計フローを眺めると、変革のチャンスを多[※250]く見つけられると思います。

なぜかというと、国家資格者である建築士が開設する設計事務所は、登録が義務付けられている許認可業であるからです。業界ルールや法規の影響も受け、少しビジネスモデルが固定化する傾向にあるのは当然です。

例えば先ほどのフローも、基本設計→実施設計→監理という方法や呼称が、どの事務所でも同一であることは、他の業界慣習からすると、少し不自然に思えることもあります。

ところが多くの業界では、10社いれば、10通りのフローや仕組みに工夫を凝らしています。設計業界の場合は、先ほどの許認可業ならではのフローの固定化のため、最終的なアウトプットに集中しがちなのかもしれません。

しかしここでの分析によらず、それが変わり始めるのも時間の問題だと思います。若手を中心とした建築士たちが、小さく、ゆっくりと、すでに新しい仕組みを自らつくり始[※251]めているからです。

※250　ブルースタジオはグラフィックデザイナーの大地山博氏、家業が不動産管理の建築家大島芳彦氏、建築構造設計の石井健氏の3名を中心に設立された建築設計事務所。１９９８年創業。「まちの使いこなし方をデザインする事業」として２０００年よりリノベーション事業を始動し、以来先駆者としてリノベーション業界を牽引する。「物件を物語へ」をモットーに、マーケティング、建築設計、ビジュアルコミュニケーション、不動産管理仲介など、幅広い側面から「楽しい」生活環境をデザインする。『なぜ、僕らは今、リノベーションを考えるのか』（大島芳彦著・２０１９年・学芸出版社）参照。

※251　ＶＵＩＬＤ　「デジタル建築技術を地域に分散することで誰もが建築士や大工になることができる世界をつくる。」をビジョンに掲げ、２０１７年に秋吉浩気氏を中心に設立されたデジタルファブリケーション技術を活用した設計施工を行う建築テック系スタートアップ。生

プラットフォーム型システム

企業の独自性やアイデンティティを表現する仕組み化には、もう一つ「プラットフォーム型」があります。

例えば、インターネット上の情報サイトのビジネスを、例として見てみましょう。このシステムの鍵は、その情報の量や質はもちろんですが、そこに集まる複数の異なるユーザーグループが、「どのように交流するか」に価値を見出さなければなりません。

例えば、建築系のユーザーに親しみのあるサイトでは、「アーキテクチャーフォト」[※252]があります。これは建築デザイン系の情報サイトなのですが、月間ページビュー34万を誇り、いま建築メディアではもっとも見られている媒体と言えるでしょう。ユーザーは、建築デザインに興味がある人すべてなのですが、特に設計事務所で働くスタッフ、建築学生、建築家、教師や研究員たちが集まります。

その建築デザイン情報は、基本的に無料で閲覧できるので、とてもたくさんの人々[※253]が繰り返し訪れています。このたくさんの閲覧ユーザーは、目的により、いくつかのグループに分類できます。

活に必要な日用品・家具・建築物を好きな時にその都度その場所で、自分の力でつくる事ができるように、設計・製作だけでなく、中山間地域への木材デジタル加工機・Shopbotの導入、買い手が全国各地の工房にあるShopbotで家具などをオンデマンド出力するサービス・EMARFの三つを軸に事業展開する。

※252　アーキテクチャーフォト　「建築と社会の関係を視覚化する」をコンセプトに情報発信する、建築デザイン系の情報サイト。歴史的な視点、理論的な視点、実務的な視点、社会的な視点、経営的な視点など、複眼的な価値観で、建築についての情報を提供している。２００７年に後藤連平氏が立ち上げ、月34万ページビュー、ユニークユーザー数9万にまでに成長する。書籍や物販、また設計事務所の人材募集を行っている。

※253　デジタルプラットフォームビジネスで重要な要素の一つに、ユーザーが繰り返し利用することがあげられる。

例えば「情報について独自の意見をＳＮＳなどで展開したいグループ」と「そうした素早い生の情報をキャッチしたいグループ」です。他には「特定の建築家について調べているグループ」「旅行先で訪問するべき建築物を探しているグループ」などがあります。そのような様々なグループのユーザーが集まる場を設計した上で、その場所の中で、求人広告・コンペ広告・イベント広告等のキャッシュポイントを設定するなどして、ビジネスとして成立させることがプラットフォームビジネスといえます。

このようなビジネスの仕組み化を、本書では「プラットフォーム型システム」と呼びます。

このような情報サイトを参考にすると、業務の流れによるバリューチェーン型ではなく、またネット的なデジタルか、リアルイベント的なアナログかは関係なく、こうしたプラットフォーム型で記述したほうが、企業戦略の独自性やアイデンティティを表現しやすい場合があります。

一つは教育ビジネスです。例えばビジネススクールであれば、社会人が働きながら、ビジネスの現場での実践的な学びを得るために、授業料を支払い、通学しています。年齢でいうと30代以上の、企業内の役職者が多いようです。

ＰＣやスマホで、気軽に価値提供ができれば、ユーザーの反復継続的な利用が起こる。これを「リテンション効果」という。

そこで提供される価値は、一つは学習のレベルや得られる知識、次に成長の実感やビジネスでの成功です。

そしてさらにスクール生は、積極的に情報交換を行うことができます。大学とは異なり、ここでは受講者間のビジネス交流の場や、講師と受講者のビジネス展開も実際に起こります。つまり交流こそが、プラットフォーム型システムが提供する価値でしょう。

また、やはり建築系になじみのあるプラットフォーム型システムの一例として、「リノベーションスクール」[※254]を見てみましょう。これは全国の地方を舞台に展開する、空き家活用を通じた、集中実践型ワークショップです。集まる方は、建築や不動産に関わる専門家だけでなく、学生や一般の方、そして不動産オーナーも含まれます。そこでは、不動産やビジネスの企画の実践に触れることができます。参加者の啓発だけではなく、地方行政の意識変革の一助になった功績は、大きいと思います。

こうした、建築や不動産、空き家活用やまちづくりについての民間企業が運営するスクールが、全国で多数展開されました。その理由は、時代の変化を敏感に感じ、固定化したこれまでの状況を変えていくために、使命感を持ち勇敢に行動したからだと思います。

※254　リノベーションスクール
日本の建築のあり方を問い新しい産業のあり方を探求する一般社団法人ＨＥＡＤ研究会のリノベーションＴＦ（タスクフォース）を中心に２０１１年に開催されたリノベーションシンポジウム北九州をパイロットモデルに、北九州市との官民連携にて清水義次が打ち出した小倉家守構想のコア事業。以降、低迷している地方都市でリノベーションまちづくりを推進するとともに、遊休ストック活用型の社会へのイノベーションを加速化させることを目指し全国的に活動する。

プラットフォーム型システム図の一例

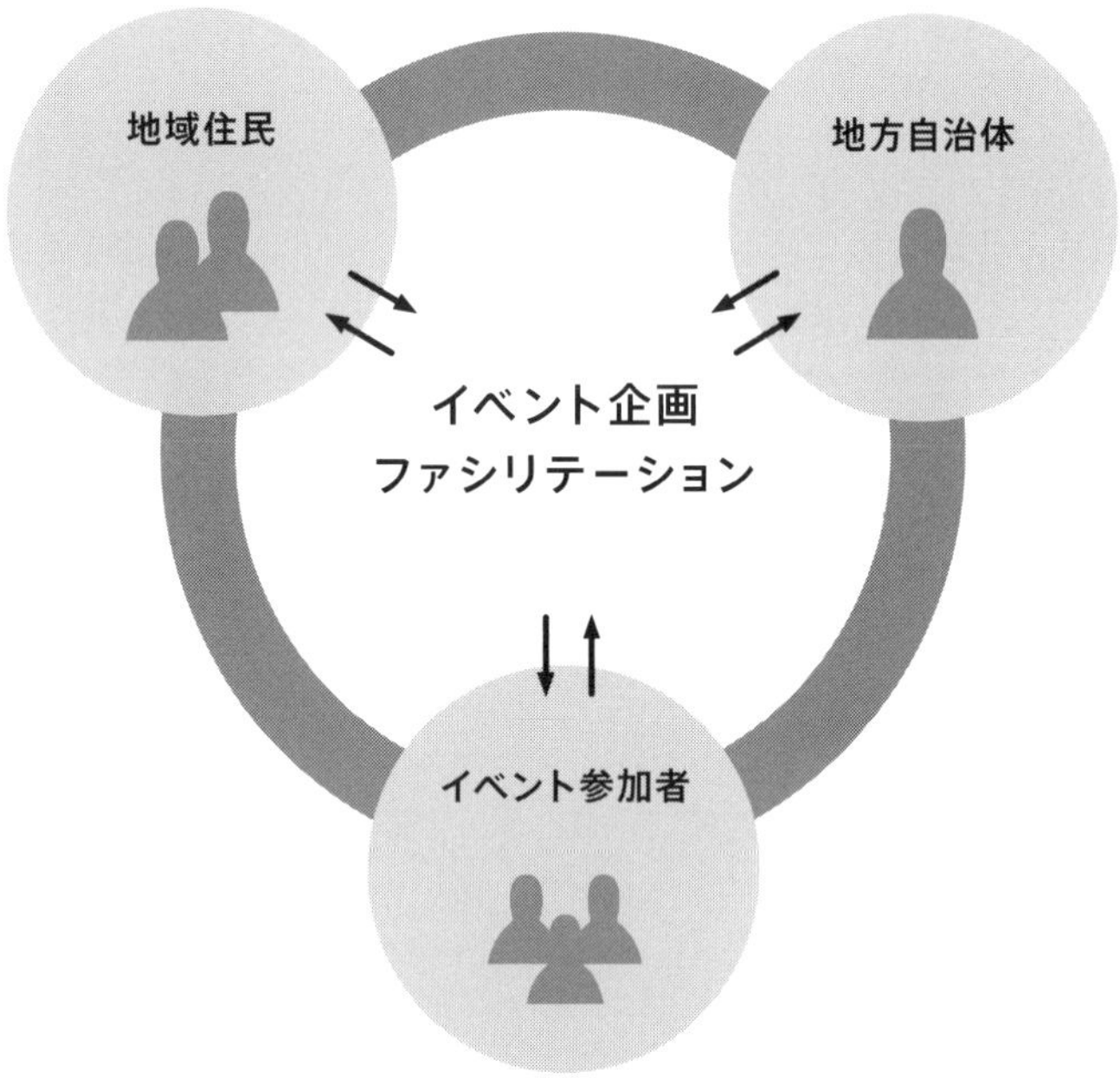

プラットフォームとは「周りよりも少し高い台地」を語源とし、転じて「基盤」や「環境」を指す言葉になりました。また「プラットフォームビジネス」という言葉は、近年のインターネットビジネスの一形式として、広く聞かれるようになりました。

プラットフォーム型のシステムの最大の特徴は、「異なるユーザーグループ」が存在し、交流することです。そういう意味では、それがインターネットやデジタル技術を用いた場か、アナログな実空間かは、原理的には関係なく、これからはデジタルとアナログを融合したプラットフォーム型システムが増加するでしょう。

また私が知る限り、これらのスクールの共通点として、従来型の1対多の一方通行の教育ではなく、講師と参加者が混ざり合って、正解のない答えを模索する学習に参加者が価値を感じているところだと思います。

紹介した情報サイトや、教育ビジネスだけでなく、プラットフォーム型システムは、経営戦略の独自性の構築や、その表現に用いることができます。それは経営の「販路開拓」のピース、つまり集客やPR施策に特に関わりますが、そのための高い技術力の研鑽、社内交流や教育、収益の安定化など、やはり他のピースと一貫性のある全社的なシステムとして、組み上げられるものです。

設計事務所でも同じように、異なるユーザーグループ同士の交流の場をデザインし、そこに常に経営戦略的な思考を意識して、それぞれの提供価値を模索し、積極的に提供しているケース[※255]も目にします。

成長する組織をつくる唯一の方法

そうしたシステム化をこれから行う場合は、簡単なものでいいので、こうして自分たちの経営のピース（設計スキル、販路開拓、経営理念、会計知識、人と組織）を一貫するシステムを、図や表で表現してください。バリューチェーン型やプラッ

※255　コミュニティデザインで知られている山崎亮が代表を務めている studio-L は民間企業と住民といった異なるユーザーグループが共通の課題を解決するために協働できるよう橋渡しを行うことで、新たな結びつきを生み出すコミュニティデザインを得意とする。病気が治れば医者にかかることがなくなるように、コミュニティデザイナーが介在せずとも人々が自らの力で人生を切り開く社会を目指し、studio-L としての仕事が社会的に必要なくなることをビジョンに掲げている。プラットフォーム型の取り組みと言える。

トフォーム型は、ここでの例に過ぎませんので、図示できればそれ以外の表現でも構いません。

ビジネスを開始しようとする最初期には、理念やビジョンはなくても良いと、3章でお話ししましたが、同様に、システムや仕組みも、最初からあることはあり得ません。その独自の技術にあった販路を見つけ、クライアントに貢献するために悪戦苦闘して、人やお金と揉み合いながら、ようやくおぼろげながら、その仕組み化への仮説ができてくるのです。

仕組み化は、ひとまずそうした仮説を、固定化する機会だということもできます。固定化してみると、社内外への浸透が始まります。その仕組み化に成功し、6ピースがひとまず完成すれば、技術力が改めて評価され、それが他社との差別化につながり、収益性は高まり、スタッフも集まる良い事務所にすることができます。そのために、本書が少しでもお役にたてば幸いです。

そして3章の最後に、この経営の6ピースの中で、強いて言うと、設計事務所はどこにもっとも注力したほうが良いかを考えました。私は、5番目に紹介した「人と組織」のピースだと思います。

なぜならば、六つの中で、建築教育の伝統的なカリキュラムになく、もっともパフォーマンスが高いのが、人や組織の分野だからです。もっとも、お金やマーケティングだけでなく、経営理論全般が建築のカリキュラムにはまだ無いのですが、特に「人と組織」については別格だと、私自身も会社経営を通じて感じています。

あらためて、1章の「クライアントの経営を知る―人と組織を思考する方法から」のツアーと、3章の「人と組織をつくる」を、またどこかで振り返ってみてください。

こうした知識を、生きた知恵に変えていくための方法としては、やはり1章で試みたような、クライアント企業へのインタビューを実施し、「未条件」を引き出す過程で、気付きを得ることだと思います。クライアント企業を掘り下げると、企業は実に多彩な「人と組織」についての施策を考え、実行しています。そして多くの場合はそれに、時間とエネルギーをかけて取り組んでいることを、知ると思います。

例えば企業では、人と組織の分野では一般的な、「目標管理制度」[※256]を導入したからといって、成果が上がるかどうかはわからない、ということはよく知られています。その多くは、うまく機能しないか、短絡的な成果主義が起こるかのどちらかです。それどころか、現実は、トップが考え抜いた経営理念を、社員に覚えてもらうことすら、難しい[※257]のです。

※256　目標管理制度（MBO：Management by objectives）
※9、29頁参照。

※257　経営理念を浸透させることは、実際は難しい。経営理念や社是は、普通は大企業になるほど、全従業員に浸透しなくなる。覚えていたとしても、企業のキャッチコピー程度に理解されていることも多いという現実がある。

では設計事務所の経営者は、どう考えれば良いでしょうか。もちろん状況を諦めたり、スタッフのせいにしてはいけません。クライアント企業へのインタビューから得た情報を応用し、自らの事務所で試みて、人と組織を育んでみましょう。そこで得た気づきと、自らの建築空間論とを融合させ、さらにクライアント企業にフィードバックする、そういうクリエイティブな建築士の経営論を、多くのクライアント企業が聞いてみたいのです。

4章

新規ビジネス開発とローカルの可能性

「建築と不動産のあいだ」から「都市と地方のあいだ」へ

2017〜18年にかけて、創造系不動産のメンバー数名が[※258]、ほぼ同時期に、地方でのビジネスチャンスを模索して、営業活動を開始しました。

そのころの私たちは、東京の墨田区を拠点に、北海道から九州まで、いくつもの地方のまちで、新しいオフィスや商業施設、古い建物のリノベーションなどの、不動産コンサルティングの相談が増えていました。

しかし彼らは、地方といっても、田舎の空き家活用の可能性や、過疎や消滅可能性と格闘する地方自治体との関係性を構築していくなど、従来の創造系不動産とは異なる動きを見せました。

地方に支店を出店する

これに対して、当時の私は意味がわからず、彼らを制止したことを覚えています。創造系不動産のメンバーの営業力を持ってすれば、様々な縁を頼りに、仕事を受託してくるでしょう。しかし地方の規模が小さい業務は、かえってチームの収益性を

※258　創造系不動産の野々垣賢人、藤谷幹、寺澤草太ら3名による。

悪くすることもあるし、また国や自治体からの補助金で仕事をするようなことはしたくない、そんな否定的なことを、彼らに言ったように覚えています。

また私は、昨今よく聞かれるようになった、「地方創生」[※259]に関する動きにあまり関心がないどころか、経営視点では、あまり良い印象を持っていなかったのです。

でもそれから1年足らず、2018年10月、なぜか私は、房総半島の東側に位置する千葉県いすみ市、太平洋に面した人口3・7万人の小さなまちに、初の支店をつくることになります。

そして紆余曲折を経て2019年2月からスタートした「いすみラーニングセンター」には、たくさんの人々が集まるようになりました。これは、会員たちが一緒になって運営する、「地方のくらしとビジネスの可能性を探求する」ための、地方ビジネススクールです。

いすみラーニングセンターの会員は、主にデザインや建築、ITや不動産に関わる社会人です。それぞれが主体的に、地方[※260]ならではのローカル研究を行い、その情報をシェアするために、東京近郊から月に1回、桜と菜の花の間を昭和の気動車「キハ」がゆっくりと走る「いすみ鉄道」[※261]に揺られ、いすみ市の国吉エリアに集まります。

これを執筆している2019年10月現在、会員はすでに20社（30名）を超えまし

※259　地方創生
第2次安倍政権で掲げられた、人口減少問題の歯止め、東京一極集中の是正を図るため、地方での雇用や居住、子育て、まちの活性化を促すための政策。

※260　4章の後半のケースで登場するが、会員は、本業とは異なる何かしらの自主研究テーマを考え、それぞれのペースで研究は情報共有を行う。古材古道具研究、地域通貨研究、地域旅行業研究をはじめ、ローカルメディア、スモールビジネス、ローカル鉄道、グリーンコミュニティ、小屋、教育、農業、獣革、地域循環経済など。

※261　いすみ鉄道
菜の花の中をゆっくり走る黄色い列車。運営は夷隅郡大多喜町に本社を持つ、自治体や民間企業が出資する第三セクター方式の鉄道事業者。大原と上総中野を結ぶ27㎞を運行する。

た。ホームページやロゴマークもまだありませんが、口コミで会員はまだまだ増加しています。

都会の社会人が熱心に、この地域に学びに集まる風景は、いままでになかったものです。このたった2年のあいだに、いったい何が起こったのでしょうか。

人はいつ、どうして「移動」するのか

創造系不動産のメンバーが、地方に向けて営業活動をするすこし前、私たちは経営理念である「建築と不動産のあいだ」を、地方でどう追究するか、というテーマについて、研究[※262]を始めようとしていました。それまでは、主には大手企業と提携し、様々な建築や不動産のマクロデータ分析や、業界構造分析を行い、また様々な新規ビジネスを展開している企業、そして不動産テック[※263]と呼ばれる、不動産ビジネスの展開を調査していました。その視線が、地方に向き始めたのです。

その研究を通じて、やはり地方でも建築と不動産の業界に、急激な変化が起きていることが再確認できました。2章で触れたような、業界構造の大変革です。「その他空き家」と呼ばれる空き家の急増、不動産流通そのものの構造的な課題は、日本の大きな課題と言えます。

※262 研究事業
創造系不動産は、不動産コンサルティング事業と不動産売買仲介事業が主要な収益であるが、総売上高の1割程度は、企業などからの依頼により実施する教育及び研究事業である。

※263 不動産テック
2章「不動産テックの動向」146頁参照。

いすみの風景　© 草原学

遠くない将来、１０００万戸に到達しようとする空き家問題に向き合うためには、もはや建築や不動産といったハード面ではなく、その場や空間でどういうアクティビティを起こすか、というソフトの面に、思考をシフトすべきです。

その時、私たちの経営の技術、すなわちお金やマーケティング、人や組織、そして経営者の理念やビジョン、そしてそれらを一貫させる経営戦略が、空き家活用の分野でも生きるはずだと考えました。しかし漠然と、それだけでは足りない、とも考えていました。

例えば、不動産流通を増加させるためのキードライバーの一つは、「不動産市場の透明性を高めること」と言われています。もう一つは、「人の移動」の量を増やすことです。

人はどういう時に「移動」するのでしょうか。例えば結婚や離婚をした時、家族が増えるか、減る時、また進学や就職、転職をした時などです。人生のそうしたイベントに付随して、移動は起こります。それ以外にも、賃貸住宅の契約更新のタイミングなどに、人は何かしらの理由で移動しています。不動産流通を促進する原動力、人々の「移動」について、その理由や欲求を、もっと観察し、分析し、検証したいという欲求が、社内に高まってきました。

※264　空き家問題は、各地域の人口構成やコミュニティの変化を受けた、現象の一形態である。農業地域では、農家や町家のような１００年を超える古民家が日本ではまだまだ膨大にあるが、しかし跡継ぎがおらず就労人口が急速に減少している。郊外の古いニュータウンでは、住民が同時に高齢化することで空き家が増え、地域コミュニティが減退していくという課題がある。そのように、豪雪地域の過疎、廃れた温泉街や観光地、地方都市のシャッター商店街など、それぞれに個別の課題がある。また東京の比較的高級住宅地でも、空き家が増えている例もある。

しかもその検証の舞台には、地方が良いのではないかと考えました。不動産流通という点では、都心より地方のほうが、負荷が高いからです。あまり不動産が流通しない地方でこそ、また人口が減少する地方でこそ、人々の「移動の欲求」を検証するのに、ふさわしいと考えました。

またちょうどそのころ、全国各地の地方自治体から、空き家調査や活用についての講演や、ワークショップのファシリテーターなどの依頼が増えていました。それらの機会を通じて、[※264]ひとくちに空き家問題と言っても、自治体の規模や地域差によって、様子や課題が大きく異なることを知りました。

そんななかで、千葉県いすみ市にご縁があって、空き家についての調査業務をお手伝いすることになりました。いすみ市は東京駅から特急で70分と、比較的近距離だったため、間をおいて何度も、調査に通いました。その業務を通じて得た、いすみに住み、いすみやその近郊で活躍する、たくさんの魅力的な人々との出会いは、創造系不動産にとって、本当に幸運でした。

後々知るのですが、彼らの多くは、[※265]ローカルイノベーターとして活躍していて、独特な価値観を持っています。私もその考え方から、多くを学ぶことができました。

そうするうちに、私たちが「移動」について検証するフィールドは、いすみしか

※265　ローカルイノベーター最初期に、greenz.jp の鈴木菜央氏、『小商いで自由にくらす』の著者の磯木淳寛氏、スターレットの三星良樹氏と三星千絵氏、NPO法人いすみライフスタイル研究所の高原和江氏や君塚正芳氏、一級建築士受験支援サイト「教育的ウラ指導」を運営する荘司和樹氏をはじめ、数十名のいすみ市で活動する人々と出会えたことは幸運であり、その後の活動に影響を与えた。

ない、と思うようになるのです。なぜそう感じたかは、私自身、この段階でははっきりわかりません。そしてまさかここに支店を出すとは、また地方のビジネススクールを構想するとは、さらに旅行社を設立することになるとは、まったく思っていませんでした。

地方ビジネスと持続可能性

最近、若い建築士やクリエイターたちが、地方に移住し、古い建物のリノベーションに取り組む姿を目にするようになりました。また地方と東京の二地域を行き来しながら、活動する人もいます。

そうした活動を横目で見ながら、しかし私は、地域での活動や地方創生について、積極的ではないどころか、興味がありませんでした。二拠点居住[※266]についての知識はありましたが、まだまだ他人ごとでした。

しかし、いすみ地方に関心が湧いてくると、次第に情報収集を始めます。特に創造系不動産の30歳前後のメンバーたちの意見を、参考にしました。彼らミレニアル世代[※267]には、都心部ではなく地方で生活したいという欲求があります。

近年は大学を卒業しても、都会で働くことにあまり魅力やステータスを感じない

※266　二拠点居住
都心と田舎の二拠点で生活拠点を持つライフスタイル。趣味や自然の満喫、子育て、地域に貢献するためなどその目的は様々。元々は2005年に国土交通省が提唱を始めた。ライフスタイルや働きかたの変化により、仕事以外に満足を求める人が増え、地方の移住受け入れや民泊の合法化が後押しし、関心を持つ人が増えている。

※267　ミレニアル世代
※234、3章215頁参照。

層が顕在化しています。例えば、東京の大学を卒業後、出身地方に帰るか、ひとまず大企業に勤めたあと、これからの生き方を熟慮した上で、やはり地方に方向性を定める人々です。

地方での生活には、自然の景色に囲まれ、生活費を低く抑えながら、長時間労働もない、そんなイメージと期待があります。もっとも、出身地域の役に立ちたいという、地域愛が動機となっていることも多いでしょう。そうした、地方のライフスタイルを紹介するメディア※268も増えています。

それに対して都会の生活は仕事中心で、満員電車に耐え、高層ビルの中で夜遅くまで働く、不自由なイメージがあります。その見返りとしての出世や高収入を、あえて捨てる若者が増えています。まだまだ不完全なビジョンかも知れませんが、彼らなりに生きかたを選択しているのです。

内閣府がミレニアル世代1万人を対象とした「就労等に関する若者の意識調査17年」※269によると、「仕事よりも家庭・プライベートを優先する」と答えた人は64％に上ります。2011年の調査から10ポイントもアップしています。ここでそれを、就労意欲の減退と理解するのは間違いです。バランス感覚が変わり始めていると考えたほうが良いでしょう。

※268　地方を紹介するメディア
雑誌では「ソトコト」「TURNS」「田舎暮らしの本」など。またウェブマガジンでは「greenz.jp」など。

※269　就労等に関する若者の意識調査
内閣府HPより。https://www8.cao.go.jp/youth/whitepaper/h30gaiyou/s0.html

地方を目指す若者の感覚が、まさにそれです。確かに地方には、都市にあるような需要は乏しく、衰退していくところも多いため、常識で考えるとビジネス的な魅力は感じられないのが普通です。私も同様で、拠点は都心に置くものだと思っていました。

こうした固定観念を打ち破ってくれたのは、ある偶然が重なったためです。「建築と不動産のあいだ」を発見した時と同様、「移動」というテーマに出会ったためです。しかし「移動」について研究をするのは良いとして、数か月の短期的な関わりではなく、長期的な関係性をつくるためには、やはり新しい「価値」をつくる、すなわち持続可能な「ビジネス」を創るべきです。

おそらくこれは、創造系不動産のこれまでの不動産ビジネスとは、まったく異なると思いました。つまり企業として、新規ビジネスを開発しなければなりません。しかし言うのは簡単ですが、果たしてそんなことが、可能なのでしょうか。

新規ビジネス開発またはスタートアップ

1～3章で紹介してきた経営戦略論の様々な枠組みは、経営学の世界では、新しいものではなく、むしろ伝統的で基礎的なものに過ぎません。敢えて紹介したのはこれからは「建築設計」の世界も、「不動産」と同じように、「経営学」とも、基礎的なところから接点をつくっていけるからです。

そしていよいよ、建築と経営のあいだを往復するツアーの、最後の視点になります。その伝統的な経営論から、少しだけ新しい「新規ビジネス開発」または「スタートアップ」の分野について、紹介したいと思います。

忘却力と異能の人材

すべての企業では、その企業の顔であるヒット商品や、主力サービスに力を入れる一方で、それとは異なる新しいビジネス開発に、常に取り組んでいます。どんな商品やサービスも、永遠どころか、10年も売れ続けることは稀で、最近では数年間売れる商品も一握りとなったからです。それらが定着するよりも、さきに社会がかわり、人々の欲求も劇的に変わってしまうのです。それが現代社会の特徴といえます。

だから企業は、新規ビジネス開発に、十分なエネルギーを費やさなければならなくなっています。そして最初に必要になるのは、自分たちが持つ技術力や資金力ではなく、意外にも、これまでの成功体験や、長年培ってきた企業文化[※270]やビジネスモデルを、すっかり忘れてしまうこと、つまり「忘却力[※271]」であるといわれます。

次に必要なのは、ゼロからイチを生み出す、組織に染まりすぎていない異能の人材です。社内にいなければ、外部から招聘することもあります。経営者が新しいビジネスを構想し、狙いすましてトップダウンで開発が行われることもあれば、いろいろな部署の若手が集められ、開発チームが組織される、そんなケースもあります。

業界や企業によって様々な開発現場がありますが、そうした異能の人材として、建築士がチームに編成される機会は今後増えるでしょう。ビジネス開発には、多様な能力が必要になり、建築士の空間的な理解力や表現力は、実はビジネスの世界では重要なキーだからです。

スタートアップのＣＶＰとマネタイズ

「忘却力」という点で有利なのは、大手企業による新規ビジネス開発よりも、まさにゼロから立ち上げられるベンチャー企業です。忘却すべき過去がないため、時に破壊的な成長を遂げることもあります。

ベンチャー経営者には様々なタイプがあります。高い志やビジョンで突き進むリ

※270　企業文化
1章「建築空間は企業文化に迫る」39頁参照。

※271　忘却力
すでにある組織から、新しいビジネスをつくるのは簡単ではない。加えることより「忘却すること」が必須のアクションである。成功体験、そのプロセス、意思決定手順や速度や文化はもちろん、自らの事業定義すらも忘れる必要がある（『ストラテジック・イノベーション』ViJai Govindarajan著・翔泳社・２０１３年）。

ーダー。既存のテクノロジーを凌駕する技術を持つエンジニア。既存の枠組みに、大きな不満を感じている改革者。彼らは共通して行動力が突出している反面、どこか用意周到さに欠け、人や資金といったリソースが不足しています。しかし前章の六つのピースで紹介した通り、スキルと販路（人脈）だけで、当初はある程度うまくいってしまいます。

社会は彼らを発見し、応援し、ファンになります。現代では常識的なアプローチであるマーケットイン[※272]ではなく、顧客や周りの反対を押し切って、自分たちがやりたいことで成功してしまう人たちの姿は、とても魅力的です。そんな彼らの多くが大事にしているのは、「CVP[※273]（顧客提供価値）」という概念です。

まったく前例がなく新しく生まれる分野や、変化のスピードが速い業界では、いままで紹介した多面的な経営要素によるものでは、分析が間に合わないため、もっと小さな単位に分解します。CVPは、「顧客」と、その「提供価値」だけに注目する方法です。この方法は、ここまでのフレームワークやその組み合わせよりも先に、まず価値（バリュー）を徹底して考える、シンプルなものです。

そしてその価値に照準をあわせて、できるだけ早く、小さく実行[※274]するのですが、進めるうちに、別の場所に異なる価値が見付かることが多いようです。その時は、

※272　マーケットイン
市場や顧客のニーズから発想する、製品やサービス開発の方法。それに対して、自社の強みややりたいことから開発する方法をプロダクトアウトという。物不足で経済が成長する時は企業目線でのプロダクトアウト、供給過多で物や情報が溢れる時代は顧客目線でのマーケットイン、という文脈で使われることが多い。

※273　CVP (Customer Value Proposition)
顧客提供価値　※36、1章67頁参照。

※274　小さく実行
スタートアップでは、小さく実行（スモールスタート）が鉄則である。『リーン・スタートアップ』(Eric Rise・日経PB社・2012年)では、アイデアがゼロから拡大していくプロセスのマネジメントを論じている。「MVP（実用最小限の製品）」や「ピボット（方向転換）」などの概念が紹介されている。

すぐ計画を変え、アクションを修正します。これを「ピボット[※275]」と言います。

新規ビジネス開発や、独立起業のスタートアップ時には、そうしたピボットをどれだけ素早く、大胆に行えるかが、勝敗を分けることもあります。結局のところ経営とは、頭で考えていてもまるで先が見えず、リスクテイクしてある程度すすんだ先に、ようやく成功要因が見えることが多いからです。

そしてそのCVPと対になる概念が、「マネタイズ」です。これは1章の「お金とは何か―会計とファイナンスの言語」、また3章の「お金の仕組みを設計せよ」で見たような、売り上げや財務諸表、管理会計やKPIなどの思考に至る、より初源的な収益の仕組みづくりのことです。どのように、商品やサービスを売上とスタートアップに結びつけるかを考えること、これをマネタイズと呼びます。

例えばインターネットビジネスにおいて、売上よりも先に、無料のサービスを展開し、さらにそれで登録者数やファンを増やしておいてから、その後に広告料やアイテム販売、またプレミアムの課金サービス展開などを行い、売り上げを上げていくことがあります。そういう文脈において「マネタイズ」という言葉は使われます。

しかしこれは、本質的にはインターネットビジネスだけの話ではありません。新規ビジネス開発やスタートアップの瞬間には、自分たちが顧客に提供できる本当の

※275　ピボット
企業経営における「方向転換」や「路線変更」を表す用語。とりわけスタートアップ企業が当初の事業戦略から、大小の軌道修正を行うか、まったく別のアイデアに取り組むこと。またそうした経営判断。

ビジネススタートアップの分析ツール

ベンチャー企業の強みや特性を、素早く捉えるために開発された多数のフレームワーク

I

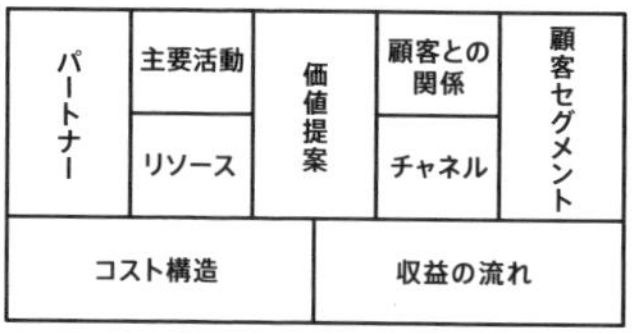

『ビジネスモデルキャンバス』※

９つに分類されたキャンバスには、「提供価値」を中心に、「顧客」や「パートナー」との関係性を、また下段で「コスト構造」等を表示します。ビジネス開発や修正のために世界中の大企業で用いられています。

※「ビジネスモデル・ジェネレーション」(Alexander Osterwalder・Yves Pigneur・2010年)に掲載

II

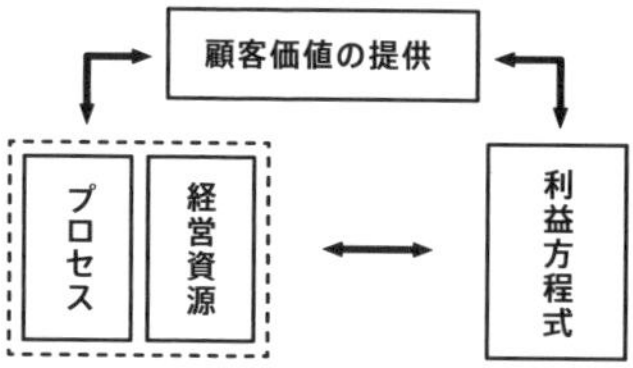

『ビジネスモデルの４つの箱』※

よりシンプルですが、やはり中心に「提供価値」が置かれ、「利益方程式」「リソース」「プロセス」と多面的な経営要素が配置されます。企業が４要素をバランスよく改定しつつビジネス開発を行います。

※「ホワイトベース戦略」
(Mark W.Johnson・2011年)に掲載

III

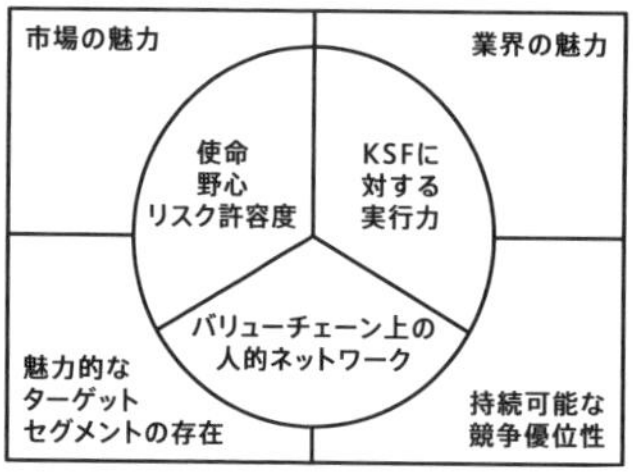

『セブン・ドメインズ』※

「市場」「業界」「経営陣」を中心に７つの成功条件と呼ばれるフレーム、特に経営者の資質「野心」「人脈」「実行力」などを見る点は、やはりベンチャーを評価する投資家の視線が含まれています。

※「ビジネス・ロード・テスト」
(John W.Mullins・2006年)に掲載

IV

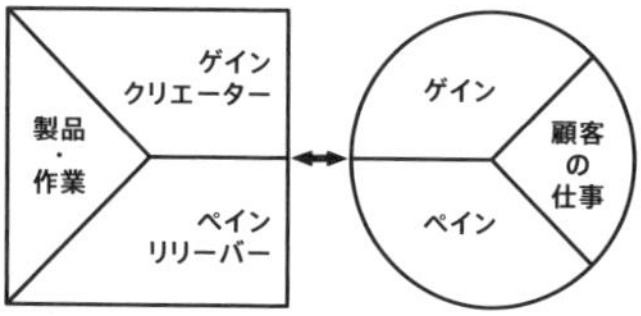

『バリュー・プロポジション・キャンバス』※

今回繰り返し言及される「提供価値」について、深掘りするためのフレームです。

※「バリュー・プロポジション・デザイン」(Alexander Osterwalder・Yves Pigneur 他・2014年)に掲載

ればなりません。

「価値」と、そのサービスによる「マネタイズ」の組み合わせを、スタディしなければなりません。

設計事務所であっても、考え方は同じです。誰しも、クライアントにとっての自分たちの価値と値付けを、試行錯誤した経験があると思います。幸運にも独立するタイミングで、設計を依頼してくれるクライアントがいたのであれば、逆にそれを熟慮する暇がなかったかもしれませんが、こうした経営論を知ることで、より無理のない、理にかなった収益構造をつくることができます。

最近は、ベンチャー企業の強みや特性を、素早く捉えるために開発されたフレームワークが、多数あります。ビジネスシーンで有名な4タイプを紹介します。詳細はインターネットで、様々な情報を参照してみてください。

設計事務所の新規ビジネス開発

3章の設計事務所経営の6ピースでも述べたように、その「技術力」に合った「販路」を計画する、この最初の2ピースの組み合わせを考えるシーンは、まさにスタートアップ（起業・独立）のそれです。

そしてすでに独立し、経験を重ねている設計事務所が、新たなビジネスを構想す

新規ビジネス展開のパターン

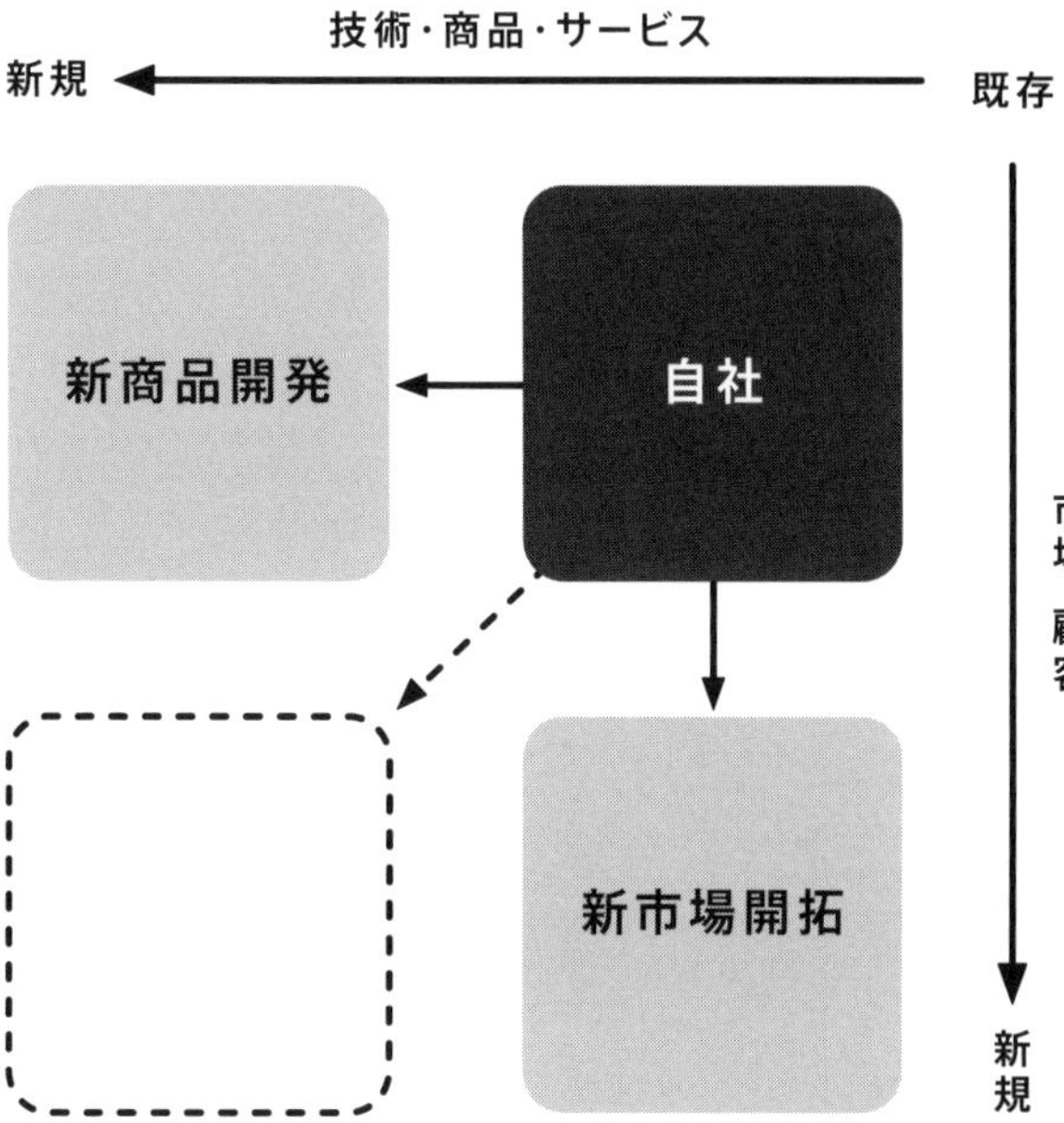

新規ビジネス開発とは、従来の顧客に新しい商品やサービスを生み出す（新商品開発）か、自社がいままで手掛けていた市場とは異なる分野を開拓する（新市場開拓）か、どちらかです。
もちろん、図の対角線方向への白いスペースのように、まったく新しいサービスを新しい市場に投下する、つまり新商品開発と新市場開拓を両方同時に行うこともありますが、難易度は高いと言えます。その場合は、まずは新市場に、既存に類似したサービスを実験的に提供してみるなど、段階的な展開が行われます。

るシーンも同様です。これは新規ビジネス開発です。自分がいる業界から、どの方向に進出するかを整理したフレームワークです。

3章[※276]の「設計×□□のムーブメント」でも書きましたが、設計事務所にも、従来型とは異なるビジネスを模索する動きが目立つようになりました。そこでは設計事務所が、飲食店や宿泊施設を並行して経営し、その経営的ノウハウをさらに設計にフィードバックする、もしくは新たな顧客層を開拓する、そんな大胆な例を紹介しました。

さらに建築家でありながら、積極的にプロダクトを開発し、それを直接販売するか、さらに物流の仕組みに参加する設計事務所[※277]も現れます。彼らは経営的実践を通して、建築設計が扱う商圏を拡大しています。

近年では、古い物件を借り上げ、ユーザーに転貸することで不動産業に進出する例も珍しくなくなりました。なかには自らシェアハウスを運営し、コミュニティづくりを実践する設計事務所の例[※278]もあります。

2章[※279]でもお話ししましたが、こうした動きは、設計事務所ビジネスの収斂と分岐が起こる変革期には、必然的に起こります。彼らは、設計活動の収益性に向き合うシビアさと、まったく新しいフィールドに飛び出す楽しさを、同時に味わっています。

※276 203頁参照。

※277 戸戸（こと） 建築設計事務所Camp Design inc. 主宰の藤田雄介による、それぞれの家のそれぞれの戸をデザインするための建具専門ネットストア。職人や作家と協働で開発した、オリジナルの建具やそれにまつわる製品を販売している。DIY感覚で布を張り替えられる「布框戸（ぬのかまちど）」や無垢材の感触をそのまま感じられる「木のドアノブ」など、境界の質感や手触りから空間に変化をもたらすプロダクトを生み出している。www/koto.tools

※278 コミュニティづくりの実践 静岡県富士市と東京の二拠点で活動する、勝亦丸山建築計画（勝亦優祐氏＋丸山裕貴氏）は、本来建築をデザインする設計事務所が、建築を借り上げ一気通貫的に運営まで行うことで価値を高める「デザイン・オペレーション」をプロデュースする。設計・開発・研究を軸に据え、完結することではなく断続的に問題と向

私たちも不動産コンサルティング業の傍ら、こうした経営分析的な視点から、設計事務所が「忘却力」によって、ゼロからイチをつくりあげる瞬間を目撃すると、とても刺激を受けます。

そして企業との研究事業から得られる知識や、都内で開催される創造系不動産スクール[※280]でのアウトプットとインプットが合わさり、私たちも日常的に、社内でたくさんの新規ビジネス開発を行っています。

では新たに得た新規ビジネス開発の経営視点で、もう一度いすみでの試行錯誤を振り返ってみましょう。現在進行形の実例として、「いすみラーニングセンター」がどのようにして生まれたかを、ご紹介したいと思います。

始めに言っておくと、これは勘違いや失敗を重ねて、計画や予測とは違った形に変化していくプロセスなのです。そしてそこに、新規ビジネス開発の醍醐味もあります。

ケース　新しい学びの場、地方ビジネススクールをつくる

千葉県いすみ市、外房の小さな田舎まちに、月1回は東京方面から研究員が集ま

かい合うことを重視したプロジェクト運営を得意とする。

※279　2章「収斂してイノベーションが起こる分野」154頁参照。

※280　創造系不動産スクール　創造系不動産が建築と不動産のあいだを追究する過程で得た「業界の壁を超えることで得られるビジネス体験」を建築業界に普及させるために創設したスクール。カリキュラムは「建築不動産コンサルタントコース」と「経営戦略基礎コース」。2012年から開講され、これまでの受講者は延べ150名を超える。講師陣には、建築再構企画の佐久間悠氏、それからデザインの佐野彰彦氏、建築倉庫ミュージアムの近藤以久恵氏、長沼アーキテクツの長沼幸充氏をはじめ、多数の領域横断的な思考と実践力のある実力者を迎えている。

るようになりました。当初10名程度だったその数は、月を追うごとに増え、いまでは30名を超える[※281]ようになりました。町の人々からすると、少し不思議な光景に見えるかもしれません。

その研究員たちは、デザインや建築、ITや不動産の仕事をする社会人です。私も含めて、みな自発的に、地方にこれからの可能性を学びに通っています。

そして、自分たちの本業とは異なる地方ならではの研究テーマを見つけます。例えば不動産コンサルタントである私は、「地域旅行業」を研究しています。またある建築士は、「ローカル鉄道の経営」を研究しています。また「地域通貨」「古材や古道具」「ローカルメディア」を研究している人もいます。みな自分のペースで、地方ならではの何かを研究し、その情報をシェアしています。

ラーニングセンターの様子

いすみラーニングセンターのコンセプトは、「地方のくらしとビジネスの可能性を探求する」です。また研究指針としては、「失敗してもOK・成長しなくてもOK・競争しなくてもOK」この三つがベースにあります。

創造系不動産のいすみ支店は、このラーニングセンターの運営を行っていますが、いつの間にか、初期会員の何人かは、運営を手伝ってくれるようになりました。独特なゆるさを持った集まりですが、ビジネススクールと銘打つからには、毎回いすみ地方のゲストをお招きして、そのくらしとビジネスの魅力をしっかり学習します。

これまでにも、パーマカルチャー、地域循環型経済、ローカルメディア、小商い文化、食と農、まちづくりNPO、クラフトビール、木材、服飾デザイン、地方建築設計、ローカル鉄道、星空写真家、そうした専門家から貴重な話を伺いました。まだまだこれからも、いすみ地域で活躍するイノベーターのみなさん[※282]から、教えを請いたいと思います。

そして各研究員の研究テーマに加えて、実際にビジネスとして、事業[※283]を生みだすサポートもあるべきです。すでに研究員の新規ビジネス開発のサポートや、お金の学習のプログラムを展開しています。

※281　２０１９年10月現在の会員数。

※282　当初からの関心として、「なぜいすみ地方にはこれほどのローカルイノベーターが集まるのか？」という問いがあった。しかも彼らは30～40代を中心としており、地元の人材もいれば、Uターンや移住組も多い。その検証は4章の後半で行われている。地方創生で名を馳せる地域には、そうした魅力的な人々が集まっており、その原動力となる要因は、地域によって異なる。

※283　**事業を生み出すサポート**　いすみラーニングセンターが開設して半年後には、古材・古道具研究員のYTRO Design Instituteの髙橋慶成と奥村梨枝子が事業化に踏み出した。価値が見出されにくい空き家にある古い建材や古道具を地域の資源として捉え、価値を再付与すべく様々な活用検討をすることで、古材・廃材の活用が文化として根付き地域の資源として循環させることが目標である。現在は、ラーニングセンターの会員が古材

こうした学びの場の必要性が、顕在化したのだろうと思います。いすみで得た知識や思考法を、東京に持ち帰って、応用できるかもしれません。なぜか都会よりも、人脈がつながる速度も早いようです。二地域を移動しながら学ぶことは、意外と効率が良いことに気づきます。

東京方面から特急で70分移動するあいだに、車窓は都市計画された建物群から、郊外の住宅街を抜け、そして次第に田舎のゆったりとした景色へ流れ移り変わる時、スイッチが切り替わり、普段の思考パターンから解放される気がします。

本書が出版される2020年1月ごろは、いすみラーニングセンターが開講して、ようやく1年が経ちます。しかしまだWEBページもありません。SNSで時々発信される程度で、全貌は明らかになっていません。

もっと、いすみラーニングセンターを詳しく説明したいのですが、ひとまずここまでにしておきます。まだ始まったばかりの取り組みですから、説明したところで、また数か月後には形を変えているかもしれません。

それよりも、なぜこのような展開になったのか、短い期間での紆余曲折を、4章のテーマである「新規ビジネス開発」、特に「CVP」、そして「マネタイズ」についての試行錯誤を軸に、ご覧ください。

収集のサポートをするなど、会員間の交流が生まれている。またその翌月には、地域旅行業研究員である高橋寿太郎も、新しくいすみ地方に、着地型旅行業を行うための会社を登記した。

時に行き当たりばったりで、ドタバタと「ピボット」を繰り返す様子が、そこにはあります。

地域でのデプスインタビュー

いすみラーニングセンターの構想が始まる1年前、私はいすみ市が、どの県にあるかも、知りませんでした。そのころ古い建物の資産価値の評価や、不動産コンサルティングの技能を買われて、北は北海道、南は九州まで、各地の自治体から空き家活用に関するワークショップの企画や、空き家バンクについてのシステム構築などの相談が増えていました。

建築士とタッグを組むことに特化した、不動産コンサルティングの本業とは、少し異なる仕事の依頼でしたが、何ごとも勉強と思い、相談を受けながら、全国で十数の自治体の状況を聞いて回りました。

すると、早々に「空き家自体が問題の本質ではない」、ということに気が付きます。2章で見たように、確かに日本では全国で空き家が急増していますが、それは人口減少と、新築偏重による、一つの現象に過ぎません。空き家がどういう状態か、または何に活用すべきなのかと考える前に、まずその地域のくらしでどういった課題があるのか、またいま何か新しいことが起きているのかを知るところから始めます。

しかしそれらの情報を、短時間で収集することはできないので、先に進めずにいたその頃、普段から不動産のお手伝いをしている東京の建築士[※284]からの紹介で、ある民間企業が実施する地域資源活用事業での、不動産分野の知見を活かした専門チームの一員として、依頼を受けたのです。そのフィールドが、いすみ市でした。

2018年1月、初めていすみ市に降り立ち、そこで手探りで行われた初期調査方法は、いすみで活躍する人々にインタビューをするというもので、なんと空き家の調査は後回しにしました。その体験を通じて、徐々に意識が、建物や不動産といったハードな体系、定量的データ思考から、人の記憶やコミュニケーションへと移っていくのを感じました。

ローカルで魅力的なイノベーターには、いちど都会で働いてから、Uターンで地元に帰ってきた方や、地方のライフスタイルに共感し、移住した方たちも多く、いすみも例外ではありません。

彼らに、どういう仕事や活動をしているのか、なぜいすみだったのか、好きな場所や人は、良かったことはなにかと、地方のくらしやビジネスの日常を、深く質問

※284　設計事務所カナデラボを主宰する金谷聡史氏。氏もいすみラーニングセンターの初期会員として、当初から研究活動を開始している。また、依頼企業は東京のIT系企業ボノ株式会社。地域交流スペースの運営や研修プログラムなどを通じて、東京と地方をつなぐ業務を行っている。

します。

するとその応えには、私たちが知らない視点からの、豊かな世界観が広がります。自然につくりだされる四季の移り変わりや、田園の風景、またゆっくりした時間の流れ、素晴らしい星空といった、地方ならではの環境は確かに魅力的です。

またライフスタイルに関わること、豊かな食について、自然や人の循環を感じられること、子供との時間が増えて、波の音が聞こえる…、そんな十人十色の応えがありました。

また都市から離れること自体が、本当の目的である人もいます。この方法は、のちのち私たちの独自の不動産マーケティング技法「連鎖型デプスインタビュー[※285]」として発展していくことになります。

そのように、地域で活動する人をつぎからつぎへと紹介して頂き、幸運にも数十名の方からお話を伺うことができました。そして大きな気づきは、地方での仕事です。食や農、またローカルメディアや小商い、古民家カフェやシェアハウス、家具や木工など、どちらかというとそれらの分野でも、なにやらクオリティの高い、デザインも惹きつけられるものが多かったことです。

みなさん生き生きと、その仕事やビジネスを語ってくれました。でももし私が、

※285　デプスインタビュー
※187、3章176頁参照。

地方に支店をつくるとしたら、いままでの都会や企業の常識で仕事をしてきた私たちの不動産コンサルティング業は、通用しないと思いました。

都市と地方を行き来するうちに、地方の建築と不動産のあいだから、都市と地方のあいだを模索する、そんな地平が見えたような気がしました。いすみでは、建物や不動産の境界線だけでなく、人と人の距離もあいまいなようです。そのあいまいさが、その時の私には心地良い刺激だったのです。

地方に会社をつくる難しさ

繰り返しになりますが、30歳前後のミレニアル世代の創造系不動産のメンバーや、彼らと同年代の建築士やデザイナーに訊ねると、その多くが、満員電車にゆられて超高層ビルでバリバリ仕事をするライフスタイルに、将来的なビジョンを感じていません。

残念ながら、私にはそうしたセンスが足りておらず、20〜30代のころは、どちらかというと地方都市から東京に上京し、都市生活を味わいながら成長していきたいと思っていました。

いすみ地方に通い始めた２０１８年、そのころ私は、創造系不動産の最初の支店の出店戦略を立てていました。その候補地は、大阪、名古屋、横浜でした。その他にも、仙台、静岡、広島、博多といった地方都市の人口や経済規模、また設計事務所数などから定量分析を行いました。建築と不動産のあいだの価値提供の機会を広めるための、会社としては大きな経営施策です。

ところが、いすみで新しく出会った新しい価値観から見ると、もしかしたらその考えかた自体が、規模の成長拡大を無条件に前提にしている、昭和・平成型の思考モデルではないかと、漠然とした疑問を持つようになりました。

そうではなく、より課題が山積していながらも、境界がなくフラットで、自由な発想がすぐできる地方こそ、現代のフロンティアであり、そうしたエリアに出店すべきなのではないだろうか。そうすれば、地方にビジョンを探す若い優秀な人材にも、就労の選択肢を示せるのではないだろうか。

いわゆる、サテライトオフィス[※286]です。そんな着想を得た時、新規ビジネスとして本気で考えてみよう、と収支計算を始めました。

実際、サテライトオフィスについてインターネットで検索すると、総務省が推進するサテライトオフィスのホームページ[※287]がトップに検索されます。なぜ、東京の企業が田舎でサテライトオフィスを持ったほうが良いのか、その理由が、非常にわか

※286　サテライトオフィス
本社から離れた場所に設置されたオフィス。支店とは違い、規模は小さく、地方に置かれるものを指すことが多い。働き方改革の一環でリモートワークを進める一手段として注目される。地域創生を進める自治体の誘致によって開設されることもある。

※287　総務省のサテライトオフィスHP
地方へのヒト・情報の流れを創出するため、2018年より地方公共団体を支援する「お試しサテライトオフィス」事業に取り組んでいる。
http://www.soumu.go.jp/satellite-office/

りやすく、動画解説付きで見られます。さらに全国の多数のサテライトオフィスが紹介されています。なるほど、公民連携によりもうここまで進んでいたのか、急ぐべきだ、と思いました。

すぐさま、私たちが顧問をしている、クライアント企業にヒアリングしたところ、サテライトオフィスについて、過半数の好意的な意見が得られました。これからの若い世代をつなぎとめておくためには、そうした地方サテライトオフィスがあったほうが良いはずです。

すると東京にあるすべての企業は、これからは働きかた、くらしの対照的な地方にサテライトオフィスを持てば、優秀な人材の流出を防ぐことができるに違いない、と考えは飛躍します。これは、一つの期待に集中し、知らない情報を過小評価している状態、つまり単なる勘違いに過ぎなかったかも知れません。しかしそうした入口から、これまでの行動パターンや成功体験をいちど忘れて、新規ビジネスの扉を、自ら押し開けていました。

サテライトオフィスのリサーチと結論

では実際にいすみで、そうしたサテライトオフィスを構えようかと考えましたが、意外にも、すんなり借りられる物件がありません。空き家や空きビルはたくさんあり、古民家や古い建物の一角で十分と考えていました。しかし都心と違って、そもそも不動産流通市場が整っていません。これは地方不動産の課題の一つです。ネットでは見つからないのです。

だからこそ、私たちが不動産の技術を駆使して、ここいすみ地方で、いろいろな企業が入って来やすい土台をつくりさえすれば、誰もが簡単に地方にローコストで支店を持つことができるし、その受け皿になれると思ったのです。しかしこのままでは、もしかしたら1年…いやそれ以上かかるかもしれない。これは早いほうがいいと考え、先に私たち自身がサテライトオフィスを持つために、「いすみ支店」の設立を発表しました。

ところが案の定、私たちのオフィス探しも簡単ではありませんでした。しかし運よく、最初は間借りという形で、いすみの大原エリアにある古民家を使わせていただくことになりました。ここは明治にできた古い蔵なのですが、雰囲気がよく、救われました。

いよいよサテライトオフィスをつくるための、マーケティング調査を開始しました。他の地方で行ったサテライトオフィスの視察調査では、その利用者と運営者の

創造系不動産いすみ支店として間借りさせて頂いた古民家スペース。
改修設計：kurosawa kawara-ten（黒澤健一）© 佐藤亮介

声を聞き、どういう機会とハードルがあるのかを理解します。また、立地や規模がいすみとは対照的である、東京のWE WORK[※288]のメンバーになり、実際にそこで仕事をすることで、やはり利用者と運営者の両方の立場から、その提供価値を体験しました。

その調査の結果、サテライトオフィスを中心軸に考えると、失敗するに違いない、と急に考えを変えます。

なぜなら、いすみでは簡単に見つからないにしても、空き家だけでなく、余っているスペースはたくさんあります。そもそも気候が良い時は、パソコン1台あれば、屋外で仕事をすることだってできます。それでは差別化どころか、模倣困難性がまるでありません。

それに、世界中の都市で展開するWE WORKも、その提供価値は、不動産としてのその箱にあるのではなく、メンバーシップとの交流や、オープンイノベーション[※289]の可能性のほうです。支払っているものは、もはや家賃ではありません。

だから地方で場所代に月額何万円で貸しても、本当に価値が提供できているとは言えず、原理からはずれているものは、始めても長続きしないと思ったのです。

※288 WE WORK
※144、2章139頁参照。

※289 オープンイノベーション
※1、1章21頁参照。

着想してはボツにする

さきに「いすみ支店をつくる」と言ってしまったのは、時期尚早だったかと反省しましたが、後悔している場合ではないことだけは、わかっていました。新規ビジネス開発がそういうものだというのは、これまでの経営でも、ビジネススクールの学びでも、また多くのスタートアップのサポートでも、毎度のことです。経営は、机上の理論の通りには行きません。

それでも、いすみで何かをやるということに、もう後戻りは考えていませんでした。言葉やシステムにできていませんが、移動、いすみ、ビジネス、空き家…その周辺で、何かしらの「価値提供」ができる、という直感で動いていました。だから借りられる空き家の探索は、続けました。

特に、いすみの中心地であるJR大原駅から、いすみ鉄道に乗り換えて4駅目の国吉駅付近が、ほどよく、いろいろな物事の境界があいまいな雰囲気があったので、ここを重点エリアにしました。田舎の景色、いすみ鉄道、空き民家がならぶ商店街が、私たちのような都心の人間が求める環境にちょうどよかったと思います。

しかし肝心の物件さがしが進みません。私たちはプロの不動産コンサルタント集団だったはずなのですが。賃貸だけでなく、購入も視野に入れ、さがし続けました。東京のベースで見つからないのは、すでに理解していました。そこで、未発達の不動産流通市場における、地域特有の情報の流れを探しました。

あまり話を難しくせず、民泊も検討しました。機会があれば宿泊事業をやってみたい、と考えている企業も多いのではないでしょうか。インバウンド需要と、Airbnbの台頭を受けて、都市ではなく、地方で民泊事業を展開するイノベーターの萌芽も知っていました。

収支計算上は、小規模ながら、意外にもプラスになるのですが、ただ民泊や宿泊事業は、そもそも私たちの理念や関心の軸線上にありません。その新規参入は、ビジネスの整合性に沿っているでしょうか。できるかどうかではなく、本当にやりたい事業なのかと、躊躇しました。

地方民泊とはそもそも、地域の住民が、移動してくる地域外部の旅行者などを受け入れる、緩和的な制度だと考えています。だから、地域に根差す人々がやるべきです。地域外の私たちが宿泊業を行うのであれば、よほどの理由がない限り、差別化ができないと思いました。

またちょうどそのタイミングで、民泊[※290]への法制度が整い、正直なところ少し気後

※290　民泊への法制度が強化　2019年4月施行。違法民泊を排除するための法改正。

れしました。

先ほど話したように、地方で空き家を借り上げ、サテライトオフィスや、シェアオフィス、コワーキングスペースをつくるだけでは、模倣困難性は生まれません。要するに、誰でもできるものには価値が生まれづらいのです。これから、予測どおりに地方がより注目を集め、移住者や関係人口[※291]が増え、企業が進出を果たした時、サテライトオフィスや、民泊事業は、レッドオーシャンになるのではないでしょうか。

本書を通じて、様々な経営論を説明している私も、恥ずかしながら、自ら新規事業を始めようとする時はこんな感じです。着想しては、調べて、ボツにすることを繰り返します。

いすみ支店の開設から、数か月が過ぎました。そしてまた振り出しに戻りました。そうしている間にも、さらにいすみでの出会いは増えます。しかしまだ事業も決まらない。一方で東京の創造系不動産本社でも、社員が増え、チームの再編といった組織変更があり、そちらにも目を配らなければなりません。余裕がないわけではありませんが、いつまでも、社内の時間や資金といったリソースを、この新規ビジネスだけに使い続けるわけにはいきません。

※291 関係人口
移住した定住人口ではなく、観光に来た交流人口でもない、地域や地域の人々と多様に関わる人々のこと。若者を中心に、変化を生み出す人材が地域づくりの担い手となる可能性が期待されている。

素早く進めるべきですが、焦ってはいけない、そう自分自身に言い聞かせました。落ち着いてもう一度、私たちの顧客はだれか、その顧客にとっての価値とは何か、真のCVP[※292]は何なのか、自問自答しました。

地方でしか学べないことを探求する場の可能性

いすみ地方は、有名な歴史遺産や温泉などの、観光コンテンツがあるわけではありません。自然が豊かで、漁港では海の幸に恵まれ、特に里山の景色が美しいという、言わば「これと言ったものが何もない」地域です。

しかしなぜか、すでに紹介したローカルイノベーターたちや、その他にも、コンテストで受賞するようなチーズ工房があつまっており、食のイノベーターも多いようです。春は、菜の花の中をいすみ鉄道がゆっくり走る、なんとも優しい雰囲気に、人は引き寄せられます。また毎週日曜日の港の朝市には、市外からも数百名を超える、多様な世代の家族や仲間たちが、魚やタコやイセエビなどの海の幸を囲み、にぎわうシーンが見られます。

そんな地域が、移住をテーマにしたあるランキング[※293]では、全国の自治体で1位という、驚くほど高い評価を受けています。いすみ自体の知名度は決して高くないの

※292　CVP（Customer Value Proposition）顧客提供価値。※36、1章67頁参照。

※293　『田舎暮らしの本』（宝島社）2019年2月号で発表された、「小さなまち」の「自然の恵み部門」ランキングでは、千葉県いすみ市が全国で1位を獲得。

ですが、これはいわゆる、ポテンシャルが高い状態です。

もういちどスタートラインに戻り、自問します。地方に興味すらなかった私が、いすみに来た理由は、創造系不動産のメンバーのためでした。メンバーたちが次の時代に備えて、地方でチャンスや可能性を学ぶこと、そしてそれが私も含めたメンバー全員のインセンティブに違いありません。メンバーの多くは入社時から、「近い将来に、地元の地方で起業する」というビジョンを持っていて、そのための力を手に入れるために、創造系不動産に入社しています。

私たちの、新しい学習の機会をつくりたい。そして少しでも魅力をつくることで、将来の夢があり、収益性が高く、自己実現ができる企業でありたい。これが経営者の深層心理にある欲求であり、それは同時に、これから集まる仲間やクライアントにも提供できる価値にもなる、と再認識しました。

ここまでいすみに通うこと数十回。さらにおそらくこれから2年間ぐらいで、地方での新規ビジネス開発について、たくさんの知見を得る体験ができる、そうした強い予感があります。私たちはこれまで、そのように地道に勉強しながらやってきました。

しかしここでまた、不意なひらめきが起こります。その体験やチャンスを、私たち1社だけで独占するのは非効率ではないだろうか。そうではなく、少しでも多くの仲間や企業と、シェアするのが、合理的ではないだろうか。

2012年から開催している創造系不動産スクールも、同様のモチベーションで継続していました。費用と時間を投資する受講メンバーに、それを大きく上回る価値を提供するのが基本。そしてプログラムを提供する私たちも、教えるという立場で、学び続けたい。

それと同じことを、いすみでやってみたらどうだろう。つまり、ローカル版の創造系不動産スクール…と考えた瞬間、「いすみラーニングセンター」というネーミングがひらめきました。

お金の流れとマネタイズ

この構想では、短期的なイベント形式ではなく、長くかかわることができる場所をつくることに、意味があると思いました。ですから、そこは創造系不動産スクールの、1コースごとの受講料とは異なり、月額の学習機会にして、[※294]できる限りリーズナブルに設定できるかを検討しました。

先だってリサーチしたサテライトオフィスの事例では、ひとり月額数万円〜で、

※294 会員価格設定は、当初は入会時期やフェーズにより弾力的な価格変更も検討されたが、最終的には月額5000円の固定となった（個人会員及び小企業の場合）。

「デスクやオフィスを借りる」という設定が多かったのですが、そうではなく「学習コンテンツ」の価格を設定し、場所代は頂かないことにしました。

これまで、地方自治体などの取り組みでよく目にしたのは、都会の有識者たちを地方に招いて、地域を活性化させるための、仕組みや仕掛けを用意するものです。この時お金は、地方↓都会という流れになっています。

いすみラーニングセンターでは、その逆パターンを考えてみました。つまり東京近郊の研究員たちがいすみに通い、地域で活躍するイノベーターや、農業や漁業に従事する方が教える側になって、私たちが知らない価値ある情報を研究員に教えることで、報酬が支払われるかたちであるべきです。つまりお金は、都会↓地方という流れです。

そう考えると、創造系不動産のいすみ支店も、独立させて、完全にいすみ市の企業にしたほうが、税や経費を地方に支払うことになり、ビジネスの理にかなっています。もちろん会社を分けてしまうことで、税務や労務が二つになって、通常は効率が良いとは言えません。

しかし地域にお金が落ち、できるかぎり地元で循環させるのが、私たちの活動には整合しているはずです。これを、いすみで実践したいお金の流れのルールにして、それに逆らわない形を模索しました。

いすみ空き家ツアーの企画

そして肝心な、いすみラーニングセンターの会員募集です。もちろん、雑誌や広告で募集すると効果が高いかもしれませんが、費用がかかります。ふつうは、まずはホームページをつくり、コンセプトを表現豊かに伝え、SNSで拡散し、仲間を集める方法をとります。

でも今回は、そもそもいすみ市がどこにあるのかから説明しなければなりません。そして、いすみにどんな価値があるのか、これは言葉や写真では伝わらないでしょう。だから最初に、まずいすみを知るための「空き家ツアー」を企画しました。

このツアーは、主に建築系やデザイナーを対象とした勉強会で、空き家を巡りながら、地域で活躍する方に会い、くらしや仕事のお話しを聞きました。その募集方法は、創造系不動産スクールと同様、ほぼSNSと、口コミだけです。それから1年かけて、大小様々なツアーを20回開催し、約150名の方にお集りいただきましたので、手ごたえを感じることができました。

ツアーのネーミングは、空き家というハードなテーマですが、実際は、いすみの

「人に会う」ことと、その「話を聞く」という、ソフト面に主眼を置いています。自然の景色、いすみ鉄道にゆられるゆっくりした時間、空き家や、空きビルや、空き寺といったストック、そして房総半島で採れた自然食材[※295]のランチを頂きながら、地域の人との出会いと、そのくらしや仕事のお話に意識は集まります。

それらを通じて、単純な視察では得られない、リアリティ、将来予測、創発の感性を得ます。またこの体験が、東京駅からたった70分、日帰りで来れる場所にあることを、再発見してもらうことを企図しました。

いすみラーニングセンターの誕生

そして、最初の数回のツアーの参加者をお誘いしたところ、約10名が、いすみラーニングセンターの初期メンバーになってくれました。とても感激しました。地味で地道な募集方法でしたが、インターネットを使わない、そのアナログな手順にこだわりました。前例があるわけではありませんし、正しいやり方なんてありませんから、ワクワク感と不安が同居していましたが、それも初期メンバーと共有しました。

初期メンバーの考え方は、とてもユニークです。これから何をどうするかはっき

※295　自然食材のランチ　いすみで活動するローカルイノベーターの1人、スターレット（三星良樹氏と三星千絵氏）が運営する「星空スペース」で、ランチを頂く。彼らは古民家を活用し、シェアハウス「星空の家」や、民間ライブラリー「星空の小さな図書館」を運営している。

りしない、ホームページもなければ校舎の場所も決まっていない、そんな試みに、飛び込んでくれたのです。２０１９年2月、始めて全員が集まり、「よくわからないけど最初がいい！」「バイトに例えるとオープニングスタッフ！」「誘われたから！」と、それぞれの参加動機をシェアし、いすみラーニングセンターは誕生しました。

いすみラーニングセンターでは、敬意を込めて、彼らのことを「ゼロペンギンズ」[※296]と呼んでいます。

まずは毎月のカリキュラムをつくりました。いすみで親しくなった、ローカルイノベーターをどんどんお誘いし、さっそく講義が始まりました。

次にローカルなテーマで何を研究するか、会員たちに促します。「失敗してもＯＫ・成長しなくてもＯＫ・競争しなくてもＯＫ」の、いすみラーニングセンターですから、気楽なものでもよく、他の研究員の研究に乗っかっても良いことになっています。できれば、本業にも新しい視点を導入するためにも、それとは少し異なる、地域ならではの研究テーマ[※297]をおすすめしています。

会費制と言いましたが、地方ならではの、場所にかかる費用が低額であるとしても、人件費を考えると、もちろん最初は赤字です。しかしこれが30人、50人、

※296　ゼロペンギンズ
先が見えない中、先頭で飛び込む勇気のある人をファーストペンギンと呼ぶが、今回いすみラーニングセンターにおいては、飛び込む海がどこにあるかもわからない状態なので、その一歩前の段階でゼロペンギンと呼んだ。このメンバーは、20～50代の幅広いメンバーから構成され、職業は、グラフィック、ブランディング、建築士、映像、ウェブ、コンサル、不動産、経営企画、OLなど。特に地域に強い関心がある人材が多いわけではなかった。

※297　研究テーマ
※260、4章243頁参照。

１００人と拡大していくと、人の流れも、お金の流れも、変わってきます。もしかしたら、こういうプロセスを経て、地方創生に関係する何かしらの貢献ができるのかもしれません。もともと、それらに関心すらなかったはずが、やはりまた、内面でなにかが変化し始めているようです。

私たちの目標は、ローカル研究を通じて、これからの時代を生きていく学びを得つつ、「地方ビジネススクール」の仕組みをつくっていくことです。

そのスタートラインで、さっそく予測できない人の動きが起きました。10名から20名へと研究員が増えるにつれて、その多くが、その仕組みづくりに参加し始めました。月１回、全員集まるいすみでの研究活動とは別に、仕組みづくりの「委員会」が、主に東京でいくつか始まりました。

増える研究員のためのサービスメニュー整備や、校舎や宿泊、

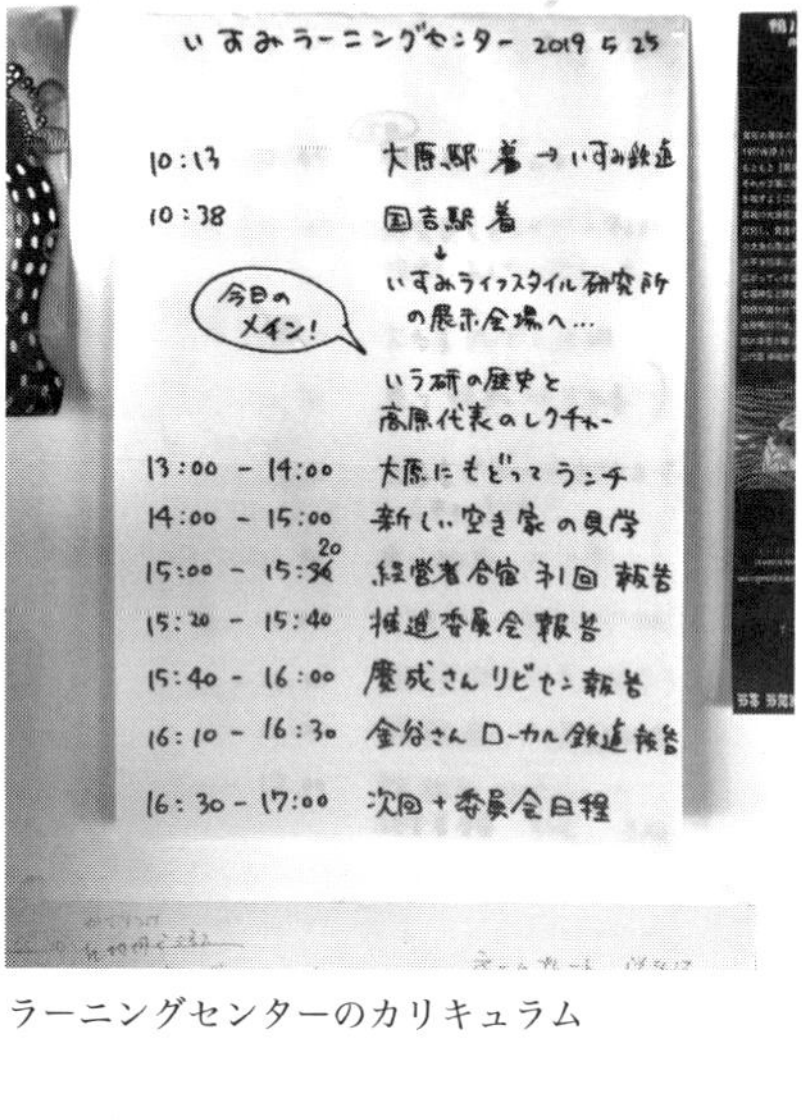

ラーニングセンターのカリキュラム

センター内の小さなプラットフォームや、いすみラーニングセンター全体の事業計画書までが、それら委員会を通じて検討され始めました。小さな驚きがありました。料金を支払ってサービスを受けることと、供給側で仕組みをつくることは、私のこれまでの経営感覚では、対極に位置づけられるもののはずでした。はたして、私たちの顧客にとっての価値とは何か？　真のＣＶＰは何なのか？　まだまだ始まったばかりです。その追求は、まだまだ続きます。

クリエイターのための経営者合宿

いすみツアーや、いすみラーニングセンターと同時並行で、東京で働く人や、その企業経営者のために何かできないかと、「いすみ経営者合宿」という企画も始めました。比較的大きな企業の経営者や役員たちも、多忙だからこそ、集中して経営計画を見直すために、合宿をしています。東京から特急に乗って70分で、都会の喧騒から離れた集中できる環境が得られる気楽さは、そんな彼らにとって、貴重な価値につながるはずです。

ではもう少しセグメンテーションし、どんな経営者に貢献できるでしょうか。大企業の経営者、または中小企業、またはフリーランス？　どれに向けても、一定の成果がありそうです。

エクセルを開き、それぞれのパターンで募集方法や費用、そして売上や利益を推計するのは基本です。しかし3章を振り返ってみましょう。それ以上に、経営論的に大切なことは、私たちの、技術↓販路↓理念↓会計↓人材↓仕組みの整合性です。すると、売上と関係なく、私たちが貢献したいのは、やはり建築士やクリエイターです。創業時から続けている、創造系不動産スクールを始めた動機と同じです。「建築と不動産のあいだを追究する」軸線上で、まだまだできることは多いのです。

建築やデザインの業界には、お金や不動産のカリキュラムはもちろん、やはり経営戦略やマネジメントについての学習や検証を行う機会が少なく、ざっくばらんにそれらを相談できる窓口も思い当たりません。彼らが、その技術と経営術を掛け合わせることができれば、もっと将来に向けて、やりたい仕事ができるはずです。

経営者合宿※298の第1回は、友人の建築士やデザイナー、創造系不動産スクールの講師やOBが集まり、開催されました。いすみ地域の駅舎、寺院、民泊など、またツアーでもお世話になっている食のケータリングをお呼びし、いすみの地域資源をフル活用した贅沢な合宿で、参加者は経営力を高めることができました。

そしてまた、ここでも予想外の動きが見えました。第1回いすみ経営者合宿の後、

※298　経営者合宿
2019年5月に開催。20名近い建築士やデザイナー（役員か個人事業主）がいすみに集まった。事前に経営環境や課題などの自己分析シートを準備し、それを2日間のプログラムで、バージョンアップした経営計画にする。経営についてのレクチャーやチームごとのディスカッションを通じて、お金や人をはじめ、全般的な経営者の課題や悩みを共有。参加者の発言についての秘密保持契約に全員がサインした上で、各人の経営実態を深く掘り下げる。

参加者が自発的に、複数の合宿を企画し始めたのです。クライアント企業との集中ミーティング合宿、設計事務所の仲間の独立をサポートする合宿、会社の年度末の全体集会などです。

泊りがけで仲間と過ごす体験は、魅力的です。その体験と、何かを組み合わせた時、ある可能性が湧きあがったのだろうと思います。私たちはそれを実現に向けて全力で支援し、また運営もお手伝いします。何度でも問い直します。私たちの顧客にとって、本当の価値はなにか？　真のCVPは何なのでしょうか？

地方で住宅を購入する意味

空き家ツアー、いすみラーニングセンター、いすみ経営者合宿と、いくつかの新規ビジネスの種をまき始め、およそ1年弱が経ちました。人がしだいに集まるようになった時、最初に検討していた民泊の需要を、もう一度考えてみました。

そのころ創造系不動産は、いすみに家[※299]を購入しました。私を含め創造系のメンバーが、連日いすみで活動するたびに、民宿やゲストハウスを利用するのは不経済だったためです。また賃貸で借りるより、購入することで、いろいろ実験しようと考えていました。いすみラーニングセンターの研究員たちが、週末をいすみで楽しむ

※299　いすみの家
JR外房線と、いすみ鉄道が交わる「大原駅」から徒歩圏で、港に近いエリアにある。一般的な民家であるが、部屋数が8あるため、大人数の宿泊にも対応できるような住宅。

場合にも便利なので、少し大きめの場所が欲しいと思っていました。

幸運にも、それにあった住宅を取得できましたが、当初はなかなか見つからず、苦労しました。いすみ地方にも、空き家は膨大にあるのですが、借りやすい、もしくは買えそうな不動産が見つからないのです。

なぜかというと、2章の「その他空き家[※300]」の様子を振り返ると、その所有者のほとんどが、賃貸または売却に、積極的ではないためです。

親が高齢で施設に住んでいるのですが、子が管理せず、そのままにしている例。または部屋はきれいなのですが、仏壇や、親の荷物が残されている例。さらに、貸したり売ったりしなくても、経済的にも困らないので特になにもしないという例。

日本の空き家問題において、どんどん増えていくのは、この「その他空き家」ですから、その掘り起しと活用の方法が整備されれば、空き家活用が進むはずです。

しかし、まだその方法論はありません。

ただし、これは不動産の専門家になればなるほど、話を難しくしているのかもしれません。もともと、私たち不動産業界は「その他空き家」を活用することを、「不動産」の範囲に認めていませんでした。賃貸用や売買用の空き家、またはまだ使えるのに解体し、更地にしてしまう、それが伝統的な不動産業の習性であり、地

※300　その他空き家
※94、2章115頁参照。

方の不動産業社にはその傾向が強く残っているのです。

いずれにしても、いすみラーニングセンターのメンバーの家ができました。泊りがけで調査をしている研究員もいれば、土曜日のラーニングセンターに参加して、翌日曜日は、家族と一緒にレジャーで、港の朝市やチーズ工房や牧場などを回る会員もいます。

いま使いかたや維持について、いすみラーニングセンターの一つの委員会で模索しているところですが、たぶん一段落したら、民泊事業などを行っていくことになるでしょう。地方の安価な民家が、持続可能な運営ができると思います。もしかしたら、都心のワンルームマンション投資よりも、利回りを良くできるかもしれません。そのためにも、まず建築や不動産よりも先に、新しくそこでどんな価値提供ができるか、コンテンツをつくることが求められます。

いすみラーニングセンターの校舎について

いすみラーニングセンターに話を戻して、この本が出版される2020年には、企業や個人が集まる研究員（会員）は、50名を超える予定です。ここで頭を悩ませたのが、校舎です。

当初は10名程度でしたから、小さな創造系いすみ支店で十分でした。しかし今後の増加を考えると、しっかりとした広さがある場所が必要になります。

ちょうどそのころ、いすみ市商工会から「新規事業創造プロジェクト」の参加者の募集がありました。これは、いすみ市特有の地域資源に魅力や可能性を感じる都心の企業等と、商工会の会員企業とをマッチングすることで、高付加価値のある商品やサービスを新しく創造するための取り組みです。

そしてその拠点は、先ほど紹介した国吉駅に隣接する「いすみ市商工会夷隅支所」でした。三町合併[*301]によりいすみ市ができてから、商工会機能も集約されたため、この建物は日常的には用いられず、イベントや地域の商店街の会合で、ときどき使われている程度でした。

思い起こせば、2018年1月、場所も知らなかったいすみに降り立ち、初めて見学したのもこの夷隅支所でした。ここから望む、山と野のパノラマの景色と、だいたい1時間ごとに、汽笛とともに、ゆっくり出発するいすみ鉄道に癒されます。

ここは、学校の教室より少し広いスペースがあります。新規事業創造プロジェクトの参加条件は、いすみ市外の地域を商圏とする企業、若しくは個人事業主です。そして私たちはまさに、いすみの地域資源に魅力を感じて集まっています。

※301　このように市町村合併が起こると、相当数の公共施設などが空き施設となり、今後も全国的に加速度的に増加すると考えられる。

商工会夷隅支所を利用した校舎

1962年に発足した商工会は、日本全国で、85万もの小規模事業者が参加する大きな組織です。また全国で1600か所以上設置されています。そのひとつがいすみ市商工会ですが、構成員はもちろん、市内で会社や商売を行う事業者のみなさんです。

地域商業の課題は、やはり人口と生産年齢人口の減少、めまぐるしく変化する、経営環境の変化に対応できないことによる、ゆるやかな衰退です。この国吉駅周辺の夷隅支所の地域にも、かつては商店街が栄えていたのですが、今では半分以上が閉店しています。いわゆるシャッター通りになっており、全国的に珍しくない風景です。

商工会としては、地域に活力を生むため、新しい動きを起こしたいと思っています。商店街の活性化、企業誘致、観光客の呼び込み、地域コミュニティの維持など、これらはいすみ市に限らず、全国的なテーマです。

また、いすみラーニングセンターは、地域で新しいビジネスを学びながら、ローカル研究を通じて新しいきっかけを探したい人が集まるビジネススクールですから、商工会と私たちが向かう方向性は、似ています。

私たちも地元で活動するみなさんから、そのノウハウや生の情報を学ぶこともできますし、私たちからも古い商店街に新しい価値をつくるために、積極的に活動できます。私たちがこの「新規事業創造プロジェクト」の一員になれれば、一石三鳥だと思いました。

2019年8月、いすみラーニングセンター事業は「新規事業創造プロジェクト」の主力事業として認定され、地域ぐるみで連携していくことで合意しました。これで心置きなく、研究員を増やす努力ができます。いすみラーニングセンターの研究員のあいだではここは「校舎」と呼ばれるようになりました。

ラーニング学派──創発を起こす学習プロセス

予想を超えた人の動きや、当初はまったく想定できない展開が、ここでは頻繁に起こります。それに合わせ、価値提供の軸足はそのままに、対応するアクションや、時には顧客ターゲットすらも、変えてしまうことがあります。この2年、私自身も、いすみでの活動内容と、その目的やビジョンの説明が、たびたび変わっていたと思います。

新規ビジネス開発や、スタートアップのタイミングでは、この「ピボット」を力強く、そして高速に行わなければなりません。しっかりと事業計画書が書きあがった状態でスタートするのではなく、ビジネスは進めながら、重要な気づきを得て、学習し、方向転換が必要なのです。ですから経営者の役割は、その学習プロセスをマネジメントすることです。

経営学的には、こうした戦略は、「ラーニング学派」[※302]に分類されるでしょう。それによると、ビジネス開発は、計画的で意識的なプロセスではなく、学習プロセスの形をとり、組織階層にそれほどかかわらず、組織内のどこかで創発[※303]的に起きています。

いずれにしても、ビジネスに「正しい方法」というものはありません。経営者が成し遂げたいことや、価値観、信念にもよります。そして成功するか失敗するかも、実際のところはわかりません。

他の企業と同様に、創造系不動産でも、メンバーたちが新規ビジネスを生み出す努力をしています。ふと一息ついているあいだに、経営環境や顧客は、また変化しているのです。変化のモチベーションは、常に組織の内側で、育んでいきたいものです。

しかし決して、いろいろな事業に手を広げ、安易に多角[※304]経営はすべきではありません。自分たちが仕事を通じて、実現させたいこと、達成したいことの軸線上に、

※302　ラーニング学派
Henry Mintzbergが『戦略サファリ』(東洋経済新報社・1998年)で代表的経営戦略を定義した10学派の一つ。形式的な計画によるのではなく、組織内のどこかで創発した行動やアイデアを戦略へと転換させ、組織に定着、実行させる学派。他に、SWOT分析を用いる「デザイン学派」、起業家の知恵や技術や直感といった個人的な需要を起点に戦略を立案実行していく「アントレプレナー学派」などがある。経営戦略家たちがその方法論や哲学でしのぎを削る世界を見ると、経営には唯一の正解などあり得ないことがわかる。

※303　創発
組織論や複雑系の理論で、好んで用いられる言葉。自律的な個が集まり、互いに影響を与え、全体に新たな秩序を形成するような方法。計画や予定調和を超えるイノベーションの発生を観察すると、必ずどこかでそのような現象が起きている。

「建築と不動産のあいだ」を追究していく軸線上で、提供価値を研ぎ澄ましていくために、「あって欲しい枠組み」は何かを選んでいるのです。

そしていよいよ、本書の最後のトピックになります。私がそもそもいすみに来たのは、二地域居住や地方創生に興味があったわけではなく、将来の不動産流通の変化を捉えるために、人々の「移動」という行動を、学習していくためでした。それにはもう一つ枠組みが必要です。

地域旅行業という新規ビジネス

私が建築設計の世界から、不動産業界へ進んだのが、2007年。その時は、自分が不動産業という技術で独立起業することになるとは、夢にも思っていませんでした。もちろん、建築と不動産のあいだに新たな「価値」があることなど、想像すらできません。

しかし新規ビジネスを成功させるためには、ある業界でのやり方を、別の業界で応用することが、意外と近道であることは知られています。そうした別業界の知見を得ようと、外の世界に目を向けた時、しだいに立ち現われるのは、業界を隔てる

※304　多角経営
バブルの頃は、企業は余剰の資金を投下するために、本業以外の分野へ進出する多角経営が流行した。しかし内容の薄い製品やサービスを提供していた企業は、バブル崩壊後に一掃された。

「壁」です。

建築と不動産のあいだにも、やはり大きな「壁」があります。それを超えることができれば、意外と隣の業界にもかかわらず、知らなかった景色が広がります。しかし「壁」はいろんな角度から、その挑戦を阻むか、超えなくても良い理由を囁きます。しかし好奇心や負けん気に背中を押され、何とか壁の向こうで切磋琢磨していると、思いもしない気づきがたくさんあります。

いすみラーニングセンターでの、私の研究活動でも、それと同じ感覚が起きました。「移動」を考えるために、あらためてそれに関する書籍（人口移動・旅行・観光）を集め、通読すると、やはり「移動」を継続的に学ぶことができる仕事の枠組みは、「旅行業」ではないか、と仮設を立てました。

不動産業と旅行業の融合

私たちは、創造系いすみという支店をつくった時から、不動産以外のことをしようと決めていました。何か新しいことをしたい、と漠然と考えていたからです。

また現実的には、地方での不動産業は、仲介手数料[※305]の単価が小さく、取引の動きが少なく収益が低い、という問題がありました。いずれにしても、少ないパイを奪

※305　仲介手数料の少なさ
不動産仲介をする際に得られる不動産会社の報酬。法律で「物件価格の3％＋6万円×消費税」が報酬の上限とされている。物件価格が安ければ、報酬も安くなる。基本的に、現地への交通費などの負担は仲介費用から賄われる。建物調査費用などは2018年の法改正により一部依頼主負担とすることができるようになった。

い合うことになっては、私たちの参入する意味がありません。いすみで仕事をするなら、一から新しい価値を創りたい、と考えていました。

すでに始まっていた「空き家ツアー」や、「いすみラーニングセンター」では、町の魅力的な場所や、活躍する人を紹介し、また可能性のある古民家を訪れます。これらは枠組みとしてはスクール業なのですが、不動産業のようでもあり、旅行業にも見えなくもありません。お客さまへのサービスの動作やオペレーションが、似ているのです。

特に、空き家や古民家などを求めて、地方に訪れる人々は多いのですが、地元不動産会社も本当は、賃貸や売買だけではなく、町の魅力や、人、仕事などを、紹介できれば良いのでしょう。しかし現実は、さきほどのコスト構造の問題から、町の魅力どころか、手間のかかる古民家を紹介することすらできません。

もしかしたら、不動産業と旅行業を絡めれば、イノベーションを起こすことができるかもしれません。ただ、私たちが「建築と不動産のあいだ」を追究する先に、可能性を感じているのは「移動」です。あくまで「移動」という概念の解像度を上げていくのが、目的です。まだ旅行業に「壁」を感じています。

そう、観光業ビジネスをしたいわけではないのです。インバウンド需要にのって、海外の方向けの地域旅行も、まだまだ増えそうですし、ヒットするかもしれません。しかし、そこにあまり興味はありません。私たちの経営理念や志に、合わせて続けたいのです。

でも、いすみ地方が持つ魅力は、もっともっと多くの方に知ってもらいたい。いすみでお迎えして、たくさんの魅力的な人たちと、何でもない日常、そして食や自然を通じた体験を、提供したい。ちなみに、このように地域側で旅行商品をつくり、旅行者をお迎えする形態を、「着地型旅行」と言うそうです。

これまで国内旅行では、着地型旅行に対して「発地型旅行」が中心でした。これは、団体ツアーで、地域の観光名所などをめぐる旅行商品です。地域はどちらかというと受け身で、大都市圏の旅行会社が、消費者のニーズを把握し、旅行商品が企画されていました。

しかし旅行業界でも、個別体験を求める旅行者の成熟、インターネットの台頭、地方による交流人口を求めた積極的参画などにより、この20年で、経営環境が大きく変わりました。

そういう変化を受け、日本では、着地型旅行業と不動産業の、ある親和性によるビジネス的な融合は、始まるのでしょうか。私たちにとって、果たして「移動」を学習するための経営戦略として、有効なのでしょうか。

わからないからこそ、もう一歩踏み込み、「壁」を超えてみる必要がありそうです。

地方と都心の融合

そうして私は、旅行業の学校に通い始めることになりました。そこでは、日本中の地理、各地の温泉や観光地や名刹《さつ》、旅行の法律や、運賃の考え方などの知識を学びます。またゼロからの新しいインプットです。かなり独特な体系であることを知りました。

旅行業にも「地域限定旅行業」[※306]という業免許があることを知りました。これは2013年に創設された旅行業の免許の一つで、観光庁により地方創生総合戦略の一環としてつくられました。大手旅行業者が取得している全国免許の他に、比較的費用も安価に旅行業を開設することができます。

しかしインターネットの情報や、旅行業の学校へのヒアリングによると、まだまだ地域限定旅行業の普及は十分とは言えないようです。おそらく、単に開設のハードルの低さよりも、その経営論的イノベーションの可能性が、広範な業種に広まっていくにつれ、登録は増加すると思います。

※306　地域限定旅行業
旅行業は1種から3種に分類され、その種類によって海外または国内の営業範囲が定められている。それに加え、新しく追加された地域限定の旅行業は、拠点となる市町村とその隣接する市町村でのみ旅行業を営むことができる。登録審査に際する基準資産額や営業保証金も、1種から3種と比較して少額。

旅行業の講義を受け進めるにつれ、法律や契約の体系を知るにつれ、次第に不動産業と旅行業の融合に、可能性を感じざるを得ません。

この本が出版されるわずか数か月前ですが、何とか旅行業の試験に合格することができました。そしてさっそく「創造系旅行社」を設立しました。もちろん、いすみ市の企業として、登記しています。

これから免許登録を行いますが、地域限定旅行業で登録する予定です。全国版の旅行会社ではなく、あえて地域に根差した、いすみ市初の「地域限定旅行社」をつくることで、いすみに来られる方に様々な魅力を伝えて、働きかたや空き家を紹介し、いすみの移住者や関係人口※307を増やしていくための、重要なパーツになれると思うのです。

まずできることは、知人や創造系不動産スクールのOBで開催していた「経営者合宿」を、一般募集し、いすみでの宿泊や移動の手配を行いたいと思います。経営者合宿を、地域旅行業という枠組みで、アップデートするのです。

初期の着想、「すべての企業は、若く才能あるミレニアル世代のために、都心だけでなく、地方にゆったりとしたサテライトオフィスを設けるべきである。そうすることで、よりよい人材を繋ぎ留めなければならない」。そんな空想が、ようやく

※307 関係人口
※291、4章274頁参照。

経営と移動の図

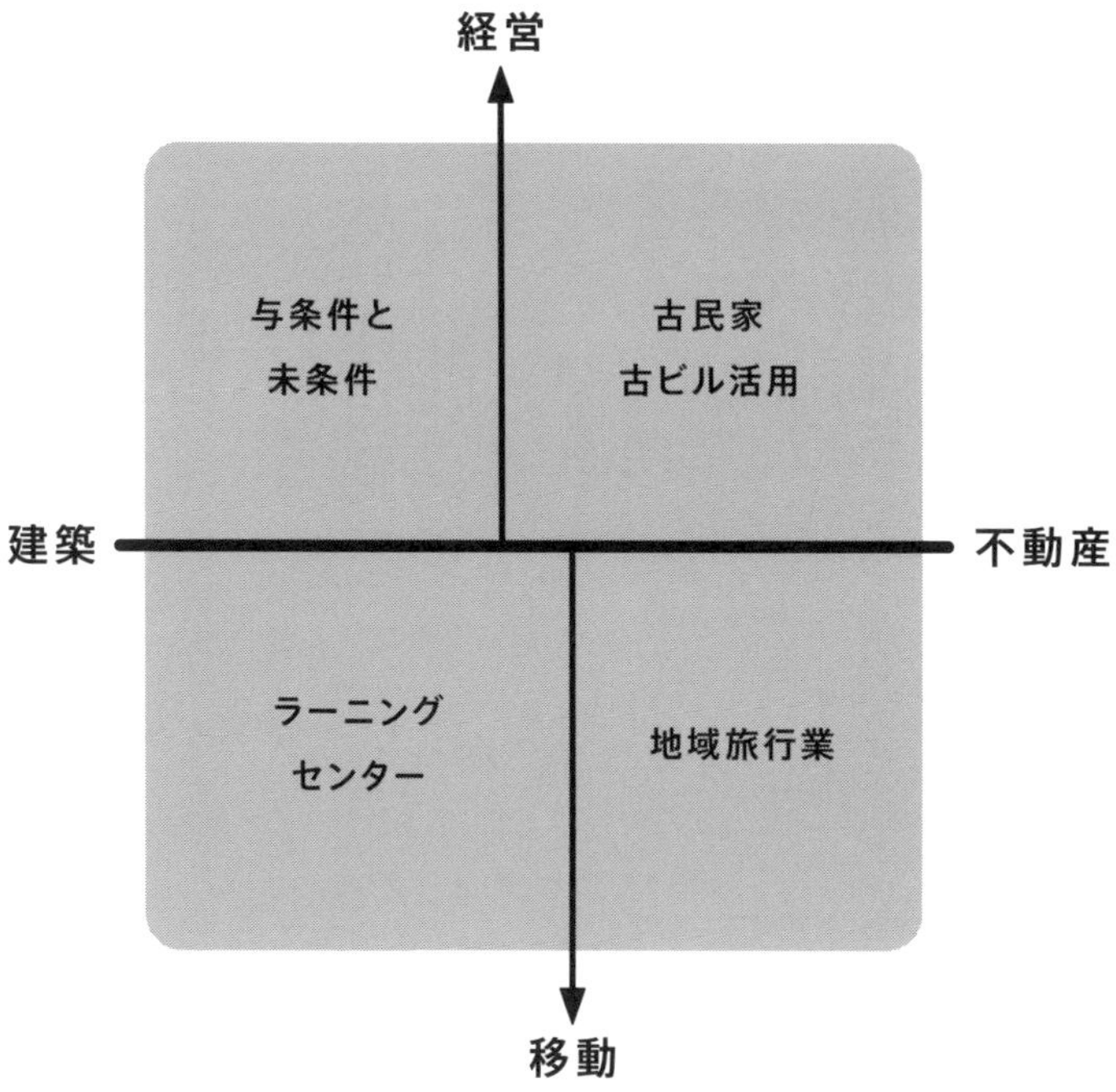

建築と不動産のあいだを10年にわたって追究した先には、建築と不動産の内部で起こる「経営」と、建築と不動産の外部から「移動」する欲求について、関心が湧き起りました。この図は、それを示しており、それぞれの象限でのチャレンジを記載しました。
しかし「建築と不動産のあいだ」が、客観的な事実ではなく、私の職歴の偶然による、個人的な経験を参照にしていたように、やはり「経営と移動の関心」も、本書で紹介されたような状況によって創発的に生まれた、極めて主観的な興味の投影です。そして新規ビジネス開発とは、もっとそういうものであって良いと考えています。

旅行業という形を得て、実現に向けて、一歩踏み出すかもしれません。多くの企業にとって、都市と地域、そしてその両方が必要であるという経営観を、伝えていこうと思っています。

ここまで、新規ビジネス開発の過程で、様々な取り組みが紹介されました。地方に支店をつくってからたった一年間で、サテライトオフィス、民泊、ラーニングセンター、空き家ツアー、合宿、旅行業…いろいろと、混沌としているようにも見えますが、私の頭の中ではこのような軸線なっています。

建築と不動産を左右から追及していった結果、そのあいだで、「経営やマネジメント」という新たな軸と、もう一つ「移動」を追究する軸が生まれる、そこでの試行錯誤と可能性が、この『建築と経営のあいだ』に込められています。

ケース いろいろな活動の今後の展開は?

『建築と経営のあいだ』の中で、最後に、私たちの実例をもとに紹介した新規ビジネス開発。これから新しい価値提供を模索し、実践していく若い建築士たちに、少しでも参考になれば、本書の目的はある程度達成されています。

あいかわらず、都市にもチャンスは多いことには違いありません。一方で地方でもチャンスは増えていきますが、その形は未知数です。

創造系不動産は、地方でたくさん仕事をしていますが、最初にお話しした通り、地方創生という文脈を、好ましいと思っていませんでした。当初は私が、創造系不動産のメンバーが地方の可能性へ向かう動きを、制止したほどでしたから。

地方ビジネスには、どこかしら、ボランティアのような響きが感じられ、また地方独特の閉鎖性があり、補助金に絡む一過性のもの、というネガティブなイメージが私にはありました。不動産コンサルタントとしては、ビジネスの視点を持ちづらいということは、価値が見いだせず、そして持続可能ではない、だから参入すべきではない、我ながらそんな頑なさがありました。

そんな2年前を振り返ると、やはりそれも「壁」だったと思います。現場を知らないが所以の、無知と偏見が、私にそう考えさせていたと思います。しかしそれは間違いでした。私たちがこれから、本格的に、都市と地方を「移動」しながらつくっていきたいのは、その二つの異なる生活や経済のギャップのあいだにある、価値だと思います。

こうして思考を整理していたころ、友人の縁で、徳島県神山町を視察する機会に恵まれました。神山町[※308]は人口５０００人の町でありながら、地域創生のトップランナーとしての評価が高い地域です。地域づくりに取り組むキーマンたちの話を聞くと、地域経済に向き合う、個別の施策についてだけでなく、働きかた、くらしかた、それらの考えかたについて、大きな示唆を受けました。

神山町からの帰路、私も5年、10年先に、東京といすみで、どういうことをしていたいだろうか、とビジョンを模索し始めました。そう考えたことがなかったのが、我ながら意外でした。そして、いすみラーニングセンターに集まる研究員の仲間たちの顔を思い浮かべると、やはり可能性しか感じません。

そう、まだそのスタートラインに立ったばかりです。

果たして、いすみラーニングセンターの活動は、さらに軌道に乗るのでしょうか。研究員が50～１００名に拡大していく次のステージで、経営的に必要な施策はなんでしょうか。またその規模になった時、運営の課題が山積みになるのでしょうか。

また近々、ようやくこのウェブサイトをつくり始める計画がありますが、研究員たちの主体的な活動や特徴を反映すべきでしょうか。または、そこはスタンダードなものでも良いのではないでしょうか。あるいはウェブサイトつくらない、という選択はあるのでしょうか。

※308　神山町
徳島県の中部に位置する、人口５２００人強（神山町役場ＨＰより）の町。人口減少が著しい地域でありながら、１９９０年代から地方再生事業が開始され、地元民と移住者、民間企業と行政が連携し、くらしや働きかたの先進地域として可能性を模索している。『神山進化論』（神田誠司著・学芸出版社・２０１７年）参照。

いすみラーニングセンターを中心に、空き家ツアー、経営者合宿、民泊、旅行社、そして今後はサテライトオフィスと、理念の軸線上にあるとは言え、アクションが増え過ぎていないでしょうか。やはりどこかで事業を厳選すべきか、または研究員が自ら起こすプロジェクトや事業も支援しながら、維持、拡大すべきでしょうか。

他にも、地域の方々ともっと接点を持つべきか、またその方法は？　公民連携の在り方は？　会社のリソースは足りるのか？

経営に正解はありません。うまくいっている誰かを真似ても、成功が待っているかどうかはわかりません。考え抜いて、実行しなければなりません。本書で繰り返し触れてきた、経営の様々なピースを駆使して、あなたが経営者なら、どう舵を切るでしょうか。

エピローグ

建築から経営の世界へのツアーのすべてが、これで終了しました。

建築的な思考体系と、経営的なそれを重ね合わせたとき、それらの像の「あいだ」には、何が見つかりましたか。すでにアクションがイメージできた人は、迷わず実行に移してください。創作活動と経営戦略を貫く実証を、楽しみにしています。

またこのツアーのどこかで、もし行き詰まったとしても、気にしないでください。少し言語が違って不慣れだった、それだけのことです。また本書が正しく理解できたとしても、それで経営上手になるかどうかは分かりません。

もっとも正しい経営者像、理想の経営戦略論など、どれだけ探し求めても分かるはずがありません。学べば学ぶほど、そんなものは言い当てられるはずがないのです。しかし今を生きる経営者であれば、精一杯それらを追求したくなります。

そして私も、小さな経営者の一人に過ぎません。そんな私が、このような大それた書籍を上梓することに恐怖心はありました。しかしそれは勇気で打ち破り、これからの若い建築士たちのために、このバトンをつなぎたいと思います。私が解説するまでもなく、本書でご紹介した新しい建築士たちの躍動が、既に始まっているのです。

これを踏み台に、新しい建築的価値を生む人が少しでも増えることを期待しています。そしてベテランは、建築設計業界全体の経営戦略を構築すべく、まとまり始めなければなりません。私たちがいる建築・不動産・デザイン業界には、経営戦略の教育が足りていないのです。

最後に、本書の執筆に際して、多くの方々のご協力を頂きました。ここで御礼に代えさせて頂きます。

まず、創造系不動産スクールの講師を長年お引き受け頂いている、佐久間悠さん、近藤以久恵さん、田中歩さん、佐野彰彦さん、長沼幸充さん、渋谷高陽さん、小村崇さんに、深く御礼を申し上げます。私たちが経営思考のスタンスを維持できているのは、スクールの存在が大きく、その価値は講師の方々に支えられています。

エイトブランディングデザインの西澤明洋さんと、スタッフの渡部孝彦さん、饗庭夏実さんには、前著『建築と不動産のあいだ』に続き、本書の表紙デザインから図版作成に至るまで、ご協力いただきました。

また学芸出版社の井口夏実さんも、同様に前著に続いて前例のないテーマにも関わらず、粘り強くサポートして頂きました。

インターンでは千葉大学大学院の井澤佳織さん、東洋大学の小関保波さんには、図版、注釈、索引まで、本当にお世話になりました。そして創造系不動産の甲斐由紀さんには、膨大な情報量をまとめて頂き、大変感謝しています。

またケーススタディとして、本文や注釈などで経営思考を紹介させていただいた、50社を超える企業や建築設計事務所のみなさんには、本書の趣旨をご理解いただき、掲載を快くご了解頂きました。

そして創造系不動産の取り組みに賛同し、仕事を共にさせて頂いている、すべての建築家と、そして創造系不動産で切磋琢磨するメンバーたちに、心から御礼を申し上げます。

高橋寿太郎

索　引

高橋寿太郎（たかはし じゅたろう）
1975年大阪市生まれ。創造系不動産株式会社 代表取締役。『建築と不動産のあいだを追究する』を経営理念、ブランドコンセプトとする。2000年京都工芸繊維大学大学院 岸和郎研究室修了後、古市徹雄都市建築研究所勤務を経て、東京の不動産会社で分譲開発・売買仲介・賃貸管理・コンサルティングなどに幅広く携わる。2011年創造系不動産を設立。扱う案件はすべて、建築家やデザイナーと共働し、建築設計業務と不動産業務のあいだから、数々の顧客の利益を創る。不動産コンサルタント。一級建築士、宅地建物取引士、経営学修士。著書に『建築と不動産のあいだ』（学芸出版社、2015）。

＊本書で紹介されている建築不動産フロー図は、創造系不動産の登録商標です。
＊本書1章は建築雑誌『KJ』2017年8月号〜2018年12月号に掲載された全9回の連載「与条件と未条件」（高橋寿太郎著）を大幅に加筆修正して作成しました。

建築と経営のあいだ 設計事務所の経営戦略をデザインする

2020年1月30日　第1版第1刷発行
2021年7月20日　第1版第3刷発行

著　者　高橋寿太郎

発行者　前田裕資

発行所　株式会社 学芸出版社
〒600-8216　京都市下京区木津屋橋通西洞院東入
電話 075-343-0811
http://www.gakugei-pub.jp/
E-mail info@gakugei-pub.jp

編集担当　井口夏実

装丁・図版制作　エイトブランディングデザイン／西澤明洋・渡部孝彦・饗庭夏実
DTP　KOTO DESIGN Inc.　山本剛史・萩野克美
印刷・製本　モリモト印刷

ISBN 978-4-7615-2729-7